Une sardine dans l'océan

Apprendre à révéler sa nature profonde pour oser être soi-même

Une sardine dans l'océan

Apprendre à révéler sa nature profonde pour oser être soi-même

Carmen Arcon

ISBN : 9798516602085
Dépôt légal : juin 2021
Impression à la demande

À mes trois filles et partenaire de vie
que j'aime profondément...

Qu'ils découvrent dans ce modeste travail
le témoignage de mon amour éternel.

Chapitre 1

Mon Bouleversement inattendu

« Lorsque nous ne sommes plus en mesure de changer une situation, nous sommes mis au défi de changer nous-mêmes. »

Viktor Frankl

De toute évidence, il serait plus simple de me plier à la cadence imposée par la vie et de faire comme j'ai toujours fait par le passé plutôt que de nager dans l'autre sens, contre vents et marées, à la recherche de réponses et d'un nouvel idéal.

L'éducation ne m'a pas appris à faire des choix et la culture de la société occidentale dans laquelle je vis a toujours déteint sur mon comportement car j'ai souvent fait les choses par défaut. Enfant, j'écoutais et j'apprenais de mes aînés car je n'avais ni l'expérience ni les repères nécessaires pour faire mes propres choix. Ces aînés, bien intentionnés ont fini par délimiter mon champ de vision et penser pour moi d'une certaine façon. C'est finalement à travers leur propre appréhension du monde qu'ils m'ont conseillée sur ce que je devais manger, comment je devais me vêtir ou me conduire en société. Ils m'ont recommandé les meilleures fréquentations, engagé sur les meilleures formations et vendu les meilleures décisions. À l'âge adulte, comme j'avais peur de me tromper, la recommandation extérieure restait omniprésente.

C'est ainsi que j'ai appris à manger droit à table, ne pas porter de vêtements inconvenants, me taire, respecter les limites, étudier, devenir indépendante et travailler comme seule finalité. On ne m'avait jamais appris à être loyale envers moi-même ni à m'aimer. Et qui a le temps de considérer ou reconsidérer l'amour que l'on se porte à soi-même dans tout le brouhaha de la vie quotidienne ?

Finalement, tous ceux qui s'étaient occupés de moi avaient défini à l'avance mes propres perceptions, mes propres interprétations et la place que je devais prendre dans ce monde, sans l'avoir choisie moi-même. Était-ce finalement ma place ou était-ce la leur ?

Tout au long de ma vie, j'avais progressivement perdu confiance en moi car j'avais besoin du regard de l'autre pour m'aider à prendre des décisions. Ma vie évoluait au milieu d'un château fort dont les remparts portaient de nombreuses étiquettes sur lesquelles étaient consignées toutes les croyances de celles et ceux qui m'avaient instruite et façonnée à leur image et qui s'employaient encore à endosser le rôle de conseillers personnels.

Bien sûr, il m'était arrivé d'avoir mes propres idées mais généralement je m'adaptais à l'ensemble des variations et à l'ordre moral de la majorité. Non pas que je n'avais pas de sens critique. Plutôt par facilité car je n'avais pas envie de me prendre la tête ou de déplaire à qui que ce soit.

Comme je doutais de tout, je ne savais pas si tout ce qui tournait autour de mes aptitudes, que ce soient mes compétences, mes capacités ou mes « talents » était à la hauteur de mes décisions. J'avais continuellement peur de faire des erreurs. Et pour cause, il existait mille et une raisons de perdre confiance en moi. La perte d'un emploi, des échecs répétés, le jugement de mes semblables ou le mien, la méconnaissance de mes réels atouts (je devais en avoir, si, si, j'insiste) ou encore, l'influence négative des médias et de la télévision qui jouaient un rôle important sur ma façon de voir la vie. Il y avait là une absence totale de repères, la peur de m'engager dans quelque domaine que ce soit et un manque d'amour que je me vouais sans relâche. Si je connaissais peu de choses sur moi, je savais cependant qu'une histoire d'amour entre moi et moi était quelque chose de ridicule à envisager, voire une mauvaise blague sortie tout droit des fantasmes de certain(e)s auteur(e)s qui écrivent des livres de développement personnel.

Cependant, le manque de confiance en moi causait un mal-être permanent et je me protégeais comme je pouvais contre la douleur, le plus souvent derrière des comportements négatifs et improductifs. À mesure que j'utilisais des valeurs extérieures à moi-même pour déterminer mes propres valeurs, je niais les valeurs qui me caractérisaient et je déformais ma personnalité.

Alors bien entendu, je perdais cette notion de sens. Elle était toujours quelque part mais elle claquait la porte dès que cela devenait trop sérieux. Je continuais à me nier moi-même pensant que j'étais faible ou incapable. Je vivais constamment dans la crainte qui était devenue une amie familière, m'imposant des obligations qui me maintenaient en conformité avec des croyances qui ne m'appartenaient pas. Je restais ainsi, des années durant, dans les limites que je m'imposais sans jamais explorer d'autres possibilités.

Et pourtant si je grattais un peu à la surface des apparences, je savais qu'avoir confiance en moi c'était me connaître un peu mieux et apprendre à m'accepter. Le manque total d'assurance dont j'étais la victime reposait sur le pilier de mes états d'esprit négatifs et devenait le produit des conséquences dans chaque aspect de ma vie.

Mais... qu'est-ce que me connaître ?

Difficile de donner une réponse concrète car l'étudiante en herbe que j'étais et le sujet à étudier se fondaient l'un dans l'autre. Me connaître, c'était peut-être prendre totalement conscience de moi-même, sans me mentir le moins du monde. Était-ce de l'honnêteté ? Me connaître c'était peut-être aussi faire un voyage un peu étrange dans un monde inconnu quelque part au fond de moi. Parce que s'il s'agissait d'honnêteté, il n'y a que là que je pouvais trouver des réponses à ma vie. D'une manière ou d'une autre, les réponses existentielles ne pouvaient venir que de moi, pas des autres ni de la Toile ou de la télévision. Pouvais-je assumer cette tâche qui me semblait herculéenne et étais-je capable de parvenir à l'écho de tout ce qui n'allait pas dans ma vie ?

Et « apprendre à m'accepter », qu'est-ce que cela signifiait ?

J'avais remué ciel et terre (j'exagère juste un peu) pour tomber sur un article en psychologie qui disait que s'accepter c'était avant tout assumer ses qualités autant que ses défauts. En d'autres mots, cela signifiait apprendre à s'aimer tel que l'on est. Encore cette histoire d'amour impossible... J'entendais dans ma tête, la chanson des Beatles, *Love me Do.... So please, love me do* (s'il te plaît, aime-moi).

Bien entendu, il aurait été plus simple de continuer à suivre le mouvement et de ne me poser aucune question. Mais... était-ce finalement ce que je voulais, là, à ce moment de ma vie, quelque part il y a cinq ans ?

Moi finalement, ce que je ne voulais plus, c'était remplir le vide en moi. Le vide était toujours vide. Après une mûre réflexion qui a duré plusieurs mois, je me suis sentie «illuminée» d'une envie d'en savoir un peu plus. Tout compte fait, j'ai fini par préférer rencontrer le vide plutôt que de le fuir éternellement et rester dans l'oubli de qui j'étais réellement.

C'était une remise en question profonde qui m'était tombée dessus un jour de septembre ensoleillé. Face à tout ce non-sens, un instinct nouveau s'était réveillé en moi. Le sentiment enivrant de vouloir vivre avec le droit d'être moi-même. Si je me laissais aller dans l'absolu, je voulais être libre de mes propres chaînes, de l'opinion et du jugement des autres et libre de pouvoir faire mes propres choix. Un programme un peu fou, non ?

Au cours d'une rencontre, d'un livre ou d'un film, je me suis retrouvée quelquefois touchée par des mots porteurs de sens qui me faisaient vibrer. Et, lorsqu'une phrase me troublait intensément, je remettais quelquefois les choses en question mais sans les remettre en profondeur. Je soulevais alors des questions qui restaient sans réponse.

Que fais-je ici ? À quoi ça sert de rester en vie si je ne sais pas à quoi je sers ni où je vais ? Combien de «comme moi» voudraient changer leur vie pour autre chose ?

Mille fois je m'étais posé ces questions et mille fois j'avais jeté l'éponge avant même de commencer à récurer la vaisselle.

Pourtant, au cours de ma vie, j'avais connu beaucoup d'agitation et de nombreuses désorientations de plus en plus fréquentes. Si je voulais un nouveau travail et que je l'obtenais, je m'en lassais au bout d'un moment. Si je déménageais car je n'aimais plus l'endroit où j'habitais, je m'y ennuyais en définitive aussi. Si mon compagnon de vie m'exaspérait, je partais et puis je le regrettais. Alors, je revenais prétextant que je ne savais pas où j'en étais. Ma vie était ainsi faite de «je t'aime, moi non plus» dans toutes les sphères où je mettais les pieds. Sollicitation, ennui, fuite et retour à la case initiale de vide intérieur.

Cependant, au lieu d'ouvrir les yeux, je continuais à me cogner la tête, toujours plus fort, contre les murs que j'avais moi-même fabriqués. J'étais d'une grande instabilité émotionnelle qui s'accompagnait de conduites irréfléchies et volcaniques. Cette instabilité déclenchait en moi un sentiment d'inutilité et une absence de sens où je pouvais difficilement y mettre des mots.

On dit souvent que les épreuves sont nécessaires pour apprendre à se connaître et s'accepter. On dit aussi que seules les expériences de la vie nous enseignent. Encore faut-il remettre son histoire personnelle entre les mains symboliques de la remise en question.

Chez moi, la véritable remise en question est arrivée d'un seul coup ou presque. C'est ce que j'appelle aujourd'hui, cinq ans après les faits, mon bouleversement inattendu. Curieusement, il déclencha en moi une envie de renouveau traduit par un désir exalté d'exotisme spirituel. Je parle d'exotisme spirituel car tout ce qui avait trait à la spiritualité était pour moi un monde lointain et déroutant qui permettait de s'exiler dans un ailleurs inconnu sans voyager. Ce ne fut pas immédiat car il me fallut du temps pour digérer certains évènements quelque peu traumatisants. Mais une fois la digestion terminée, je me sentais prête à écouter ce nouveau désir en moi.

J'avais alors décidé, sur un coup de tête, de sortir d'un système qui ne me ressemblait plus et qui semblait pourtant la seule voie possible. Je m'étais résolue à devenir moi-même et à connaître tout ce que je cachais en moi, derrière le masque des apparences et des incertitudes.

C'était une décision difficile pour tout ce qu'elle englobait. C'était même un choix marginal pour la plupart de mes semblables qui tentaient de me convaincre de revenir dans leur réalité. Mais qu'importe, la décision était prise.

Je m'étais résolue à sortir de ma zone de confort pour partir vers cet exotisme spirituel un peu mystérieux. Quelquefois la sensation de peur me grisait et me mettait dans un état d'éveil désordonné qui me donnait envie d'aller toujours plus loin. Je partais ainsi en voyage sans la moindre destination. Je découvrais quelquefois de nouveaux aspects de ma réalité et plus j'avançais, moins je pouvais contenir cet appel.

Au bout du compte, ce désir que je traduis aujourd'hui par un désir de plénitude s'assimilait à un besoin d'accomplissement personnel. Cela me surprenait au début mais c'est exactement ce que je voulais. Je désirais changer, évoluer, désirer, m'exalter et m'accomplir pour me sentir vivante et entière des pieds à la tête. Pas comme un vase brisé et mal réassemblé où traînaient encore au milieu de nulle part des petits morceaux de moi. Doucement, ce désir devenait une nécessité qui se mettait au premier plan de ma vie.

Susan Jeffers, auteure de livres de développement personnel, a écrit *Tremblez mais osez*. Elle nous apprend à dire « oui » à l'Univers en assumant la complète responsabilité de sa vie.

En prenant cette responsabilité, je commençais à me jeter pleinement dans le monde mystérieux de l'esprit pour vivre de nouvelles expériences. J'avais déjà été attirée par tout ce qui avait trait à la spiritualité mais jamais je n'avais placé autant d'énergie dans ce domaine.

Je savais déjà que la spiritualité c'est un état de conscience qui possède plusieurs niveaux. Elle semble être le pont qui fait passer d'un état de conscience ordinaire à un état modifié de conscience volontaire. Ce pont relie les mondes visible et invisible. Ce n'était pas encore très clair pour moi car je n'en étais qu'aux balbutiements de mon apprentissage.

Petit à petit, ce travail d'exploration intérieure commençait à donner du sens à mon existence. Indépendamment de cette introspection, j'avais commencé, pour je ne sais quelle raison, à écrire quelques épisodes de l'histoire de mon passé. Mon âme déployait de nombreuses fissures qui étaient liées à un passé difficile et brouillon. Je me sentais toujours aussi vulnérable et entachée de blessures profondes. Tout me faisait toujours aussi mal. Mais pourquoi ?

J'imagine que dans le vide qui m'habitait, ce que j'aimais c'était le drame. Lorsque la douleur prenait le dessus, je me sentais vivante. Je dramatisais tel un comédien de séries télévisées qui jouait si bien son rôle qu'il était persuadé d'être nominé aux International Emmy Awards pour le prix du meilleur rôle tragique. Le plus grave dans tout ça, c'est que je ne le faisais pas délibérément.

Mais sérieusement, tout ce drame m'accablait et me menait tout droit vers l'abrutissement et le sentiment que la vie était une immense farce. Plus j'y pensais, plus les murs s'élevaient et m'enfermaient dans ma propre obscurité.

En réalité, j'estimais que la vie était ainsi faite sans que je puisse y changer quoi que ce soit. Elle portait avec elle son lot constant d'épreuves, de résistances et de difficultés. Cependant entre espoirs déçus et rebondissements, la vie réservait sa part d'agréables surprises qui sont les joies simples auxquelles je ne voulais pas renoncer. Le plaisir de partager des sourires et des moments de joie avec celles et ceux que j'aime, les nouvelles rencontres qui créent des amitiés, un regard confiant et complice avec mon chien, un geste bienveillant dans la rue ou encore l'apparition des saisons.

Mais a priori, si je commençais sérieusement à me poser des questions existentielles, c'est que je me sentais perdue. Ce discours mental envahissant me tourmentait au point qu'il prenait le contrôle sur ma vie.

Je ne sais pas pourquoi je pense soudainement à l'incontournable classique des studios Disney, *Dumbo* sorti en 1941. Peut-être car j'ai récemment vu le film de Tim Burton qui a le génie de mettre en scène des personnages atypiques face à la mesquinerie de l'existence. Mais je pense surtout à la version de Disney car c'est le petit éléphant volant qui a bercé mon enfance.

Pour celles et ceux qui l'auraient oublié... Monsieur cigogne, livreur bien attentionné de nouveau-nés apporta un petit éléphanteau à Madame Jumbo. Jumbo Junior n'était pas ordinaire, il présentait des oreilles gigantesques, faisant ainsi l'objet de toutes les moqueries du cirque itinérant et de tous les passants. Mais il se lia d'amitié avec une souris protectrice du nom de Thimothée qui l'aida à surmonter sa différence et à transformer cette différence en atout.

L'intérêt de cette histoire se trouve dans la phase finale. Comment métamorphoser une différence en un atout ?

Même si c'est enfantin, cela fait extrapoler cette histoire sur ma vie. J'avais vécu en pensant que j'étais trop différente des autres et je peinais à trouver des repères pour me construire, avec mes différences, une vie unique avec un sens et des objectifs bien à moi.

J'avais suivi un chemin tracé que je n'avais pas choisi délibérément. L'éducation, la religion, la morale et la culture dans laquelle je vivais me poussaient à faire les choses par défaut.

Je m'étais adaptée à mon monde extérieur, sans jamais réellement écouter mon âme, ou quoi que ce soit à l'intérieur. J'écoutais mes aînés car ils avaient une grande expérience de la vie et un savoir que je n'avais pas. Par habitude, j'ai continué à l'âge adulte, à écouter mes parents, mon conjoint, mes enfants, mes amis, mon voisin et les nouvelles à la télévision.

Je suivais cette voie, par routine, par faiblesse ou par prudence, sans toujours réussir à trouver quelque chose à vivre. J'étais dans la course, la compétition, la rentabilité et dans une spirale qui me poussait toujours à avoir plus en gage de réussite.

À cette époque, je voulais que l'image que je donnais aux autres et à moi-même reflète mon succès et mon aboutissement personnel. Bien sûr, je ressentais un besoin de reconnaissance et d'appartenance pour me sentir légitime dans l'image que je donnais de moi-même et dans tout ce que je possédais.

Réussite scolaire par-ci, réussite professionnelle par là, réussite sociale toujours.

J'avais pris l'habitude de me lever le matin en faisant de mes gestes routiniers un rituel quotidien. Je partais travailler avec ou sans envie, seulement car il fallait bien faire quelque chose de cette vie qui m'avait été donnée. Quelquefois, j'étais enthousiaste et motivée mais le plus souvent, je n'aimais pas ce que je faisais et j'exécrais les relations professionnelles hiérarchisées. J'ai toujours eu un souci avec ce genre d'autorité.

J'avais un emploi, certes stable et intéressant, mais ce n'était pas le genre d'emploi qui me donnait envie de me lever le matin avec enthousiasme et légèreté. Je n'étais pas à plaindre car ma vie était acceptable, du moins en apparence. Mais quand même. Combien de personnes aujourd'hui aimeraient changer d'emploi pour un emploi plus prometteur ?

On dit bien souvent qu'il faut aimer ce que l'on fait pour réussir. Et moi, je n'aimais pas ce que je faisais la plupart du temps. Pourtant, j'avais connu quelques réussites professionnelles qui avaient absorbé toute mon énergie et tout mon temps. Était-ce cela réussir ?

Comme il m'arrivait souvent d'avoir le sentiment de ne pas être à la hauteur, je lisais beaucoup de livres pour gagner en assurance dans mon domaine professionnel. J'étudiais de grosses éditions de textes réglementaires dans le domaine médical. Ils étaient en parfait accord avec mon emploi et étaient devenus mes livres de chevet et partenaires de mes pires cauchemars. Je rêvais quelquefois que je courais nue à travers l'open space du bureau. On me regardait de manière amusée et sarcastique mais comme il n'y avait pas de cloisons, je sortais mes livres pour me couvrir. Sauf que les livres se désagrégeaient devant mes yeux et dans la honte, je me réveillais enfin, pleine de sueur. Si, si, c'est effrayant, d'autant plus si l'on considère la pudeur comme une vertu.

Pour être tout à fait sincère, ou bien n'est-ce là qu'une excuse, j'ai toujours eu l'impression que tout allait toujours trop vite. Je n'avais pas le temps de réfléchir à ma vie ni de me remettre en question mon système de croyances tout entier. Avec trois enfants à charge, j'avais encore moins le temps et d'énergie de chercher d'autres voies plus personnelles et salutaires. Finalement, je me contentais de ce que j'avais car j'aimais le confort et la sécurité que mon emploi m'apportait. Cette situation me permettait de continuer à vivre et de faire vivre mes enfants. Je contrôlais mon petit monde bien connu et je n'avais aucune envie de prendre des risques qui pour moi étaient toujours démesurés.

C'était la vie que j'avais choisie, par absence de temps et par obligation. Mais aussi par habitude, par manque d'enthousiasme et de confiance en moi. Je savais que de toute façon je n'étais pas à la hauteur. Mais était-ce le cas si je n'essayais jamais ?

Comment pouvais-je me construire une vie qui me ressemblait si je ne savais même pas qui j'étais réellement ? J'étais ce moi qui se regardait tous les matins dans le miroir sans vraiment s'y intéresser. À quoi bon se torturer ? La vie était ainsi faite. Je ne pouvais rien changer, pensai-je régulièrement.

Quels étaient en fin de compte mes désirs, mes rêves, mes objectifs de vie ?

Mais qui se pose ce genre de questions quand on passe sa vie à courir après le temps ? Je faisais état de ce que je faisais, pas de qui j'étais. Alors bien sûr, je ne savais plus pourquoi j'avançais. Pour continuer à vivre et à respirer ?

Les journées se suivaient dans le passage inexorable du temps et dans la course contre le temps. Et lorsque je m'arrêtais, c'était pour m'organiser et planifier les tâches qui restaient à faire. Un timing d'enfer dans la servitude la plus totale, sans la moindre spontanéité ni le plus petit lâcher-prise libérateur. Pas étonnant que le corps lâche au bout d'un moment...

Je vivais dans une sorte d'inconscience, en guidance préprogrammée. Mon poste de pilotage était commandé par des manettes symboliques dirigées par mon mental. J'avais abandonné l'idée d'accorder de l'importance aux requêtes du cœur laissant le pouvoir du mental diriger ma vie. Mais où était le vouloir du cœur ?

J'étais là physiquement comme une petite sardine enfermée dans son bocal au milieu de l'océan. Elle n'avait aucune conscience de son environnement ni de la part de mystère qui se cachait derrière et devant ses yeux. Dans mon imagination, elle était cloisonnée dans son bocal et tournait sans cesse en rond. Elle ne voyait même pas l'océan derrière son bocal quelque peu nébuleux.

Je me sentais fragile et minuscule face à l'immensité d'une vie trop remplie en apparence mais finalement trop vide de l'intérieur. J'étais tombée de nulle part avec le sentiment de n'aller nulle part.

Le plus souvent, je vivais dans la peur : peur de la mort, la maladie, l'échec, l'avenir, l'inconnu, l'amour et l'engagement, le manque financier. Peur aussi de me sentir rejetée ou incompétente.

Toutes ces peurs appelées peurs irréelles ou imaginaires sont des peurs qui ne sont pas produites pour la survie. Mais au même titre que les peurs réelles, elles entraînent des effets dévastateurs sur le corps et se traduisent par du surmenage et de la fatigue, qui, à leur tour, font apparaître des maladies ou de la souffrance psychologique.

Les experts s'accordent à dire que le problème réside dans l'incapacité du cerveau à distinguer la peur réelle de la peur irréelle. Le stress fournit une réponse à la peur et entraîne le corps à produire de l'adrénaline et du cortisol de manière continue. Même en cas de peur irréelle, le corps se met en branle et se comporte comme s'il y avait un danger.

Toutes ces peurs irréelles que je nourrissais sans cesse se traduisaient par un inconfort évident et permanent. Elles m'entraînaient ainsi vers la dépression et toutes les conséquences liées à cet état de souffrance, qu'elle soit physique ou émotionnelle.

Des études sérieuses révèlent que la douleur du corps est par essence liée à la douleur émotionnelle. Le stress peut conduire à des maux de tête chroniques, un sommeil agité, des brûlures d'estomac, une fragilisation des muscles dans leur ensemble, de l'eczéma, une crise de foie, ou encore au syndrome du côlon irritable. Cette liste est bien entendu non exhaustive et dépend souvent de nos états émotionnels qui fluctuent en permanence.

Le plus difficile à accepter c'était que je développais ces maladies sans même m'en rendre compte. Mais le corps qui a sa propre intelligence ne pouvait pas mentir. Il donnait l'alerte lorsqu'un problème émotionnel résidait quelque part et cette alerte se traduisait en maladie ou en trouble psychologique.

Premier constat pour moi : je souffrais de peurs, de toutes sortes de peurs irréelles.

Je devais accepter ces peurs et en comprendre les raisons pour pouvoir les surmonter. Si je continuais à laisser ces peurs prendre le dessus, je nourrissais la croyance derrière elles et je devais continuer à vivre avec leur poids.

Cette peur dans son sens général était avant tout le reflet inconscient de ma peur de mourir. Mais je réalisais cependant qu'elle alimentait tout autant ma peur de vivre. Mais, comment diminuer ces deux peurs indissociables l'une à l'autre ?

Le mental suffisait-il à répondre à la question ? Scrupuleusement rigoureux à tous points de vue, le mental est un vrai petit soldat de solide constitution. C'est un outil utile et naturel qui aime par-dessus tout la sécurité et garder les pieds sur terre. Plus il raisonne, plus il doute. Alors, il nourrit mes peurs et contrôle mes pensées sans états d'âme pour rester dans son monde confortable et familier. La vie et la mort ne le concernent pas car ce sont des termes qui baignent dans l'incertitude.

L'autre voie était celle du cœur. Mais qui écoute son cœur aujourd'hui ?

Et pourtant à bien y réfléchir, il conseille et dicte ce que je souhaite au fond de moi. Tout le monde l'expérimente ne fut-ce déjà qu'en amour. Qui parmi les blessés par leurs expériences amoureuses, a fini par trouver la bonne relation ? Était-ce possible sans se fier à ce que l'on ressent au fond de sa poitrine ?

C'est bien du cœur qu'émanent l'inspiration, l'intuition, le désir, la passion, l'amour et le pouvoir de transformation. Écouter son cœur, c'est bien quelque chose de réalisable si je lui accorde toute mon attention.

« Ayez le courage de suivre votre cœur et votre intuition.
L'un et l'autre savent ce que vous voulez réellement devenir.
Le reste est secondaire. »
Steve Jobs.

Comme je voulais essayer, je partais en toute conscience, à la rencontre d'un monde intérieur qui parle sans paroles. Au-delà de sa capacité à aimer, à inspirer et à transformer, le cœur ouvrait peut-être une porte à ce qui était inaccessible à mes sens.

Affronter mes peurs c'était me découvrir plus courageuse, plus intrépide et plus aventureuse. Pour me mesurer à elles, je devais les identifier, en prendre conscience et comprendre les émotions qui s'en dégageaient. En d'autres termes, une peur me montrait quelque chose qui paraissait ne pas fonctionner ou avec laquelle je n'étais pas en accord. Si je les décodais, je pouvais en faire des alliées ou du moins m'en servir de levier.

Je m'explique. Il semblerait que ce soit l'émotion qui nourrit la peur et c'est le manque de confiance en soi qui nourrit cette émotion que je ne veux pas. En toute logique, si la confiance augmente, la peur diminue.

Si parler en public est un défi monumental, je travaille sur la confiance et me fais croire à moi-même que je peux réussir. La peur de parler en public me donne l'occasion de m'affirmer et de me convaincre que j'ai la capacité de le faire.

Si j'ai peur de l'échec et que je sens que je ne suis pas à la hauteur de la tâche, je travaille toujours sur la confiance. Et si je ne veux pas échouer, la peur de l'échec me donne le courage d'affronter la réussite.

Si j'ai peur d'être rejetée, cela découle d'un besoin d'être aimé. Je cultive la confiance pour m'aimer davantage à travers mon propre regard et non dans la dépendance du regard de l'autre. Je regarde toutes mes qualités et les petites choses en moi qui me démarquent et se libèrent de tout ce que je place sous le contrôle de mes semblables.

La peur de l'abandon est une peur très connue. Elle relève elle aussi d'un manque de confiance en soi. Face à la peur de l'abandon, on ne s'autorise pas le déni de l'indifférence. Quelquefois, cette peur me pousse à être plus altruiste et j'arrive ainsi à la surmonter.

Certaines personnes souffrent de phobies. La phobie se définit par une peur panique et irrationnelle sur un objet, un animal ou une situation. L'angoisse est si forte qu'elle rend la peur insupportable. Ainsi, je peux voir une araignée ou une souris et me sentir complètement paralysée. Si je suis agoraphobe, j'ai peur des espaces libres et des lieux publics. Je peux également avoir peur de l'avion, de l'orage, de l'eau, des tunnels, de la vue du sang. D'autres phobies que l'on appelle des phobies sociales existent et produisent de l'anxiété. Par exemple, je peux avoir peur affronter des inconnus ou d'avoir des fréquentations car j'ai peur d'être évaluée et mal jugée. La peur de parler en public que j'ai mentionnée plus haut est une de ces peurs sociales.

Près de cinq cents phobies sont répertoriées dans le domaine médical. D'après les experts, nous en avons beaucoup caché dans l'inconscience.

Quant à la peur de la mort, il est difficile d'y résister. Même si l'on se raccroche derrière des croyances, personne ne sait réellement ce qu'il y a derrière le mur. Face à la mort, la meilleure des solutions reste selon moi, de l'utiliser comme appui pour vivre une vie jusqu'au bout en donnant le meilleur de soi-même, sans jugements, ni rancunes, ni remords. S'interroger sur la mort permet de lever des questions sur le sens de la vie. Qu'est-ce qui est important pour moi ? Est-ce que je me sens coupable ? Ai-je une vie accomplie ? J'imagine que le plus difficile face à la mort ce sont les regrets. Le mieux serait peut-être d'y réfléchir quand on est encore bien vivant. La peur de la mort me sert ainsi de levier pour aborder la vie plus sereinement. C'est peut-être vivre avec le désir et la conviction que l'amour est la plus belle des réponses à toutes les douleurs.

Comme la plupart des peurs sont inconscientes, elles nous suivent comme une ombre mais une ombre de moins en moins sombre si nous décidons de les accepter et de leur faire face de manière consciente.

Mes peurs semblaient dire non à vie. Pour diminuer ces peurs et trouver une raison valable de vivre, je devais me débarrasser de tout ce qui pesait, me faisait mal ou me freinait. En pratique, c'était m'affranchir de tout ce qui m'intoxiquait, que ce soit mes croyances erronées, mes habitudes nocives, mes vices ou mes limitations. Je devais alléger ma vie pour voyager dans la confiance que petit à petit, je pensais mériter.

Pour retrouver confiance en moi, je découvrais que je devais apprendre à désapprendre pour réapprendre à m'aimer. Je devais aussi apprendre à m'écouter honnêtement, en toute conscience. En d'autres mots, il fallait briser mon image intérieure pour la reconstruire sur des bases plus positives. En pratique, cela voulait dire sortir de ma zone de confort pour rentrer dans une nouvelle zone d'apprentissage et tenter l'extraordinaire.

Je devais réapprendre à m'aimer car je mettais en doute mes capacités et mes compétences, persuadée de mon infériorité. Déjà, devant le miroir le matin, je me trouvais peu plaisante. Regard funeste, sourire forcé, bouche pincée dont les extrémités tiraient vers le bas. À cela s'ajoutaient des rides marquées sur un front proéminent. J'avais l'air trop sérieux, peu sûre de moi, triste et aussi désespérée que désespérante. D'un point de vue psychologique, je remettais sans cesse en question les choses que je faisais et je procédais d'une mauvaise manière car je passais mon temps à me juger cruellement. Moins ça allait, pire ça allait. Je rentrais, sans m'en rendre compte, dans une spirale destructrice incontrôlable.

Dans l'amour de soi, le plus difficile à accepter c'était son concept. Pour moi, c'était un concept étranger et plutôt malsain. Cela ne semblait pas venir naturellement comme si la spontanéité de cet amour avait disparu. Je ne savais pas comment cultiver ce genre d'amour. Avais-je suffisamment de qualités, de compétences et de talent pour trouver en moi quelque chose à aimer ? Quelles étaient mes limites en fin de compte si je ne les avais jamais expérimentées ?

Néanmoins, tant de douleur et de drame s'étaient accumulés en moi que j'avais envie d'extirper le boulet que je portais aux pieds depuis bien trop longtemps. Soudainement, je me surprenais à vouloir courir vers un ailleurs, peu m'importe ce que cela impliquait. J'avais besoin de me donner une bonne gifle d'amour pour reconquérir ce sentiment qui devait forcément vivre en moi mais me faisait continuellement défaut.

Mais... pourquoi avais-je attendu aussi longtemps ?

Dans la course quotidienne au rendement et dans un mode de vie accéléré, j'avais pour habitude de filer à toute allure comme le lapin blanc dans le conte Alice aux pays des merveilles de Lewis Caroll. Je continuais à vivre dans mes sentiers battus, mon manque de temps et l'immense désordre de mon existence.

J'entendais quelquefois dans ma tête deux mots à l'impératif présent. Ces deux mots sortaient ici et là, le plus souvent quand tout paraissait s'effondrer. Petit à petit, ce « réveille-toi » de ma conscience commençait doucement à m'inspirer.

Cependant, j'ai continué, malgré cet appel, à pousser le rocher sur le sommet de la montagne. Plus je le poussais, plus il devenait gros. Au bout d'un moment, j'ai cessé de forcer les choses. J'ai arrêté de me battre et je me suis demandé si finalement je n'étais pas au bon endroit et au bon moment.

Et là, la vie m'a fait le plus imprévisible des cadeaux. Cela semblait la pire des choses mais avec du recul et un peu de travail personnel, j'ai commencé à me sentir un être vivant et entier.

Il y a cinq ans, toute ma vie a basculé. J'étais tombée malade à la suite d'un surmenage professionnel. En effet boule de neige, j'avais perdu mon emploi et ma maison. Ma relation de couple était à l'image de tout le reste. Nous étions incapables de résoudre les conflits.

J'étais tombée malade sans m'en rendre compte en consumant toutes mes réserves physiques et émotionnelles. J'étais littéralement au bout du rouleau. Fatigue chronique, hypertension, tachycardie, problèmes digestifs, troubles affectifs, besoin perpétuel de solitude et dépression. Le diagnostic médical médical fut sans appel : burnout.

Alors bien sûr, ma santé était au plus bas. De plus, je perdais beaucoup de choses. Mon utilité sociale, mes rentrées financières mensuelles issues de mon travail et par effet domino, mon bien immobilier. Ma vie de couple était un tourbillon ininterrompu de disputes et d'incompréhensions. Allais-je perdre aussi une relation qui avait déjà duré une dizaine d'années ?

Tout se serrait autour de moi sans que je sois capable de lutter. Je me sentais sécher comme un grain de raisin qui manque d'eau et se flétrit au soleil.

J'ai d'abord pleuré sur mon sort jusqu'à en haïr la vie. Comme un bateau qui affrontait une tempête, je me suis heurtée à tous les rochers qui se mettaient sur mon passage. Je ne sais pas si j'attendais une bouée de sauvetage pour m'empêcher de couler, ou bien si je n'attendais rien. Dans cette chute vertigineuse dans le néant, je me suis demandé si cela s'arrêterait enfin ou si je partirais avec elle.

Qu'avais-je fait ou omis de faire ?

Pour moi, le bonheur faisait définitivement partie du monde de l'utopie et n'avait rien à voir avec la réalité. Ma vie c'était un sentier hasardeux et semé d'embûches. Un ravin étroit où s'entrelaçaient les voies qui me poussaient de plus en plus vers l'abîme.

Alors, je me suis pris la tête entre les mains et j'ai regardé le ciel. Il avait les couleurs de l'espoir qui contrastaient avec mon désespoir. Je lui en voulais de se moquer de moi à ce point. Je ne me supportais plus et le seul endroit où j'étais le moins mal, c'était dans la solitude. Je n'étais qu'un tableau vide, un dessin sans couleurs.

Tout cela a duré une année. J'étais très faible physiquement et j'ai passé mon temps à me lamenter sur mon sort et à en vouloir à la vie de m'avoir menée dans une impasse.

« Faites confiance au temps, qui offre souvent les issues les plus douces aux plus amères difficultés »

Miguel de Cervantes

On dit que le temps guérit les blessures et dans mon cas c'était vrai.

J'avais passé ma vie à couvrir la plaie de ces blessures sans les guérir. Il était temps de prendre ma vie en main et de chercher pourquoi tout allait si mal.

Apprendre à être moi-même était la première étape. Mais comment peut-on faire lorsqu'on a de vives déchirures ancrées en soi depuis l'enfance ? Étais-je toujours moi-même ou étais-je le substitut de ce que j'aurais pu être si, petite fille, j'avais été plus aimée ?

Tout ce manque d'amour me dévorait de l'intérieur. Je fonctionnais en souffrances à répétition, à reproduire les mêmes scénarios où je n'étais satisfaite que dans la douleur. Quoi que je fasse, j'allais droit dans le mur. Même lorsque quelque chose allait un peu mieux, il ne me fallait qu'un petit effort pour m'anéantir à nouveau. Ensuite, je me plaignais de la vie. Et tout recommençait. J'avais besoin de cette douleur pour m'abandonner à elle et me sentir exister. Je vivais dans un tsunami qui se nourrissait d'excès en tous genres. Colères, angoisses d'abandon, détérioration de ma propre image, impulsivité marquante, réactions émotionnelles excessives et addictions comme le tabac ou l'alcool. Le plus difficile c'est que j'avais beaucoup de mal à attacher des raisons à cette douleur.

Lorsque j'étais une petite fille et comme tous les enfants du monde, mon bien-être provenait de mon entourage. Mon cadre familial n'était pas propice à l'amour mais je m'y étais accrochée de toutes mes forces car c'était tout ce que j'avais. Je pensais néanmoins qu'il était facile de me créer une vie à l'image des dessins animés ou des contes de fées qui finissaient toujours par la gloire du héros.

Avec le temps, j'avais appris à étouffer ce pouvoir imaginaire mais je comptais toujours trop sur les autres pour assurer mon bien-être. Je vivais à travers leur regard et je me calquais sur leurs désirs tout en devenant dépendante de leur pouvoir sur moi.

Dans mes relations amoureuses, j'étais plutôt fusionnelle et je fonctionnais en « tout ou rien ». Je jouais au jeu de la séduction « suis-moi je te fuis, fuis-moi je te suis ». Si l'homme que j'aimais s'approchait trop, je me sentais envahie et saturée. S'il s'éloignait, je me sentais vide et abandonnée.

Je vivais dans une situation de dépendance difficile à accepter. Mais il m'était encore plus difficile de modifier mes attitudes pour me donner la valeur que je méritais.

Mais alors, que faire ?

La grande difficulté s'établissait dans mes croyances. J'en avais de toutes sortes, de toutes les couleurs et à tous les niveaux. Pour m'en libérer, je devais réaliser un véritable travail personnel. Je voulais, ne fût-ce qu'une seule fois, regarder en arrière et en apprécier le chemin parcouru.

Je constatais que ces freins ne m'étaient pas imposés que par la vie. Le plus souvent, je me les imposais moi-même. Mais j'étais un sacré caméléon. Je jouais au jeu des apparences et je me mentais à moi-même. La plupart du temps, je déclarais ouvertement « je vais bien, tout va bien » alors que mes émotions saignaient de l'intérieur.

Avais-je droit à une seconde chance ?

J'avais toujours cru aux nouveaux départs et aux changements de cap pour recommencer à zéro.

Mais, j'avais fait de ma vie un changement chronique à répétitions. Je faisais comme Jacques Brel dans sa chanson « La quête », c'est-à-dire « tenter sans force et sans armure d'atteindre l'inaccessible étoile ». Brel était pour moi un compagnon psychologique qui complétait bien mon désespoir avec ses mots lourds et parfois excessifs. Les douleurs qu'ils décrivaient traduisaient ses blessures tout autant que les miennes.

Et comme je ne savais pas ce que je voulais, je n'arrivais pas à mettre le mot « fin » à mes expériences précédentes.

Avais-je bien fait, mal fait ? Je cumulais les contrariétés et je finissais par revenir dans la désillusion persistante qui habitait mon quotidien.

Il résonnait une discordance en moi, quelque chose qui m'éloignait de moi-même. C'était un sentiment étrange, celui d'évoluer dans le sens opposé de tout ce qui vibrait à l'intérieur. L'horloge tournait dans un sens et moi je tournais dans le sens contraire. Je finissais par stagner, par reculer et devenir une enfant capricieuse qui avait perdu le pouvoir de ses rêves et qui vivait dans la peur d'être abandonnée.

On me disait instable et je le suis toujours. La vie « normale » ne me correspondait pas. Alors je culpabilisais et je faisais des efforts. Je revenais me fondre dans le moule pour redevenir une esclave volontaire. Mais j'avais toujours horreur de la routine. Je faisais le tour de quelque chose une fois et à la deuxième ou troisième fois, je ne pouvais plus continuer. J'avais besoin de changements, de changements en permanence.

Mais j'avais déjà avancé un peu. J'avais fini par accepter l'idée que si je ne me sentais pas à ma place, je devais consentir au fait qu'il y avait une part de moi-même qui n'acceptait pas cette situation. En d'autres mots, une partie adhérait à ma vie telle qu'elle était et une autre la mettait continuellement en doute. Je me suis imaginée coupée en deux.

Si tout ce que j'avais fait par le passé sonnait faux, pouvais-je découvrir la vie pour laquelle j'avais été créée ? Était-il trop tard pour m'aimer un peu plus ? Était-il trop tard pour croire en mes rêves ?

Un bouleversement inattendu peut quelquefois ouvrir une nouvelle porte qui offre une vision différente du monde. Cette porte était celle de ma propre réconciliation.

Alors, je me suis posée et j'ai commencé à réfléchir à ma vie. J'ai pris ce temps qui m'avait tant fait défaut par le passé et je l'ai modelé pour tenter de découvrir un chemin porteur de sens.

J'avais vécu une vie conditionnée, imposée par mon mode de vie et par la société, et qui soulevait l'idée que je n'existais pas réellement. L'environnement dans lequel j'évoluais me façonnait et me faisait avancer dans sa direction. Je devenais ainsi l'objet de cet environnement, et non l'objet de mes propres réalisations.

J'existai grâce à mon environnement mais aussi par le regard des autres et mon autocritique négative. J'étais continuellement en attente d'approbation, enfermée dans un système où peu de choses me paraissaient authentiques.

Le vécu d'expériences douloureuses me dirigeait vers autre chose car je commençais à savoir ce que je ne voulais plus. Je n'en voulais plus de cette vie par défaut, préfabriquée et étiquetée comme un paquet de gâteaux industriels.

J'étais face à mes propres incertitudes sur moi et sur la vie. Et je ne savais pas par où commencer.

Tout ce que je croyais à propos de moi n'était pas extraordinaire. Bien au contraire. Mes certitudes absolues au-delà des apparences étaient la garantie d'un enracinement profond dans le rejet. Envers les autres et envers moi-même.

Un rejet envers les autres car j'avais besoin d'exister à travers eux. Je ne voulais pas prendre trop de place et l'approbation des autres me sécurisait. Je tentais tant bien que mal de combler un vide affectif en essayant d'être acceptée par mes semblables. Et, comme j'étais excessivement orgueilleuse, lorsque l'on me faisait des remarques, je recevais un message d'alerte me disant que j'étais rejetée. Je me sentais alors impuissante et en colère.

Un rejet envers moi-même, car je manquais de valorisation personnelle. Je culpabilisais régulièrement et facilement et je dissimulais mes besoins en faisant passer ceux des autres en premier. Ensuite, je me plaignais d'être trop sollicitée pour avoir la vedette, ne fût-ce que pour un court instant. Un véritable petit Calimero des temps modernes, victime du syndrome de persécution.

Et je fuyais, sans cesse, je fuyais. J'ai passé ma vie à fuir.

Chaque fois que je pressentais que plus rien n'allait dans ma vie, je voulais partir et disparaître comme un nuage quand le soleil est brûlant. C'était plus fort que moi, un automatisme qui répondait à un besoin de survivre.

J'ai plié bagage de nombreuses fois, avec et sans enfants. Je n'ai jamais abandonné mes filles mais elles ont connu un grand nombre de déménagements et peut-être même, leur ai-je laissé une partie de ce déséquilibre émotionnel, en héritage.

Je claquais la porte lorsque le conflit montait graduellement jusqu'à en devenir insupportable. Je ne cherchais pas à communiquer au fur et à mesure. Je collectionnais les irritations, les frustrations, les non-dits. Je prenais de plus en plus de distance et je coupais le courant de mes émotions jusqu'à ce que tout explose en moi.

Des couples se séparent, reviennent, se séparent à nouveau, reviennent encore pour repartir de plus belle, sans jamais cesser de s'aimer. Nous étions un de ces couples. Mais c'est toujours moi qui partais... Je revenais par amour, car on peut bien aimer tout autant que mal aimer. Et il m'accueillait par amour ou par routine, en pensant qu'un jour ou l'autre je repartirai.

J'ai mis longtemps avant de m'apercevoir que ce que je fuyais c'était mes propres déchirures, mes propres blessures du passé. Et, malheureusement, elles m'accompagnaient toujours là où je mettais les pieds. Elles conditionnaient mes relations avec les autres, mon comportement et mon monde émotionnel.

De fil en aiguille, l'insatisfaction et la douleur étaient devenues l'échappatoire de ma propre souffrance à laquelle je m'agrippais pour me sentir vivante. Je pouvais me lamenter sur mon sort et sentir le mal que cela faisait dans mes veines. Et toute cette agitation, c'est moi qui l'alimentais de manière inconsciente.

En résumé, ma situation dans son sens général était lamentable. Comme je me croyais sans mérite, je me jugeais de la même manière. Comme je me croyais instable, j'entretenais des relations difficiles et je cherchais le conflit. Comme je croyais que la vie était une immense farce, j'entretenais des habitudes toxiques en consommant cigarette sur cigarette et en m'abreuvant d'alcool au quotidien.

Finalement qui étais-je et quelles étaient les raisons qui m'avaient amenée jusque là ?

Je n'ai pas réussi à séparer complètement mes deux interrogations. J'ai alors décidé de m'occuper des deux aspects simultanément. Au fur et à mesure que je découvrais de nouvelles blessures, je me connaissais mieux. Et à mesure où je me connaissais mieux, je découvrais de nouvelles blessures et une passerelle inexplorée jusque là, pour la guérison. Il était bien question de guérison.

Au début, cela m'a paru une polémique intérieure difficilement exploitable car j'avais le sentiment de ne pas être suffisamment familiarisée avec ce genre de perspective. Ma quête personnelle devenait une quête philosophique et spirituelle qui devait prendre en compte la subjectivité. Cela supposait en simultané, de l'implication et un détachement suffisamment important pour ne pas me perdre en chemin et que tout puisse, ainsi, garder du sens. C'était une posture difficile à tenir car tout en moi était désordonné et confus. Les questions se bousculaient les autres après les autres et faisaient émerger une effervescence démesurée. Je fixais mon attention sur tout ce déséquilibre tout en essayant de maintenir un nouvel équilibre grâce au détachement. À l'image du funambule, je devais apprendre à marcher sur une corde raide tendue dans le vide tout en cultivant l'art de me reprendre en cas de déséquilibre. J'étais submergée par beaucoup d'émotions négatives mais en même temps, je commençais à me sentir animée d'une réelle volonté d'amélioration.

J'ai vu la guérison derrière une grande porte en chêne munie d'une poignée en laiton. C'est la même porte que j'utilise encore aujourd'hui pour explorer mon propre univers. Derrière la porte, j'ai appris avec le temps qu'il y avait de nouvelles certitudes basées sur le pardon, la compassion et l'amour. Il y a cinq ans et pour la première fois, j'ai fermé les yeux, j'ai actionné la poignée et je me suis abandonnée à ce nouveau réconfort.

Qu'est-ce qui m'avait poussée jusque là ?

Avec du recul, je réalisais que le chemin que j'avais choisi tout au long de ma vie m'avait réduite à un seul instinct, celui de survivre. Car on peut survivre de multiples manières à la limite d'en oublier son humanité dans un monde assujetti à la performance, la compétitivité et la rentabilité.

Je travaillais pour subvenir aux besoins de ma famille, mais aussi pour accumuler les luxes d'hier qui devenaient les nécessités du quotidien. Tout cela devait forcément me mener vers un bonheur bien mérité.

Ma réussite sociale, je l'affichais à travers mes vêtements, ma maison, ma voiture, mes bijoux. Je faisais des crédits car tout devait être immédiat. Et bien sûr, j'étais surendettée.

Étais-je comblée au fil du temps ? Le résultat était là. C'était ça le constat de ma vie.

J'avais fini par oublier ce que je cherchais réellement et je gaspillais ma vie à perdre ma liberté. L'argent c'était le temps de vie qu'il me fallait pour gagner cet argent et ce temps, je le consommais sans modération et sans me rendre compte que la vie ne s'achète pas. Ni le bonheur.

J'ai eu besoin d'un électrochoc pour réaliser que tout sur quoi je basais mon bonheur n'était que les aspects superflus de mon bien-être. La preuve en est que, malgré tout ce que je possédais, je me sentais bien malheureuse. Bien que mon niveau de vie global s'étendait sans cesse vers l'amélioration matérielle, le bonheur me paraissait inaccessible. Il m'a fallu perdre beaucoup de choses que je croyais importantes pour voir que finalement elles ne l'étaient pas.

Lorsqu'on croit avoir tout perdu, on dégringole l'escalier de sa vie, quatre marches à la fois. On sent les secousses successives et incontrôlées et ça ne s'arrête que lorsqu'on est arrivé en bas.

C'est au milieu de ce tumulte que je me suis trouvée en chemin. Après m'être sentie exilée vers un monde sans nom, j'ai trouvé une petite oasis silencieuse au fond de moi. Petit à petit, elle m'apportait la paix intérieure que je n'espérais plus. Aujourd'hui, elle me l'apporte toujours.

Je peux peut-être le dire aujourd'hui, j'ai dû mourir de l'intérieur pour me reconstruire. Avec le temps, la colère a laissé la place à l'acceptation. Et comme un cadeau offert par la vie, j'ai changé mon regard sur les choses, grâce à ces épreuves difficiles, qui ont mis sens dessus dessous toute ma vie.

C'est dans l'acceptation que j'ai commencé petit à petit à me sentir mieux. Malgré la confusion encore présente, j'avais pris la décision de me libérer d'un lourd fardeau émotionnel. C'était une décision importante, un choix délibéré. Cette liberté qui m'avait souvent paru comme un concept purement idéologique s'exprimait alors dans tout son droit. Celui d'être moi-même.

Mais comment faire ?

En bas de l'escalier, je réalisais au bout d'un moment qu'il y avait autre chose à voir dans une autre direction. J'aurais pu être tentée par grimper à nouveau les marches car à la croisée des chemins, j'avais toujours le choix. Je pouvais, soit continuer à vivre comme je l'avais toujours fait, soit prendre cette nouvelle direction.

Mais, la vérité c'est que je n'en voulais plus de cette vie car je m'étais toujours retrouvée à vivre ce que je ne voulais pas vivre et à faire ce que je ne voulais pas faire. J'en voulais une sur mesure, adaptée à mes besoins et mes envies. Aussi absurde que cela puisse paraître, je voulais une vie à moi.

Et si tomber ce n'était finalement que pour gagner infiniment plus ?

J'entendais dans ma tête : « Oui... mais, que vas-tu faire ? »

J'entendais ma famille : « Oui... mais, comment vas-tu vivre ? »

Je ne savais pas encore mais je savais qu'il manquait quelque chose à ma vie. Je l'avais toujours su mais sans le réaliser pleinement. L'insatisfaction chronique, mes attitudes extrêmes et mon hyperémotivité en apportaient les preuves flagrantes. L'erreur avait été de croire que ce n'était là que le caprice d'une enfant qui n'avait jamais mûri.

Cette chute dans l'escalier remettait tout en question.

Avais-je eu peur ? Oui, indiscutablement.

Au-delà du problème financier qu'il ne faut pas minimiser, se retrouver et se libérer d'un lourd fardeau émotionnel n'était pas un exercice commode, bien que nécessaire. Bloc-notes à la main, je me mettais à parcourir les plis et les replis de mon identité la plus profonde, les douleurs de mon enfance et mes comportements destructeurs. Je notais pour ne pas oublier et découvrir la vue d'ensemble. Mais tout se mélangeait comme dans un puzzle gigantesque contenant des milliers de pièces.

Mes écrits ressemblaient à un crachoir où je déversais toute la colère difficile à surmonter. Je la laissais m'envahir pour mieux m'en débarrasser. Et il y avait là aussi quelque chose qui me paraissait impossible à réaliser. Il s'agissait de tous ces pardons extraordinaires que j'avais beaucoup de mal à concéder.

Je voulais bien pardonner mais je ne pouvais pas, je n'y arrivais pas et pourtant je voulais ne plus souffrir. Toute cette souffrance, je l'avais retournée contre moi, toute ma vie. Je m'étais fait mon propre procès et je m'étais déclarée coupable pour toute cette absence d'amour qui avait envahi ma vie d'enfant et ma vie d'adolescente. Je me considérais condamnable au point de me punir jusqu'à la fin de ma vie. Et pourtant, cette culpabilité n'était pas la mienne.

Petite, on m'avait dit maintes fois que je ne servais à rien, que j'étais inutile. J'avais honte de ne pas répondre à l'attente de mes parents et je me méprisais de ne pas avoir de valeur à leurs yeux.

Mais c'est toute seule et bien plus tard que j'avais collé des étiquettes peu agréables sur mon front, tout au long de mon existence. Ces étiquettes avaient fait de ma vie ce qu'elle était, un phénomène sismique de désastres à répétitions.

J'avais tenté de garder la foi en quelque chose mais je ne croyais pas dans le Dieu de mon enfance, celui des églises catholiques. On m'avait appris que j'étais née dans le péché, que je vivais dans le péché et que je mourrais dans le péché.

La foi dans le domaine religieux est la condition de toute religion. La croyance religieuse en une idéologie ferme qui n'admet que peu de contradictions pour ne pas dire aucune. La religion me fait suivre le parcours d'un autre et m'impose des règles et des pratiques dont je suis dépendante. Tous les croyants sont persuadés de leur Vérité. La conséquence logique suit la conviction en cette Vérité car la religion distingue les individus d'autres religions et c'est pourquoi elle fragmente une grande partie de l'humanité. On se fait la guerre pour défendre notre Vérité et l'on tue au nom de la foi.

J'ai beaucoup lu la Bible mais j'ai toujours trouvé la compréhension très difficile car beaucoup de récits sont d'ordre symbolique et métaphysique. Pour moi, l'interprétation de ces textes métaphoriques devient très personnelle. Chacun peut interpréter le contenu de la Bible; d'ailleurs, depuis des siècles, plusieurs interprétations ont émergé. Il n'y a qu'à voir le nombre de religions issues du Christianisme comme le catholicisme, le christianisme orthodoxe, le protestantisme et qui se divisent à leur tour pour former d'autres branches. Il n'y a qu'à voir aussi comment certaines personnes peuvent avoir des opinions très variées sur les écrits bibliques. Elles vont quelquefois, jusqu'à se contredire même entre les croyants d'une même branche. Une interprétation est toujours de nature humaine et donc subjective.

D'autres interprétations relient les écritures sacrées de la Bible à la psyché humaine. Avec une ouverture d'esprit et une vision plus personnelle, toutes les histoires deviennent des états de conscience chez un même individu. Il s'agit d'une parabole de la psyché humaine par opposition à un récit d'évènements historiques. J'en parle un peu plus loin dans le chapitre *L'Imagination*.

Le monde de la spiritualité peut s'inspirer de ces textes sacrés mais on peut être spirituel sans être religieux. Par exemple, dans le Nouveau Testament, on y parle d'amour inconditionnel, celui prôné par Jésus-Christ. Un amour pur et universel qui n'a ni de frontières ni de couleurs.

Personnellement, j'aime bien l'idée d'un Dieu à l'amour inconditionnel qui fait grandir au lieu de sévir et qui respecte la liberté individuelle de chacun. Ce qui fait de moi une croyante dans la parole de Jésus de Nazareth sans être une adepte de la religion chrétienne.

La foi dans laquelle je crois est récente et différente. C'est une foi spirituelle. Elle libère la véritable nature de ce que je suis car je peux sentir ce qui est juste en moi. Je suis mon propre parcours et la foi me dévoile mon vrai visage lorsque je parviens à réduire mes peurs et à m'ouvrir au langage de l'amour. Ma foi ne divise pas car je découvre que la Vérité est la même pour tous, en dépit des différences. Dans la spiritualité, je peux choisir toutes les idées ou certaines idées écrites dans les livres sacrés ou bien je peux les abandonner si elles ne correspondent pas à mes attentes. Personnellement, j'utilise par exemple l'idée du libre arbitre, mentionné dans la Bible, pour justifier mes propres choix.

Lorsque je parle de ce que je crois, je ne parle jamais de Dieu pour éviter toute connotation religieuse. Je parle d'une Énergie ou d'une Conscience universelle intelligente. C'est elle qui contient et crée la vie en moi et autour de moi.

Je me suis penchée sur cette Conscience et cela donnait du sens à tout ce que j'avais vécu. Grâce au libre arbitre, je comprenais que j'avais toujours eu l'opportunité de choisir parmi les différentes possibilités qui s'offraient à moi. Rien ne m'avait été imposé, à l'exception de ce que je m'étais imposé à moi-même.

Dans ce raisonnement, je ne pouvais rendre cette Conscience responsable de ma vie puisque mes choix déterminaient mes résultats. J'étais ainsi et je le suis toujours, la créatrice de mon propre univers.

La question naturelle qui suivait cette observation était de savoir pourquoi je faisais de mauvais choix et pourquoi le chemin emprunté ne semblait jamais me convenir. J'étais la mieux placée pour comprendre et trouver une nouvelle manière d'envisager la vie. Je pouvais chercher de l'aide extérieure mais j'ai toujours été une autodidacte. J'ai le goût pour la nouveauté, une soif d'apprendre, et à l'époque, j'aimais l'idée d'être confrontée à une nouvelle expérience pour m'instruire par moi-même.

« Connais-toi toi-même, et tu connaîtras l'univers et les dieux. »
(Inscription sur le Temple d'Apollon à Delphes)

Cette devise ancienne reprise en partie par le philosophe grec Socrate est inscrite à l'entrée du temple d'Apollon. Elle a un peu plus de 2500 ans.

Au début, j'étais sceptique quant à l'invitation de Socrate de chercher à me connaître, comme tout nouvel initié ou apprenti spirituel en herbe. J'étais d'autant plus dubitative quant à la possibilité de connaître l'univers et les dieux. Mais je n'avais rien à perdre à essayer, même pas moi-même. Alors, je me suis mise au travail, à lire beaucoup de livres et à chercher toujours plus loin en moi, dans le monde de l'invisible.

Comme chez tous les êtres humains, une petite voix résidait en moi et s'activait tout au long de la journée. C'était celle qui raisonnait et qui me mettait face à ma réalité. Avec du temps, ce petit murmure à l'intérieur a changé de comportement. Il est devenu plus amical, plus affectueux, plus serein. Et plus intime. Lorsque l'égo domine moins, une ouverture se crée et dévoile de nouvelles facettes de ma réelle identité.

Je rassure tous les sceptiques car la petite voix s'exprime dans un langage non verbal et au-delà du mental. À la différence de la voix mentale qui est rapide et immédiate, la deuxième voix est plutôt modérée et progressive. Elle détecte tous les signaux intérieurs et extérieurs pour me guider vers plus de douceur et d'équilibre. Elle est associée à la partie la plus calme et la plus élevée de mon être. D'instinct, elle me dit ce qui est bon pour moi malgré les apparences ou les circonstances. Elle revendique toujours l'amour en lieu et place de la peur.

Étant donné que j'ai eu besoin de chercher la concordance pour aller mieux, de m'accorder avec cette part de moi-même avec laquelle je me sentais si étrangère au début, j'ai commencé à méditer.

Depuis ces débuts quelque peu difficiles où je m'étais embarquée sans m'en rendre compte dans le voyage spirituel, j'avais pris la résolution d'explorer tous les aspects qui me paraissaient importants. Tout ça dans l'idée de faire l'expérience d'être complètement moi-même et de me créer un avenir plus serein et peut-être plus prometteur.

Finalement pour répondre à l'appel de l'amour qui émanait de moi, je me suis servie de l'écriture, non plus comme un crachoir mais comme une thérapie de réflexion et de guérison.

« Le plus grand voyageur n'est pas celui qui a fait dix fois le tour du monde, mais celui qui a fait une seule fois le tour de lui-même. »

Gandhi.

Tout au long de ma vie, j'avais vécu les deux pieds sur terre et la tête enfouie dans le monde du raisonnement ordinaire. J'avais besoin de transcender cette image de moi et lever les yeux un peu plus haut, hors de tout ce qui me paraissait superficiel ou dénaturé. Je devais partir loin des croyances erronées et des émotions néfastes que je m'imposais à moi-même.

Je voulais récupérer le contrôle sur ma vie, et explorer ce nouveau port d'encrage. Je commençais doucement à m'accorder plus de confiance et à désirer un nouveau mode de vie, plus authentique.

Ces nouvelles aspirations largement justifiées par l'insatisfaction d'une vie qui se montrait incomplète se rattachaient aussi à celui de trouver un nouveau but à explorer, plus en accord avec mon idéal naissant.

Pour mettre les pièces du puzzle au bon endroit, il était nécessaire, selon moi, de me positionner à l'endroit où je réside et de chercher d'une façon ou d'une autre, ma place dans l'Univers. Même si cela semblait de prime abord insensé, c'est exactement ce que je voulais.

Ainsi, l'analyse me poussait à voir dans un premier temps la vue d'ensemble de ce puzzle céleste pour y associer, à un moment ou un autre, la petite pièce du puzzle qui s'incarnait en moi.

J'ai volontairement écrit cette partie au présent car c'est toujours d'actualité et, je pense, adapté à la situation de la plupart des êtres humains.

D'un point de vue global, je vis sur une merveilleuse planète qui m'offre tout ce dont j'ai besoin. Elle m'accorde son hospitalité, m'offre l'eau, m'alimente, me soigne, génère et purifie l'air que je respire.

La terre m'offre la diversité et de nombreuses espèces y vivent, apportant une richesse infinie de variétés de plantes, de minéraux et d'animaux. Son paysage naturel respecte la biodiversité car tous les systèmes vivants interagissent entre eux. Du petit bout de jardin aux plus grandes plaines ou forêts, de la plus petite des rivières au plus grand des océans, du coin le plus solitaire, jusqu'au plus grand des déserts où la sècheresse fait rage, la vie s'exprime partout sur la planète.

Je reconnais que je suis responsable de la dégradation de la nature et que mes efforts en tant que membre de l'espèce humaine sont insuffisants. Je suis à l'origine du réchauffement climatique, des émissions de gaz à effet de serre et de la dégradation de la couche d'ozone. Chaque jour, des dizaines d'espèces disparaissent. Chaque jour, des millions de personnes sont frappées par la désertification. Chaque jour, des milliers d'arbres sont abattus à travers le monde. Chaque jour, on continue à détruire non seulement pour se nourrir, se vêtir et se loger mais aussi pour enrichir les puissances industrielles.

Je constate également que je suis responsable de mes déplacements, de mes loisirs, de mes vacances, du milieu dans lequel je vis ou encore, de mes produits de consommation.

Tout ce que je fais a une incidence sur la nature et j'oublie le plus souvent que je lui suis redevable.

« C'est une triste chose de penser que la nature parle et que le genre humain n'écoute pas. »

Victor Hugo

Nous oublions souvent que la nature nous fournit l'énergie vitale à la vie. Cette énergie fonctionne sans nous. Elle contrôle les fonctions des organismes vivants maintenus en vie par ce flux énergétique. Ils respirent, grandissent, digèrent, font circuler la sève ou le sang dans les vaisseaux pour irriguer, soigner les blessures ou encore se prémunir des maladies.

Tout cela suppose une énergie intelligente qui cherche à préserver la vie par-dessus de tout.

À l'échelle de l'individu, ma vie est subordonnée à la nature et à l'énergie vitale qui circule à travers mon corps et rend possible la vie. Selon moi, cette énergie émerge sur un plan spirituel. Plus je l'invite à faire partie de ma vie, plus elle circule harmonieusement dans mon esprit et dans mon corps à travers mes émotions. Par exemple, si je respire au grand air et au soleil, je me remplis d'énergie car je me nourris spirituellement et émotionnellement de l'air et des rayons du soleil. Plus j'en ai conscience, plus je fais affluer cette énergie et mieux elle circule à travers moi. Elle ressemble étrangement à l'amour car elle agit comme un carburant vital à mon bien-être.

Ainsi, je dépends totalement de la nature et de ce flux d'énergie qui circule dans tout ce qui existe, même dans les objets inanimés.

Dans un tel contexte, mon rôle est de prendre soin de la nature et le rôle de la nature est de favoriser ce flux énergétique pour créer et faire perdurer la vie. La nature et ce souffle de vie énergétique sont indispensables pour respirer, me nourrir, me vêtir et me loger. Ils sont tout aussi fondamentaux pour l'élaboration de remèdes thérapeutiques et mon propre équilibre.

La physique ou mécanique quantique

La physique quantique nous dévoile de nombreux mystères quant à cette énergie invisible qui circule à travers tout ce qui existe.

Les scientifiques de la mécanique quantique ont déjà découvert que la matière et l'énergie sont de même nature, à la fois corpuscule et onde. Pour mon corps physique, cela signifie que bien qu'il apparaît comme de la matière agglomérée, il est constitué de pure énergie.

Dans ce domaine, la théorie de Grande Unification est encore à l'étude de nos jours et reste l'un des plus grands sujets d'investigation appelé la «théorie du Tout». La finalité de ces recherches est d'apporter une explication scientifique globale au monde en démontrant que tout est relié à tout et interagit ainsi sur tout de manière interdépendante. Stephen Hawking, lui a consacré une grande partie de sa vie.

Penser que la physique quantique n'agit que sur l'infiniment petit semble inexact. Tout est composé de particules élémentaires reliées entre elles par des réactions réciproques appelées interactions. Que ce soit un fruit, un insecte, un être humain, des planètes ou l'Univers tout entier. Lorsque des éléments sont en interaction, il se crée une intensité énergétique qui donne lieu à un échange d'énergie entre les parties existantes. Il y a ainsi une interdépendance permanente et en mouvement entre ces vibrations.

Cela pourrait signifier que tout agit sur tout et crée une unicité entre ces vibrations qui démontre que tout est solidaire. À l'heure actuelle, cette théorie reste encore spéculative pour les scientifiques et obscure pour le grand public. Mais elle n'a pas encore dévoilé tous ses secrets.

On sait aujourd'hui que le réel ne suffit pas à interpréter le réel dans le monde de l'infiniment petit. Il existe un principe d'incertitude qui affirme qu'une particule quantique n'est jamais un corps décrit par la physique classique. Différentes expériences ont démontré que l'on peut, par exemple, trouver un «objet» quantique à deux endroits à la fois ou bien se trouver dans une superposition d'états. Cette superposition d'états correspond à la potentialité de tous les états possibles. Que l'objet soit ici ou là, on est sûr qu'il est quelque part à partir du moment où l'on effectue une mesure, c'est-à-dire un état bien défini. Le reste n'est que probabilités. Le monde quantique est le monde de tous les possibles.

Tout ce mystère a un lien avec mon raisonnement. Sans être une experte de la physique quantique, je trouve ces découvertes très intéressantes. Si le réel ne suffit pas à interpréter le réel dans le monde de l'infiniment petit, c'est parce que le réel ne peut être défini. Le verbe définir signifie « donner une limite ou déterminer de façon précise ». Nous nous piégeons dans nos propres mots car le réel semble ne pas avoir de définition dans le langage humain. Il se présente comme un monde infini où tous les possibles sont envisageables.

Si le réel est infini et donc sans limites ou sans détermination précise, aucune pensée ne peut définir ce que je suis.

Je peux dire certaines choses à propos de ce que je suis. Je vais définir un nom, une activité, une religion, une culture, un statut social, un sexe, un âge, un état civil, une situation familiale ou encore un trait de caractère. Mais je ne peux définir la réalité de ce que je suis, car tout ce que je viens d'énumérer n'est qu'un ensemble de concepts ou d'images en provenance du mental qui nomment quelques-unes de mes caractéristiques mais pas ce que je suis réellement.

Par exemple, j'aurais pu m'appeler Teresa à la place de Carmen. J'aurais pu exercer d'autres métiers que ceux que j'ai exercés, être mariée plutôt que célibataire. J'aurais pu ne pas être mère mais j'ai eu trois filles. J'aurais pu avoir une culture différente car elle est liée à mon lieu de naissance. Je ne suis pas mon âge car il change constamment ni mon caractère. Si par exemple, je suis colérique, je ne suis pas la colère. J'ai un certain caractère bien défini mais je ne suis pas ce caractère.

Je ne suis pas toutes ces définitions que je me donne. Je suis quelque chose d'autre, quelque chose de permanent que je dois faire émerger du fond de ma conscience.

J'en viens ici à la suite de mon raisonnement. Si je m'accorde avec ces découvertes de la théorie quantique qui développe l'idée que tout est en relation avec tout et s'orchestre de manière harmonieuse grâce à une Énergie universelle, pourquoi je ne vis pas en harmonie avec cette nature qui manifeste la vie de manière constante dans un équilibre parfait? En d'autres mots, si je suis liée à la nature et imbriquée à tout ce qui existe, pourquoi est-ce que je m'en sens séparée?

J'imagine que je me suis éloignée de cette nature, me croyant inconsciemment supérieure à elle. Sans y réfléchir vraiment, je vivais dans les nouvelles technologies confortables qu'offre la vie du XXIe siècle avec son lot de produits de consommation qui satisfaisaient mon égo.

Ce qui intéresse l'égo c'est la survie et le contrôle. Il cherche toujours des objets auxquels s'attacher créant ainsi, une vue partielle de la vie en fonction de ce qui l'arrange. Il refuse de porter son attention aux choses qui s'éloignent de sa propre survie et de la perte de son contrôle.

Avec le contrôle, on se sent utiles et rassurés. On met des « il faut » dans la plupart de nos idées. Il faut être ponctuel, il faut être fort, il faut être vigilant, il faut être intelligent, il faut être présentable, il faut être plus aimant, il faut être performant. Et aussi des « il faut » plus matérialistes. Il me faut ce sac dernier cri parce que ça fait chic et pompeux, il me faut cette voiture parce que je veux briller en société et il me faut ce mode de vie enviable car je veux être heureuse dans un monde où le bonheur s'achète.

La nature était certes là et j'y allais me promener de temps à autre, histoire de décompresser et d'observer quelques oiseaux, des écureuils ou des arbres majestueux. Il est vrai que je m'y sentais bien mais je revenais toujours à mon confort citadin pour continuer à surconsommer pour accroître mon niveau de vie et ma commodité.

Comme je n'avais plus peur d'essayer de comprendre, j'ai tenté de découvrir le lien entre cette Énergie universelle dotée d'une intelligence supérieure et moi, minuscule et désarmée sous le regard infini de l'univers.

La découverte

Lorsque nous accordons sa véritable place à cette Énergie universelle, nous retrouvons dans la nature ce que nous décelons à l'intérieur de nous-mêmes et qui renferme notre nature profondément humaine. Elle se constitue de nouveaux aspects de la réalité que nous avions du mal à détecter auparavant. Ils sont enracinés dans une vérité plus profonde qui nous raccorde à de nouvelles certitudes.

Personnellement grâce à la méditation, j'étais devenue la petite sardine qui prit conscience de l'eau dans son bocal et de l'eau derrière le bocal, dans l'océan. Le bocal représente les limites que je m'impose.

J'ai alors commencé à regarder la nature avec un œil neuf comme si je la voyais pour la première fois. En pleine conscience, je mesurais la beauté du décor et cela me comblait infiniment. La nature avait tant à me dire. Elle s'associait à ma nouvelle vérité et me donnait une toute nouvelle vitalité. C'est comme si elle reflétait une part de moi-même intime et joyeuse dont je n'avais pas eu conscience par le passé.

Je ne regarde plus comme avant un coucher de soleil ni un paysage champêtre, ni un ciel étoilé, ni les abeilles qui butinent de fleur en fleur, ni un arbre, ni les herbes aromatiques que je plante dans des bacs sur mon balcon, ni un chat abandonné, ni l'araignée rentrée par inadvertance dans mon salon pour se protéger de la pluie.

Dans ces instants de plus en plus nombreux, je ressens la quiétude et la sérénité qui englobent ce sentiment de paix qui me semble étrangement... si familier.

Ma planète me raconte des poésies émouvantes offertes par les sons de la nature. Elle me montre la beauté éloquente des paysages qui vibrent harmonieusement avec ce que je suis. Elle est d'une générosité sans égal. Lorsque je dirige mon attention sur cette nature et que je la regarde avec amour, j'augmente le taux vibratoire qui me lie à elle. Elle me rend l'amour que je lui porte et je n'ai qu'une seule envie, la protéger.

Il existe ainsi un lien fondamental entre cette nature vivante et ce que je suis.

Ce lien se présente à moi comme un lien purement spirituel. Cela rend possible l'acceptation des mystères qui me dépassent.

À l'image de la petite sardine, je veux savoir ce qu'il y a derrière l'immensité autour du bocal et le lien que j'entretiens avec ce vaste espace océanique. Le bocal symbolique s'effondre et je me retrouve dans la plus grande des confusions.

Sans structure, l'eau prend la forme de son contenant mais perd sa forme si elle va ailleurs. L'eau est pure, neutre et translucide. Mais elle a besoin de lumière pour l'exploration des profondeurs souterraines. Avec un peu d'imagination, on peut comparer l'eau de la petite sardine à la Conscience ou Intelligence universelle, le bocal aux croyances erronées, la lumière dont elle a besoin à l'amour et les profondeurs souterraines à ce que je suis, ma véritable nature.

Je sais aujourd'hui que j'ai activement participé au déséquilibre mondial que nous connaissons tous. Les dommages de cette crise se sont reflétés dans ma vie, créant une rupture dans mon monde intérieur, sans que je puisse réellement m'en apercevoir.

Je ne m'intéressais pas au danger planétaire car je trouvais toujours une raison de l'ignorer. Je rejetais la faute sur les industriels en oubliant que rejeter quelque chose, c'est une façon de nier son existence. La menace semblait lointaine et n'affectait pas ma vie dans l'immédiat. Je faisais l'autruche et j'écartais le problème d'un revers de la main dans l'indifférence la plus totale.

J'avais négligé l'idée que je pouvais faire des choix comme celui de consommer de manière plus responsable et plus écologique. Trier mes poubelles, manger moins de viande et de poisson, éviter le gaspillage, privilégier les emballages recyclables, consommer et m'habiller dans un souci écoresponsable.

C'est ainsi que je m'étais éloignée de la nature jusqu'au point de m'en sentir séparée. J'avais rompu le lien qui m'unissait à elle, rompant de la même manière le lien à ma nature profonde, cette part de moi-même plus élevée, qui désirait autre chose que mon égo.

Je pense que le problème environnemental ne concerne pas seulement ma relation avec la nature extérieure mais aussi ma relation avec moi-même. Jamais je n'ai été séparée de cette nature. Je l'avais juste oublié ou peut-être renié de manière involontaire.

Pour retrouver l'équilibre, une reconnexion avec ces deux natures demeure indispensable. Ces deux natures sont intimement liées l'une à l'autre de telle sorte que la nature profonde de chaque être humain s'imbrique dans celle de la nature extérieure, unifiant ces deux natures en la Nature universelle. En d'autres mots, la nature profonde de chaque être vivant s'enracine dans une nature plus grande et dépasse tout ce que nous pouvons percevoir. Un monde invisible dans un monde invisible plus grand. La Nature universelle reste par essence intelligente et englobe tout ce qui existe. Si elle est intelligente, c'est qu'elle a une conscience qui permet de maintenir un lien constant dans l'équilibre universel.

Pour moi, la Nature universelle, l'Intelligence supérieure et la Conscience universelle sont les synonymes d'un Tout qui respecte l'équilibre et la vie.

Nous faisons partie de cette Conscience universelle qui expérimente la vie à travers nous. Tout comme la petite sardine qui fait partie de l'eau et en prend conscience. Son rôle est d'expérimenter la vie dans sa source et de maintenir ce lien qui crée l'équilibre intérieur et développe l'harmonie avec les interactions qu'elle entretient avec l'océan.

L'approche spirituelle et le rôle des émotions

L'approche spirituelle est une des clés qui ouvre la porte à notre nature profonde et nous guide au service de la vie elle-même. Le monde est ce que nous en faisons et seul l'amour, notre lumière intérieure, semble donner du sens à notre existence.

Que se passerait-il si ce lien, une fois ravivé, embrassait nos réels objectifs de vie ?

Le monde spirituel et le monde physique s'unissent dans la mise en valeur de ce lien. Notre esprit forme la conscience et notre corps émet des émotions. Tous deux revitalisent le lien spirituel qui nous rapproche de cette Nature ou Conscience universelle.

Nos émotions sont des messagers précieux et des guides qui nous permettent de décrypter la réalité dans laquelle nous vivons. Sans émotions, nous fonctionnons comme des automates, par défaut. Elles sont par nature, des outils inestimables pour nous positionner par rapport à une situation ou un évènement. D'où l'intérêt d'en prendre soin pour optimiser une de ses fonctions principales qui consiste à être le radar de nos états émotionnels.

Les émotions tant positives que négatives sont des « états d'âme » ou, si l'on préfère, des humeurs personnelles qui nous font agir ou réagir d'une certaine manière. Elles déterminent notre état d'être du moment présent. Nous pouvons nous en servir pour continuer à nous faire du mal ou pour évoluer vers une vie plus sereine. C'est un choix délibéré à prendre en considération.

Bien sûr, il ne s'agit pas de refouler ses émotions car une émotion refoulée subsiste toujours sauf qu'on se la cache à soi-même. L'idéal est de comprendre pourquoi elle apparaît et ce qu'elle a à nous dire.

Si l'émotion est positive, tout va bien. Cela signifie que nous sommes alignés avec notre nature profonde. On se sent bien, léger, satisfait, plus ouvert et en résonance parfaite avec cette partie invisible de notre être.

Si l'émotion est négative, cela signifie qu'une contrariété ou une résistance s'est mise en place. L'émotion négative est un signal d'alerte de notre nature profonde. Nous ne sommes plus connectés à cette part plus élevée de nous-mêmes qui a pour but de nous maintenir dans un bon état d'esprit. Et, un bon état d'esprit rend heureux.

Les émotions ressenties ne dépendent que de nous. Pas des autres, pas des conditions, pas des circonstances. Nous en sommes responsables. En prendre conscience, c'est apprendre à les accepter sans les juger et les gérer de façon à les faire évoluer à bon escient. Le but dans la gestion des émotions consiste à avoir une vision plus positive de la situation ou de l'évènement sans se faire du mal inutilement.

Par exemple, dans le passé, j'aimais entretenir une relation de conflits dans le couple. Le discours ressemblait à ce qui suit : il ne s'intéresse pas à moi, il n'est jamais d'accord avec ce que je dis, il m'étouffe, il me fait continuellement des critiques, il ne m'aime pas. La tâche consistait à accepter que je fusse la seule responsable de ce que je ressentais et donc la seule personne à pouvoir modifier ces émotions. Les reproches sont toujours une tentative de contrôler l'autre. Ils ne servent qu'à nourrir l'amertume du regret ou de la déception.

Pour vivre plus heureux, l'ajustement des émotions se révèle un passage nécessaire qui a besoin de temps, de douceur et de tolérance. Avec un peu d'entraînement, cela devient plus naturel et plus facile. Tout le monde est capable d'apprendre à gérer ses émotions et personne ne peut le faire à notre place.

Personnellement, pendant de nombreuses années, j'avais oublié le rôle des émotions positives, me détachant ainsi du lien qui me lie à la Conscience universelle. J'avais perdu tous mes repères au point de ne plus trouver de sens à ce que je faisais.

Aujourd'hui, je me rends compte que tout tourne autour des émotions. Elles guident mon monde intérieur et à travers lui, mon monde extérieur qui comme un miroir renvoie les images de ma réalité intérieure.

En conclusion de ce chapitre, le bouleversement inattendu m'avait permis de me remettre en cause et de soulever des questions auxquelles je n'avais jamais répondu par le passé. Dans l'absolu, je cherchais à comprendre le sens réel et peut-être infini de la vie et, ma place dans ce grand « Tout ». De bien vastes sujets pour une néophyte qui avait finalement décidé d'assumer sa vie.

Le chapitre suivant porte sur certaines expériences douloureuses de mon enfance, adolescence et vie d'adulte. J'ai pensé qu'il serait sage de voyager plus léger avant d'aborder d'autres questions existentielles et tenter d'évoluer vers une version plus appropriée de moi-même.

« Pour se transformer, la connaissance de soi est essentielle, sans vous connaître vous-même il ne peut pas y avoir de transformation ».

Jiddu Krishnamurti

Chapitre 2

Dans l'Abîme des Souvenirs

« L'enfance c'est de croire qu'avec le sapin de Noël et trois flocons de neige toute la terre est changée. »

André Laurendeau.

« Mon enfance n'a été qu'un ténébreux orage, traversé çà et là par de brillants soleils... »

Charles Baudelaire.

Introduction

Chaque fois que je songeais à la petite fille que j'avais été, mélancolie et regret se mélangeaient. Toutes ces blessures liées à un passé difficile éveillaient en moi de vives émotions et sa part d'énigmes en suspens. Toute ma vie, j'avais entretenu l'amnésie pour me protéger. Pourtant, ces souvenirs vivaient encore en moi sans parvenir à leur maturité car je n'avais ni accepté ni pardonné.

Je savais que soigner ces blessures guérirait une part importante de ma vie. Mais pouvais-je réellement les cicatriser ?

Mais comme un cri venant du cœur, du ciel ou de la terre, j'y répondais. Je ne savais pas encore où tout cela me mènerait mais je ne voulais plus faire marche arrière car je m'étais déjà engagée sans le savoir dans un processus de transformation.

Quitte à faire du hors-piste, je me lançais vers ma destinée. Je connaissais le terrain et les risques, j'y ajouterai ma petite note personnelle, quelquefois dramatique, d'autres fois plus légère.

C'est ainsi qu'à tâtons, je plongeais comme témoin dans l'abîme des souvenirs. Les blessures devaient sortir dans leur état originel à partir de mon enfance, de mon adolescence et de toutes ces expériences qui m'avaient apporté beaucoup de rancœur. Ensuite, elles devaient être examinées avec du détachement et un recul suffisant pour ne pas en souffrir. L'observation secondaire mais tout aussi importante devait s'établir avec la vision d'un adulte. S'il restait de l'amour quelque part, il ne pouvait provenir que d'une réelle prise de conscience à ces évènements.

L'idée première consistait à comprendre ce que jamais je n'avais compris. Je pouvais peut-être me risquer à décoder le message à travers la souffrance. *Mon Bouleversement inattendu* m'avait menée vers de nombreuses interrogations et pour la première fois de ma vie, j'avais trouvé la force d'y faire face. Qu'est-ce qui avait poussé mes parents mais surtout mon père à me donner une éducation si dure et autoritaire ? Qu'était devenue cette petite fille que j'avais été ? Tout ce que je savais c'est qu'elle avait perdu confiance en elle et qu'elle avait beaucoup de mal à s'accepter et à s'aimer.

Quelquefois, il suffit de voir la montagne pour se dire qu'on peut la gravir. Ce haut lieu se dressait à présent devant mes yeux. Que me fallait-il ? Du courage, de la motivation, une nouvelle volonté de vivre ? Tout cela à la fois ? Je me concentrais tout d'abord sur le courage car il m'en fallait pour partir explorer les souvenirs vivants de mon passé. Mais en même temps, la motivation demeurait primordiale pour ne pas baisser les bras lorsque les émotions associées à ces images dévoileraient leurs secrets. La volonté de vivre devenait mon nouveau moteur car je ne voulais pas mourir dans l'incompréhension et les regrets.

Munie de mes instruments de combat psychologiques, je replongeais dans un torrent chargé d'effervescence pour revivre ces souvenirs qui n'avaient jamais été oubliés. Ils se mettaient instinctivement en mouvement et se livraient comme des instants qui déchiraient ce qui avait été. Ils étaient marqués dans ma mémoire comme des souillures sur un dessin délavé par le temps. Ils s'apparentaient aux fissures qui se propagent sur une surface plane et qui annoncent une fracture. Mais derrière cette fracture, y avait-il plus de lumière ?

Certains n'étaient pas mes souvenirs car ils dataient d'avant ma naissance. C'est l'image que j'en avais gardée sur la base de choses que j'avais entendues au cours des conversations.

Le passé recélait ainsi une part de mystère qui entraînait une part d'imagination. Pas de celle qui s'invente mais celle qui redonne vie à quelque chose qui s'est perdu. Par exemple, lorsque j'imaginais ma mère à seize ans, je pensais à elle comme à une adolescente candide, fraîche et inexpérimentée. Elle affrontait le monde avec pudeur à travers ses émotions, ses espoirs, sa fragilité, ses craintes et son désir d'indépendance.

Ainsi, je poussais mon ouverture d'esprit au maximum et, comme des lettres restées fermées dans une boîte, les souvenirs les plus durs refaisaient surface et se propageaient en moi, comme une lésion purulente impossible à retenir.

D'autres paraissaient plus doux et amenaient un sourire spontané au coin des lèvres.

Écrire c'était pour moi un moyen de rendre la douleur consciente et lui faire face. C'est dans la communion avec la souffrance que je pouvais donner sens à mon histoire. Une histoire sombre, ombrageuse, quelquefois désarticulée mais essentiellement fidèle à tout ce qui vivait en moi.

État des lieux

Lorsque par moments, je pensais consciemment à certains de ces souvenirs, cela réveillait la petite fille qui vivait toujours en moi. Elle avait l'air malheureux avec sa légère frange sur le front, ses deux tresses asymétriques dont une était plus haute que l'autre, ses chaussettes rouges et sa courte robe bleu-pastel. Elle aimait beaucoup le rouge, couleur par excellence des enfants très dynamiques mais aussi au caractère quelque peu explosif.

D'autres fois, il m'arrivait soudainement de voir apparaître ces vestiges du passé sans que je les évoque et je tentais de les oublier en les balayant d'un revers de la main.

Pourtant un jour, fatiguée par leurs apparitions et au bout du découragement, je pris la décision d'aller les chercher pour les regarder en face. Moment d'égarement ou pure folie ? Qu'importe, la décision était prise.

J'avais passé ma vie à fuir l'idée que je ressemblais à mon père et pourtant je savais que je tenais beaucoup de lui. Chaque fois qu'un de mes nombreux défauts apparaissait, c'était les siens que je voyais. Et lorsque je regardais mon image dans le miroir, ce n'était pas mes yeux qui me dévisageaient mais bien les siens. La même colère, la même instabilité émotionnelle, le même orgueil mal placé, la même dépendance affective et le même regard bleu-gris.

La plupart des évènements et faits passés de mon histoire avaient été construits sur des idées négatives à propos de moi-même, de mes parents et même de certains de mes aïeuls.

À force, j'avais l'habitude de voyager du côté du pessimisme en perpétuant un dialogue intérieur caustique et destructeur. Je passais ma vie dans la colère, tout comme mon père, et je ne tentais même pas de comprendre le message derrière l'émotion. J'étais colérique et je l'assumais parfaitement comme si c'était quelque chose que l'on ne pouvait jamais dompter.

Il m'arrivait souvent de ressentir la souffrance d'une enfant blessée et je reproduisais des schémas de conduite pour ne pas toucher les déchirures qui vivaient en moi depuis l'enfance. Chaque douleur émotionnelle était une chaîne qui s'enlaçait intimement à une autre et encore une autre jusqu'à former un nœud qui remontait à la surface. Mais au cours du temps, j'avais appris à mettre en place toute une série de stratagèmes pour me protéger, une sorte de bouclier que j'utilisais déjà lorsque j'étais enfant.

À l'âge adulte, lorsqu'une émotion faisait écho à une de ces blessures vives et bien connues, soit je m'enfermais dans la solitude, soit j'explosais ou je pleurais. Le fait de m'enfermer, d'exploser ou de pleurer me servait tout autant à me préserver qu'à réclamer l'amour dont j'avais tant besoin.

Qui étais-je moi par rapport à tout ce vécu ? Quelles étaient les attaches qui me poussaient à vivre dans une sensibilité acérée ? Quelles étaient ces douleurs qui vivaient en moi et que je reliais à la déception de ma vie ?

Finalement, je réalisais qu'écrire c'était aussi répondre à quelque chose qui m'échappait encore mais qui se libérait au fur et à mesure que j'avançais dans mon récit. Écrire c'était peut-être un moyen de rassembler tous ces petits morceaux de moi éparpillés un peu partout pour les assembler et former un tout plus acceptable.

Le premier point important que je notais c'est que ces douleurs, je les acceptais comme une part de moi-même. Elles avaient un corps invisible qui s'emparait de mon corps physique dès que j'y pensais. La douleur était une forme de résistance, de rébellion qui me procurait un désir vicieux d'y revenir pour me sentir vivante. Je nourrissais toutes ces douleurs et je vivais inconsciemment dans le passé, refusant de l'oublier.

Par exemple, mon père, en proie à ses colères légendaires, m'avait souvent dit que j'étais le drame de son existence. J'avais ainsi teinté ma vie de couleurs sombres et nourri mes expériences d'évènements tragiques qui confirmaient ce que je croyais.

J'étais un drame et rien de ce qui avait été dit ne pouvait être effacé.

En devenant adulte, j'avais essayé d'apprendre à me faire confiance sans jamais y parvenir. Chaque fois, je voyais mon père, l'index levé et le regard accusateur, me jugeant de toute l'inutilité que j'apportais au monde.

Il m'avait quand même appris à être forte, du moins en apparence. Je m'étais ainsi forgée à l'idée qu'il fallait tout donner pour être la meilleure en tout. Être au top dans l'entreprise, dans l'art de bien manger, au lit, dans les tâches ménagères ou encore dans ma forme physique. Je désirais être une compagne, une maman et une femme active topissime en toutes circonstances.

Je convoitais la dernière marche de l'escalier car je voulais non seulement être aimée mais aussi m'élever au-dessus du panier. Celle que l'on complimente d'être si exceptionnelle, celle sur qui l'on peut compter, celle qui se surpasse et qui donne sans compter tant son besoin d'amour est devenu une priorité inconsciente.

Dans cette optique d'être parfaite à tous points de vue, je m'étais concentrée à me construire une carrière professionnelle ambitieuse. Cela signifiait travailler dur tous les jours pour grimper quelques échelons rapidement et gagner plus d'argent par la voie de mon expérience. Il est vrai que j'ai grimpé quelques marches et amélioré la qualité de ma vie.

En même temps, j'ai voulu avoir des enfants et j'ai aujourd'hui trois merveilleuses filles qui m'ont donné tout ce qu'une mère peut espérer : la gratitude, le respect basé sur l'amour, le bonheur enivrant de ne faire qu'un face aux difficultés de l'existence, à ses joies aussi, et, face aux imprévus et aux changements que la providence accompagne.

J'ai eu des histoires d'amour singulières autant que conflictuelles et des partenaires à qui j'ai rendu quelquefois la vie insupportable. Même si elles semblent être des histoires universelles parce qu'elles parlent d'amour et de bonheur, elles n'en sont pas moins des histoires difficiles car les êtres humains sont souvent durs avec les autres et durs envers eux-mêmes.

Dans mes relations sentimentales, j'ai d'abord cherché un homme à l'opposé de mon père. Mais comme cela ne me convenait pas, au bout d'un moment, je l'ai quitté.

J'ai ensuite rencontré deux hommes qui m'ont tenu tête et qui ressemblaient d'une certaine manière à ce père que je fuyais sans cesse. Sévères, colériques et quelquefois inflexibles avec les sentiments. Un comportement bien familier dans lequel je reconnaissais mon père mais je l'avoue, je m'identifiais tout autant. Ne dit-on pas qui se ressemble s'assemble ?

On dit que l'amour est une occasion privilégiée de mûrir et de se découvrir soi-même. Les épreuves font partie intégrante de l'épanouissement personnel et de la maturité qui s'acquiert avec le temps. À bien y regarder, on pourrait même parler de sagesse.

Personnellement, j'étais très, très loin du compte.

J'ai exercé différents métiers dans le domaine de l'assistanat, du marketing et de la communication. Mes dix dernières années ont été plus spécialisées. J'ai appris un nouveau métier en rapport avec la réglementation des dispositifs médicaux. Je suis devenue responsable de cette spécialité dans une petite entreprise qui grandissait bien.

Mais comme j'en voulais plus pour rester la femme parfaite, j'ai alors décidé de me lancer dans le freelance pour faire de nouvelles expériences tant humaines que professionnelles. J'ai fait la connaissance de gens merveilleux, j'ai appris de nouvelles choses et j'ai bien gagné ma vie.

Mais là encore, je n'étais pas encore au sommet. Il m'en fallait plus pour briller, plus pour être aimée, plus pour exister.

Dans mon incapacité à comprendre, j'ai touché le fond me noyant dans l'alcool au quotidien. Je décollais tous les soirs dans mon monde imaginaire pour ne plus avoir mal et ne plus penser. Il y avait toujours un atterrissage de quelques heures pour ensuite un nouveau décollage journalier. Je ne savais plus où était ma réalité mais l'alcool répondait à ce vide qui grandissait en moi et ma seule échappatoire. Mais à quoi voulais-je échapper ?

Je boitais de l'intérieur et je ne réalisais même pas que ce n'était pas naturel. Pourtant, je travaillais dur pour échapper à cette souffrance agglutinée dans toutes les cellules de mon être. Je pensais qu'il suffisait d'améliorer la qualité de ma vie qui pour moi reposait sur le confort et le bien-être matériel. Mais je me trompais, car même au summum de mes ambitions, je réalisais que tout cela ne me suffisait pas.

« C'est drôle la vie. Quand on est gosse, le temps n'en finit pas de se traîner, et puis du jour au lendemain on a comme ça 50 ans. Et l'enfance, tout ce qui l'en reste tient dans une petite boîte.
Une petite boîte rouillée ».
Film Le fabuleux destin d'Amélie Poulain.

J'avais choisi l'alcool et la cigarette, deux addictions qui, cumulées, me procuraient une sensation d'euphorie illusoire. Ce que je voulais, c'était fuir quelque chose dont j'ignorais consciemment l'existence. Je fuyais ainsi, même de la vie.

Pendant toute une période qui a duré plusieurs années, je buvais juste pour boire, sans me poser de question. J'arrivais cependant à me bricoler une façade digne et je regroupais tant bien que mal les neurones imbibés de l'alcool de la veille. Le soir, je me voyais telle que j'étais; usée, déboussolée et complètement étrangère à moi-même.

Comme la plupart des alcooliques, j'avais honte de moi bien entendu. Mais l'addiction était plus forte que la honte. Après quelques verres pris en cachette, j'étais moins angoissée et j'effaçais momentanément la douleur. Je savais que ce sentiment n'était qu'éphémère mais j'y revenais tous les jours à la source de ce qui me paraissait une délivrance.

Je cherchais désespérément des raisons pour boire et il y en avait toujours : la mort d'un être aimé, la perte d'un emploi, les déchirures dans le couple, des conflits entre une mère et ses filles adolescentes, une journée de travers, un documentaire déprimant sur la guerre, une panne de voiture, un verre renversé sur la table, un coucher de soleil, l'arrivée des saisons, la pluie, la couleur du ciel. Tout peut servir de prétexte quand on vit dans l'alcoolisme et qu'on essaie de dissimuler et de soulager sa souffrance et sa culpabilité derrière l'amnésie que procure l'alcool.

Les excès d'alcool et de tabac me permettaient d'assouvir un besoin obsessionnel de réconfort et lorsque ce besoin semblait satisfait, je sombrais dans l'inconscience. Dévastateur mais efficace.

Dans le cirage, je levais régulièrement mon verre à mes parents en leur disant : merci maman, merci papa, vous avez réussi à faire de moi un naufragé permanent.

Mais... ce n'était pas eux qui buvaient, c'était moi.

C'est étrange mais à cette époque, j'étais très attachée à ma souffrance. Condamnée à vivre à tout jamais avec elle, je la jugeais sévèrement car elle était indissociable de mon mal-être auquel, paradoxalement, j'étais tant attachée.

La juger c'était lui donner de l'importance et l'installer durablement dans mon esprit et dans ma vie.

Un jour de septembre ensoleillé, une certaine envie de changement était venue frapper à ma porte et je me suis réveillée quelque peu différente. Une nouvelle vitalité naissait à l'intérieur et je me suis retrouvée à vouloir en finir avec toute cette douleur qui comme une avalanche se déversait sur toute ma vie.

Quelque chose me disait que tout ça n'était pas moi, que tout ça ne pouvait pas être moi. Comment avais-je pu aller aussi loin dans l'inconscience?

En vérité, l'alcool avec lequel je me sentais si bien était devenu un poison auquel je ne pouvais me soustraire. De plus, comme j'étais une grande consommatrice de tabac, j'avais une toux irritative qui entraînait des bronchopneumonies chroniques.

J'arrivais au bout d'un voyage périlleux et j'étais toujours en vie.

C'est à ce moment que j'ai entrepris une hypnothérapie pour m'aider à soigner mes addictions.

Dans l'exercice thérapeutique, je devais me représenter une malle en bois située au grenier de mon imagination où se cachaient tous mes souvenirs. Je devais choisir dans cette malle ceux que je ne voulais plus garder pour les enterrer quelque part. Je suis restée longtemps les yeux clos à observer tout ce que je ne voulais pas. J'ai regardé ces moments où la vie m'avait paru injuste et tous ces instants où je demandais avec les yeux à mes parents de me serrer dans leurs bras, sans résultats.

Pendant des années, je leur en avais voulu de rarement m'étreindre et de ne jamais me dire qu'ils m'aimaient. Ils n'avaient pas non plus pris mes enfants dans leurs bras dans ce geste spontané qu'ont la plupart des grands-parents.

Lors de l'hypnothérapie, je pouvais enfin me défaire de ces vestiges douloureux.

Mais, je n'ai pas pu. Au lieu de les sortir de la malle pour enfin les enterrer quelque part, je les ai embrassés du regard et puis j'ai refermé le couvercle de la malle. Ensuite à la demande du thérapeute, j'ai pris dans mes bras l'enfant que j'étais. J'ai senti sa détresse et je lui ai dit que je l'aimais.

J'ai senti la paix s'installer dans mon cœur et à cet instant, j'ai senti de l'amour profond pour mes parents. J'avais oublié ce sentiment. Je ne savais pas si je voulais le garder ou le détruire. Je réalisais seulement qu'il avait surgi de nulle part et que je ne savais pas quoi en faire. Que pouvais-je espérer de tout cet amour qui tournait dans mon âme sans passer par eux ? Moi, ce que je voulais c'était leur amour de parents, celui que je pensais ne jamais avoir eu.

Et pourtant à cet instant précis, j'ai eu envie de leur pardonner la pénurie de leur amour, l'oubli des marques d'affection et l'absence de gratitude pour ce que j'étais. En pleurs mais libéré d'un fardeau, je constatais que je les aimais malgré la fureur qui vivait toujours en moi.

Mais eux, m'avaient-ils aimée comme on aime une enfant que l'on désire ? Je ne sais pour quelle raison, chaque fois que je pensais à mon enfance, j'étais envahie par la culpabilité et la honte. Ces émotions me montraient que j'étais responsable de toutes ces blessures qui m'avaient été infligées par des adultes qui étaient censés m'aimer et me donner ce dont j'avais besoin. Je n'étais qu'une enfant que l'on corrige de ses maladresses. Et les faits sont là pour confirmer que j'en avais commises beaucoup. J'exaspérais mon père qui me trouvait incompétente à plus d'un titre. Il me disait constamment que tout ce qu'il m'imposait c'était toujours pour « mon bien ».

Rien de ce que je faisais n'était jamais bien fait. Papa me traitait d'inutile et je devais forcément l'être. Il devait me corriger sans cesse car tel était le rôle d'un papa.

Mais j'avais beau tenter de marcher à l'ombre ou du côté du soleil, ce n'était jamais la chose à faire. Et au lieu de demander quelle était la meilleure façon, je faisais déjà ce que j'avais appris, je m'isolais dans la pénombre, j'explosais ou je pleurais.

Je tiens à préciser un point. Je n'ai jamais été battue ni agressée sexuellement mais certaines blessures laissent à jamais des traces indélébiles. Le manque d'amour reconnu comme une souffrance psychologique est peut-être l'une des pires. Inconsciemment il détruit tout sur son passage sans que l'on puise en comprendre les raisons profondes.

Dans ma vie d'adulte, il m'arrivait régulièrement de chercher la reconnaissance chez les autres pour combler ce manque d'amour. Il me fallait des preuves concrètes pour être appréciée et obtenir ainsi leur totale approbation. Quelquefois, je ressemblais tellement à mon père que je le ressentais comme une insulte.

L'exercice thérapeutique avait éveillé beaucoup de questions. Mais plus que tout, cette rencontre avec la petite fille que j'avais été avait fait chavirer mon cœur d'une manière tellement inattendue que je ne pourrai l'expliquer. Je sentais sa présence en moi et elle vivait toujours comme un être blessé et fragmenté.

> *« Lorsque notre adulte choisit de se protéger en se déconnectant de l'enfant intérieur, nous sommes réduits à notre faux moi, notre égo, qui est fait d'un adulte sans amour et d'un enfant abandonné ».*
>
> Margaret Paul

Début de thérapie

La quête de vérité me menait vers une quête d'authenticité. Je savais que ces douleurs vivaient en moi uniquement parce que j'alimentais les émotions qui leur donnaient vie. Mes souvenirs étaient ce qu'ils avaient été. Je ne pouvais pas les effacer mais je pouvais les transformer pour les reconquérir d'une autre manière. Je souhaitais me réapproprier mon histoire pour mieux la comprendre. Et aussi étrange que cela puisse paraître, je souhaitais également donner de l'espoir à cette enfant qui vivait toujours en moi.

Dans le théâtre personnel que j'ai conçu pour écrire ce chapitre, je suis en partie l'interprète principale à la troisième personne du singulier. Je raconte mon histoire comme si elle était arrivée à quelqu'un d'autre. Cela me permet de sortir spontanément de ma boîte émotionnelle et ainsi prendre de la distance par rapport à mon vécu. Mais, j'écris à la première personne du singulier lorsque mon raisonnement d'adulte refait surface et que j'en tire un enseignement. Ce n'est pas dans un ordre parfaitement chronologique car je fais des allers-retours du présent dans le passé et inversement.

Je décide d'ouvrir la boîte de Pandore de mon passé selon mes propres perceptions et interprétations. Ce ne sont pas des vérités universelles mais des vérités personnelles car la vision que je tente de rendre objective est purement subjective. Je m'explique par deux exemples. Si je dis qu'un carré se compose de quatre côtés égaux, tout le monde peut imaginer un carré même s'il ne le voit pas. C'est une vérité objective et donc universelle.

Par contre, si je dis que je n'ai pas confiance en la justice humaine, je suis l'unique gardienne de ma vérité. Je peux argumenter le sujet et dire pourquoi je pense de cette manière. Mais il ne s'agit là que d'une opinion. On peut adhérer ou non à mon idée mais cette idée reste subjective. C'est une vérité subjective et donc personnelle.

Tous les acteurs portent leur vrai prénom. C'est mon histoire. Une histoire subjective unique qui tout en m'éloignant de ce que je suis, s'ajuste à tout ce que j'ai fait.

« Qui sait ? Qui sait ? Comme la vie est
singulière, changeante !
Comme il faut peu de choses pour
vous perdre ou vous sauver ! »

Guy de Maupassant.

J'ai commencé par constater que certains de ces souvenirs étaient observés avec les yeux de la haine, de la colère, de la rancœur et de l'incompréhension. Je les ai d'abord vus avec mes yeux d'enfant.

J'ai dû apprendre à mettre de la distance et à ouvrir mon cœur à plus d'amour. Plus il s'ouvrait, mieux je me sentais. La compassion, la douceur et la tolérance venaient ainsi s'inviter dans mon drame. C'est ainsi que petit à petit, j'ai pris l'enfant qui vivait en moi par la main et je l'ai mené vers une meilleure compréhension.

L'histoire

Carmen est née un matin de printemps à Bruxelles, le premier mai de l'année 1965. Elle est issue d'une fratrie de trois enfants, toutes des filles. Carmen est la cadette de la famille.

De nationalité espagnole, ses parents étaient d'origine défavorisée. Dans les années 1960, ils ont fui le régime du dictateur Franco. Cette raison est la raison officielle mais il y a plus de subtilité à cette émigration.

À l'âge de 20 ans, sa mère était enceinte de sa sœur aînée. Son père en avait 36 et était marié à une autre femme, avec laquelle il avait déjà eu trois enfants.

À l'époque dans cette Espagne profondément catholique, tomber enceinte sans être mariée était considéré comme une réelle trahison et un acte de déshonneur pour la famille.

Le divorce n'était pas courant. Il était même pratiquement exclu lorsque le mariage se déroulait à l'église. La mère de Carmen fut rejetée et méprisée par tous les membres de sa famille et par tous ses amis les plus proches. Elle dut ainsi vivre, laissée dans l'oubli et la culpabilité pendant de nombreuses années.

Tous deux partirent ensemble dans un pays qui manquait de main-d'œuvre ouvrière, la Belgique. Ils arrivèrent à Bruxelles vers la fin de l'année 1963 et la maman était enceinte de sept mois.

À la naissance, aucune des trois sœurs ne fut reconnue par leur père. Carmen ignore s'il pouvait ou non les reconnaître, étant marié à une autre femme dans un autre pays. Elle ne sait donc pas si cette non-reconnaissance était contrainte ou délibérée. Elle n'a jamais osé le lui demander.

Les deux parents se sont mariés lorsque Carmen avait 17 ans et elle porte aujourd'hui le nom de son père bien que pendant ses études, elle n'ait gardé que le nom de sa mère, par habitude.

Comment se rencontrent-ils ? C'est quelque part vers l'année 1960 qu'ils se croisent pour la première fois. Julia est alors âgée de 16 ans et Carlos a le double de son âge.

Il tient une petite brasserie dans la région de Valence, en Espagne. Il a déjà une femme et trois enfants, deux filles et un garçon. Le petit dernier a tout juste deux ans en 1960.

Sa femme est la cousine germaine de Julia. Leurs mères respectives sont sœurs jumelles. Ce sont des choses qui arrivent.

Lorsque la famille apprend que Julia est enceinte et que le père fait déjà partie de la famille, un véritable tourbillon dévastateur se déclenche à l'intérieur du noyau familial. Carmen va naître dans ce tourbillon 15 mois plus tard, sans avoir été désirée.

Julia est chrétienne pratiquante et a toujours refusé de se faire avorter. Malgré ses croyances religieuses, on s'oppose à ses visites à l'église et on la traite de briseuse de couples ou de prostituée. Quelquefois les deux. Pourtant sa foi en Dieu demeure inébranlable. Jésus de Nazareth n'avait-il pas pardonné à la femme adultère de l'évangile ?

La réputation de Don Juan de Carlos le précède partout où il va et il enchaîne les conquêtes du sexe opposé. Il a toujours été un homme à femmes, même devant Carmen.

Aujourd'hui, je ne sais toujours pas si au début il s'agissait d'un jeu de séduction ou s'il était réellement malheureux dans sa relation issue de son premier mariage. Je sais cependant que maman ne réalise pas que toute cette aventure va la mener dans une impasse jusqu'à la fin de sa vie.

Je ne connais rien de l'histoire de mon père en tant que père de famille avec d'autres enfants que ma fratrie. Je ne sais rien de la relation qu'il entretient avec sa première femme. Il y a eu un avant que je n'ai pas besoin d'expérimenter en théorie. Tout cela lui appartient.

Il n'en est pas moins qu'il courtise une adolescente de seize ans. Coup de foudre ? Nouveau jeu de séduction ? Rencontre du véritable amour qu'il n'attendait pas ? Ils ne sont plus là pour en témoigner et jamais je n'ai osé leur demander. Je le sais, c'est idiot.

La douleur de l'infidélité est une déchirure qui flanque à la porte une histoire d'amour. Je pense à cette femme que je n'ai jamais rencontrée ni même entrevue et qui a porté les enfants de mon père. Des enfants que je ne connais pas.

Bien sûr, ma mère parlait mal de cette femme. Il fallait bien trouver une raison valable qui justifiait la déchirure qu'elle n'arrivait pas à cicatriser.

Carlos est plutôt bel homme avec des yeux bleu-gris en forme d'amandes et un sourire plutôt flatteur. Il n'est pas grand, plutôt de taille standard pour un latin de l'époque.

En y regardant de plus près, il a une forte pilosité au niveau du torse qui se met en évidence sans effort.

Cela séduisait certaines femmes à l'époque. Surtout Julia. Carlos était expérimenté, paraissait mature, et à l'époque, virilité rimait avec pilosité. En même temps, je ne suis pas certaine que ce temps est révolu.

Il n'y a qu'à regarder le conte de fées La Belle et la Bête ou le film fantastique King Kong dont tous deux ont eu plusieurs versions. Ce n'est pas pour rien.

Carlos ne croyait pas en Dieu. Il ne fallait jamais parler de Dieu à la maison car cela soulevait des colères interminables. Même si Julia ne disait jamais rien car elle avait peur et qu'il la jugeait d'une ignorance déplorable. Sans la regarder, il construisait et actionnait son monologue comme un guerrier qui part en guerre. Il fronçait les sourcils, mettait une main sur son front et constatait avec désespoir l'incompétence de Julia devant tout son savoir.

À l'époque de la rencontre, Julia est encore une adolescente. Elle a vécu dans un petit village à la campagne loin du vice et dans une totale innocence. Elle s'est contentée de grandir et de prendre ce que la vie lui offrait, sans aucune exigence.

Elle a de belles boucles brunes et des yeux verts légèrement bridés à la manière des Eurasiens. Elle a un teint pâle, un petit nez fin et des joues légèrement rebondies. Elle mesure un peu plus d'un mètre soixante et son corps ressemble à celui des actrices américaines des années cinquante; élégante, féminine et tout en charme.

Elle apprend par la famille que la brasserie de Carlos est en manque de main-d'œuvre et qu'il souhaite en priorité, embaucher quelqu'un de la famille. C'est la petite dernière que l'on n'a pas encore mariée. Ses cinq frères et sœurs, jusqu'à seize ans plus âgés, sont déjà presque tous casés et parents.

C'est ainsi qu'elle quitte la région de Cuenca, à l'est de Madrid, pour se rendre à Valence, sur la côte méditerranéenne espagnole.

L'adolescence c'est le moment des choix et des décisions qui engagent. Mais peut-être n'a-t-elle jamais connu cette transition. Elle semble être passée rapidement de l'enfance à l'âge adulte comme un bateau naviguant sans escale. Julia n'a pas la chance d'apprendre à lire et à écrire à l'école. C'est une situation bien courante en Espagne à cette époque pour les familles nombreuses et infortunées. Les enfants travaillent quasiment tous dès leur plus jeune âge. La benjamine n'est pas la petite privilégiée de la famille. Elle fera comme tous les autres. À 16 ans, elle travaille déjà depuis près de neuf ans sans avoir fait la moindre économie. Tout cet argent durement gagné dans les champs est destiné au soutien de la famille et à aucun de ses rêves. Son destin est tout tracé. À l'âge adulte, elle sera serveuse ou femme de ménage.

C'est donc pour elle une occasion inespérée de fuir le travail de la campagne, s'installer dans une ville agréable près de la mer et fournir un travail peut-être moins exigeant.

Pour dire à quel point son inexpérience de la vie occupe une place importante, Julia se heurte à un choc lorsque pour la première fois, elle a ses menstruations. Elle pense avoir une hémorragie et ne confie pas cet évènement à sa mère, attendant que ça passe ou qu'elle meure. Dans ce milieu rural et pauvre, beaucoup d'enfants mouraient de maladie ou de malnutrition.

De plus, à l'époque et dans une société paysanne, on dissimulait autant que possible les réalités biologiques de la procréation. On cachait complètement son corps des pieds à la tête et les conversations ne tournaient que très rarement autour de la sexualité. Il fallait être tordus, voire obscènes, pour entamer ce genre de discussion.

Dans sa famille, l'éducation sexuelle était un sujet tabou. De plus, l'interdit religieux qui prônait la chasteté face aux plaisirs de la chair diabolisait les valeurs morales. Il fallait vivre dans l'intégrité physique et psychologique ou du moins faire semblant.

Le plus sérieusement du monde, ils considéraient que le sexe n'était pas un sujet de conversation convenable. C'était sale et par conséquent, socialement inacceptable.

On confondait la pudeur avec l'indiscrétion. Ils étaient bien trop gênés pour en parler librement et passer pour des débauchés aux yeux des autres ou de la religion.

À 16 ans, Julia arrive en ville avec une petite valise contenant l'essentiel de l'essentiel. Sa tête est pleine de rêves et d'espoirs, comme tous les jeunes de son âge. Sans un sou en poche mais libre, insouciante et sans histoires.

Julia ne connaît rien à la vie mais se sent heureuse avec ce nouveau départ. De nouvelles ailes sont apparues sur son dos, celles de la liberté et de l'indépendance.

Elle n'a jusqu'alors connu aucune relation charnelle, aucun amour. Elle a bien eu quelques prétendants mais sa mère s'y est toujours opposée.

La grand-mère de Carmen enferme sa fille dans l'innocence et l'étouffe dans l'ignorance. Elle trace sa voie sans le moindre compromis et l'intègre de force à la vision des adultes, sans la moindre explication. Julia a hâte de se construire une réalité plus désirée, de conquérir le monde à bouts de ses bras.

Comme personne ne lui dit en quoi consiste une relation sexuelle, comme personne ne l'a met en garde des prédateurs ni de l'insistance de certaines personnes du sexe opposé, Julia tombe rapidement sous le charme de Carlos. Pour lui, c'est peut-être le début d'un nouveau divertissement. Pour elle, une découverte.

Quelques années plus tard, Julia racontera à certaines de ses confidentes que lorsqu'ils passent à l'acte de l'amour physique pour la première fois, elle ne comprend pas ce qui se passe. Elle n'utilise jamais les mots « faire l'amour » car pour elle ce n'est pas de l'amour. On lui a toujours dit que le sexe c'était sale et répugnant. Carmen est juste à côté d'elle et écoute avec grand intérêt. Elle a six ans ou peut-être un peu plus.

Mais même petite fille, Carmen sait lire l'incompréhension et la tourmente dans les yeux de sa maman sans y mettre les mots exacts. Par contre, Carmen ne sait pas ce qu'elle veut dire, bien évidemment. Elle sait juste que lorsque Julia parle de cette expérience, cela lui fait énormément mal. On a l'impression que tout s'est déroulé dans la confusion la plus totale sans qu'elle l'ait véritablement voulu. Elle exprime ainsi son regret, incapable de dire non, sans avoir su dire oui.

Julia a toujours enseigné à ses trois filles que le sexe c'était une obscénité mais que c'était un devoir conjugal et donc une obligation. Lorsqu'ensemble, elles regardaient un film à la télévision et en sachant que dans la plupart des films, survient à un moment ou un autre une scène charnelle ou érotique, Julia prenait la télécommande et changeait de chaîne en une fraction de seconde. Alors, Carmen reprenait la télécommande et elle remettait le film. Elles se battaient gentiment jusqu'à ce que la scène d'amour disparaisse. Quel dommage !

Certains pourraient croire que Carmen était préadolescente mais pas du tout. Elle était déjà maman depuis quelques années. Julia ne supportait pas de voir des images de couples qui faisaient semblant de faire l'amour devant ses filles. J'imagine que tout cela était dû à la pudeur des sentiments qu'elle aimait nous cacher ou à la honte de ce qu'elle avait vécu.

Le fait est que Julia tombe enceinte trois ans après leur rencontre. Je suppose qu'ils ont continué à avoir une liaison cachée, comme cela existe depuis la nuit des temps.

Ils sont restés ensemble toute leur vie après cette rencontre, et le plus dur pour moi a été d'accepter qu'une femme aussi charismatique et aussi douce ait pu rester avec un homme qui s'imposait de manière si impérieuse et absolue.

Car oui, Carlos était un despote et un homme possessif qui trompait sans remords. C'était aussi un homme colérique qui balançait la vaisselle lorsqu'il était contrarié. Carmen l'a même vu jeter sa tasse de café brûlant sur le visage de Julia, à plusieurs reprises.

Carmen et ses sœurs ont grandi dans une atmosphère tyrannique et morose, entre un père dominateur et une mère continuellement soumise. Lorsque les petites filles voulaient s'amuser, on leur disait toujours de rester calmes. Elles culpabilisaient sans cesse de leurs désirs de jouer, de leurs envies de rire et de leurs élans de joie.

Carlos avait une vision du monde étriquée. D'un côté les gentils, de l'autre les méchants. La bonne façon de faire ou la mauvaise. Qui n'était pas avec lui était contre lui. Dès que la famille n'était pas dans les codes de conduite qu'il avait érigés, c'était la sanction de la honte par l'humiliation. Il fallait en mettre plein la vue pour les assujettir à la peur et entretenir leur culpabilité à un niveau supérieur.

La surveillance était une constance et cela créait un climat anxiogène favorable à sa prise de pouvoir.

Carmen se souvient qu'elle tenait un journal lorsqu'elle était adolescente. Il s'est permis de le lire et de le déchirer. Il avait anéanti son défouloir, le seul objet qui lui servait à évacuer sa douleur. Elle a tenu un nouveau journal par la suite qu'elle cachait sous le matelas de ses parents. Comme Carlos ne faisait jamais le ménage, il ne risquait pas de tomber dessus. Si Julia le voyait, elle ne dirait rien, comme à son habitude.

Carmen a déchiré ce journal quelques années plus tard. Elle avait honte de ce qu'elle avait écrit et de toute la haine qui se déployait sur l'ensemble des pages. Était-elle à l'image de son père ?

Quelquefois, Carlos fouillait dans la chambre de ses enfants à la recherche d'un objet condamnable, juste pour les punir. Quand ça lui prenait, il modifiait complètement l'agencement des meubles. Carmen se retrouvait avec un lit en biais, des affaires mélangées et des objets «délictueux» qui disparaissaient. Ces objets pouvaient être des livres érotiques, des images de ses idoles de l'époque, une lettre d'amour ou un paquet de cigarettes bien caché. Lorsque Carmen lui demandait pourquoi il faisait ça, il lui répondait de son expression vulgaire intraduisible en français et qui signifiait que c'était en phase avec le désir de ses testicules.

Ses testicules avaient toujours joué un rôle primordial dans la conduite de ses actions. En mâle alpha qui dominait la meute, il aimait jouer avec le sentiment des autres et montrer qui était le chef d'orchestre de toutes les situations.

À 15 ans, Carmen jouait régulièrement au tennis avec ses amis. Elle avait économisé l'argent de poche que Julia lui donnait toutes les semaines pour s'acheter une belle raquette toute neuve. Un jour en rentrant du lycée, elle a retrouvé sur le sol de sa chambre un petit bout de cordage. La boule au ventre, elle a demandé à son père ce qu'il avait fait de la raquette. Carmen ne voulait pas demander pourquoi connaissant sa réponse habituelle. Il a répondu qu'elle était à sa place dans la benne à ordures de la résidence.

Elle est partie la chercher et sa raquette était en mille morceaux. J'imagine qu'il a dû se délecter en la brisant, sachant qu'il me privait d'une de mes activités favorites et d'une joie que je jugeais indispensable.

Carlos était jaloux de Julia et de ses propres enfants. Jaloux de leurs rires, jaloux de leurs conversations avec leurs amis, jaloux de leurs rencontres et jaloux de leur joie de vivre. Il voulait sans cesse être le centre de toutes les attentions pour ne pas perdre la première place. Ainsi, sa femme et ses trois filles devenaient ses propres rivales.

Depuis son trône, il réagissait au moindre signe de trahison. La trahison était pour lui un signe d'inattention de leur part face au dieu fait homme qu'elles devaient toutes vénérer.

Nous vivions continuellement dans la peur, dans une peur si familière que c'en était devenu une routine affreuse dans notre vie quotidienne.

Si elles arrivaient un peu en retard le soir, c'était d'abord la réprimande, puis l'interrogatoire. Mais quelquefois c'était l'inverse. Elles ne pouvaient accorder de l'intérêt à autre chose que sa dépendance affective.

Après ses cours au lycée, Carmen se dépêchait de rentrer, toujours en courant. Elle n'avait pas le droit de traîner un peu avec ses amis ni de planifier une sortie impromptue. Tout cela n'était jamais à l'ordre du jour.

Quand elle sortait le week-end, elle devait d'abord faire le ménage, le repassage et les courses, tâches qu'elle partageait avec Julia et sa sœur de quinze mois son aînée. Si elles déjeunaient tard, elles devaient faire la vaisselle et la ranger avant de sortir. Tout devait être absolument impeccable.

Carmen et sa sœur aînée devaient toujours rentrer pour 21 h au plus tard le samedi et le dimanche. Jamais d'écart, même pas pour fêter la fin des études, célébrer un anniversaire au restaurant avec des amis ou marquer une bonne nouvelle. Jamais il ne fallait oser vouloir sortir des conventions établies. C'était juste impensable.

Si en arrivant à l'heure imposée, elles n'avaient pas mangé, elles devaient passer leur tour et attendre jusqu'au repas suivant. Alors, Carmen partait dans ma chambre le ventre vide mais heureuse d'avoir pu passer quelques heures avec ses amis à fumer, à boire et à parler de leurs histoires d'amour en toute liberté, sans cette satanée épée de Damoclès au-dessus de sa tête.

Carmen aurait bien voulu l'affronter comme on affronte un tyran mais, je l'avoue, elle avait trop peur des représailles et de sa colère légendaire.

À Bruxelles, la famille vivait dans des appartements dépourvus de confort. La salle de bains n'était pas toujours dans l'appartement mais souvent sur un palier entre deux étages. Dans cette petite pièce, il y régnait une atmosphère glaciale et austère. Il fallait allumer un radiateur indépendant au gaz pour pouvoir se laver. Quelquefois lorsque l'hiver était rigoureux à Bruxelles, les fenêtres de la salle de bains devenaient un jardin de givre avec de gros dépôts de glace sur les châssis. On préférait souvent se laver dans la chambre dans une petite bassine et un gant de toilette. C'était plus supportable.

Et surtout, il y avait moins de gaspillage d'eau et d'énergie. On avait bien appris à ces enfants à ne pas épuiser les ressources naturelles de la terre non pas par souci écologique mais plutôt par souci financier. Tout était bon pour faire un maximum d'économies. Je me souviens que j'avais droit à une véritable douche avec chauffage qu'une seule fois par semaine.

À l'école, Carmen donnait toujours le meilleur d'elle-même. C'était une élève capable et elle voulait apprendre rapidement pour faire la leçon à sa maman. Bouffie d'orgueil, elle lui apprenait à lire et à écrire au même rythme qu'elle à l'école. C'est le souvenir de lecture sur une boîte de conserve qui m'est resté. Pendant que maman lisait lentement, je la regardais avec des yeux pleins d'amour et toute la suffisance d'une enfant fière de sa maman.

Julia n'achetait presque jamais de sous-vêtements quelque peu sensuels mais ça lui arrivait quand même de temps en temps. Un jour en rentrant du travail, Carlos lui a demandé pourquoi elle portait ce petit soutien-gorge noir bordé d'une petite dentelle. Elle n'a pas eu le temps de répondre. Il s'est laissé emporter par sa crise de colère coutumière et a entamé son monologue. Il agitait les mains en direction de Julia, croisait ses doigts en signe de défense contre son point de vue muet et puis, il levait son index qui alertait, dénonçait et faisait son procès. Julia connaissait les consignes. Mais dans la précipitation du matin, elle avait mis le noir sans penser aux répercussions qui comme la foudre s'abattraient sur elle, le soir.

Carmen non plus ne portait pas de sous-vêtements sexy à l'âge où c'était autorisé, mais elle vivait encore sous le toit familial. Les directives étaient claires, elle devait passer inaperçue. Il était hors de question que l'on voit une petite dentelle dépasser de son débardeur ou un soutien-gorge de couleur criarde qui filtrait à travers ses vêtements. Il était impensable de porter des strings. Le moindre décalage réveillait l'égocentrique qui habitait mon père. Il valait mieux le laisser dans son sommeil.

Mais Carmen n'était pas si naïve. Elle avait quand même ses petits secrets de séduction qu'elle stockait chez une de ses amies. Vêtements et chaussures plus féminins qui mettaient en valeur son anatomie, du maquillage et une panoplie de magazines sur l'amour et le sexe.

Et bien sûr, quelques sous-vêtements un peu plus voluptueux que ses slips shorts en coton et ses soutiens-gorges ordinaires.

Adieu les vêtements larges, les joggings dépareillés, le visage bio de l'enfance et les chaussures sans talons.

Pour une ou quelques heures, Carmen jouait la femme fatale de ses quinze ans, prête à affronter le monde dans ce nouveau corps d'adulte que son père aimait voir camouflé derrière l'image de son enfance.

Aujourd'hui, si je tente de comprendre pourquoi mes parents sont restés ensemble, je n'obtiens qu'une seule réponse passablement acceptable.

Pendant leurs vingt premières années de vie commune, Julia était la femme de l'ombre, un simulacre aux yeux des autres. Elle était perçue par sa famille, l'Église et la société comme celle de trop. Elle vivait dans un trou noir où elle avait sauté à pieds joints. Son homme était marié à une autre et pourtant elle l'avait toujours su. Elle avait eu trois enfants pour le garder. Ou bien c'était lui qui la mettait enceinte lorsqu'il sentait qu'elle n'en pouvait plus de le supporter. Les moyens contraceptifs n'existaient quasiment pas à l'époque. On se faisait naturellement confiance mutuellement. Mais la confiance n'était pas la clé de leur relation et tous les coups étaient permis pour obtenir ce que l'on voulait.

Bien entendu, le déshonneur était un sentiment dévastateur pour ma mère. Elle aurait pu y rester indifférente mais elle a toujours donné beaucoup d'importance à sa culpabilité. Je pense que c'est une des principales raisons qui l'a poussé à rester avec mon père.

Une autre raison qui me paraît tout aussi évidente c'est qu'elle voulait se protéger de la honte d'une rupture. Cela nettoyait son erreur de jeunesse et sauvait les apparences. Nous avions l'air d'une famille et c'est tout ce qui comptait pour elle.

Péniblement, ma mère a choisi et accepté son existence en faisant croire aux autres que mon père était son véritable amour. Quand on choisit l'amour de sa vie, on décide d'y consacrer son énergie, son temps et sa passion tout en abandonnant ses défenses. On continue à croire que tout est encore possible. Cela s'appelle l'espoir. Maman vivait dans une perspective d'engagement éternel. Papa a tissé sa toile autour de cet espoir.

Elle a sacrifié sa vie pour lui. Elle lui a donné le meilleur. En échange, elle a connu la dictature, la tromperie, le mépris, la colère, la méchanceté gratuite et la jalousie exacerbée.

Cet homme qui ne la respectait pas la rabaissait constamment. Son arrogance le poussait à s'exhiber dans la suffisance en nous faisant croire qu'il était supérieur à nous, à tous points de vue. Il prétendait avoir le pouvoir de la vérité absolue et les écartait sans cesse du chemin qu'elles désiraient emprunter.

Les rêves de Julia d'obtenir son permis de conduire ou d'ouvrir un magasin de vêtements pour enfants se sont évanouis en même temps que tous ses espoirs. Les rêves de Carmen de travailler dans le littéraire se sont envolés en fumée. Elle a étudié le latin pendant trois ans en espérant faire des études supérieures littéraires pour être un jour journaliste ou avocate. Mais c'est Carlos qui a choisi pour elle des études plus terre à terre, plus concrètes, plus commerciales. C'était l'avenir disait-il. Elle ne pouvait pas lutter contre cet animal fabuleux.

Carmen se fondait en lui et s'identifiait à lui par peur de le décevoir et de se décevoir par la même occasion. Il lui disait que dans la vie si elle ne faisait pas partie des gagnants, elle serait une éternelle perdante. Et devant la divinité qu'il représentait, Carmen courbait l'échine et ses jambes vacillaient jusqu'à ce qu'elle se mette à genoux.

À travers ma mère, cet homme qui est mon père m'a humiliée pour toute une vie.

C'est la première blessure découverte. La première où je dois trouver la force de pardonner.

De ma petite enfance, je me souviens avoir été baptisée dans une église catholique. On ne m'avait pas laissé d'autre choix que d'être chrétienne. Une obligation parmi tant d'autres.

Carmen a également fait sa première communion. Elle ne savait pas ce que ça voulait dire et on ne lui avait toujours pas demandé son avis. C'était ainsi dans l'éducation et la tradition qui était les siennes. On faisait les choses par défaut, parce que tout le monde le faisait et qu'il fallait faire comme tout le monde.

Elle a donc fait sa communion sans croire réellement dans le dieu des Églises. L'enfant qu'elle était obéissait sagement, surtout pour des choses qu'elle ne comprenait pas. Le mot «communion» est un bien grand mot pour une enfant de huit ans.

Tous les dimanches, la maman et les deux sœurs allaient à l'église. Carmen appelait sa sœur aînée Mana, diminutif de hermana qui signifie sœur en espagnol. Sa petite sœur, Susana est née onze ans après sa naissance. Carlos restait à la maison ou au bar à jouer aux dominos avec ses amis, la plupart des ivrognes. Il n'était pas capable de faire un lit ou la vaisselle. Ce n'était pas une chose pour les hommes, comme il aimait le souligner fréquemment.

Dans l'âme d'enfant de Carmen, elle se souvient avoir toujours contesté l'idée d'un dieu. Dieu ne pouvait pas exister lorsqu'elle voyait sa maman si malheureuse à pleurer régulièrement.

De plus, la plupart des choses qu'elle entendait sur Dieu ne lui plaisaient pas. Elle avait grandi avec l'image d'un dieu hostile et cruel, condamnant le moindre de ses pas. On allait à l'église pour plaire à Dieu et sauver les apparences du bon chrétien qui prie pour se faire pardonner toute la misère qu'il apporte au monde et à ses semblables. Toutes ses prières étaient des supplications faites dans la peur d'être punie. Pour se faire pardonner ses bêtises, elle récitait des « Notre Père » par cœur en veillant bien à ne rien oublier.

Carmen était une petite fille qui suivait ce que disaient les adultes qui étaient ses parents, ses professeurs, le plus souvent des religieuses et le curé. Elle se sentait assujettie à leurs croyances. Ils veillaient à lui donner un enseignement selon leur doctrine, leur idéologie et leur jugement. Elle baignait dans une religion qu'elle n'avait pas choisie.

Lorsqu'elle était une petite fille, Dieu lui inspirait de la crainte et de la terreur par l'idée qu'il juge et condamne ses péchés d'enfant. Car bien sûr, elle aimait certains petits interdits. Par exemple quand Carmen allait dérober un morceau de chocolat dans le placard sans autorisation, elle avait peur de la réprimande de ses parents s'ils constataient son méfait. Mais, plus encore, elle avait peur d'être punie par Dieu de vol et d'aller en enfer, là où l'on brûle jusqu'à la fin des temps.

Mais en même temps, Carlos n'arrêtait pas de dire que Dieu n'existait pas. Il disait que nous étions (nous les humains) un assemblage fortuit d'atomes et donc le fruit d'un accident. Il était très sérieux quand il parlait mal de Dieu et des croyants. Quelqu'un empreint d'une telle gravité ne pouvait dire que la vérité. Alors, la culpabilité de Carmen diminuait jusqu'au dimanche suivant, jour du Seigneur.

Mais à l'église, c'était complètement différent. Tous les croyants autour d'elle avaient un air aussi convaincant que son père. Elle voyait Julia prier les yeux fermés et elle la trouvait si belle à espérer une vie meilleure. C'est ainsi que dans cette ambiance émouvante de recueillement et devant l'immense croix qui dominait l'autel, Carmen devenait croyante pour un instant par procuration. Elle profitait de l'occasion pour solliciter de l'aide à Dieu pour que, non seulement sa maman aille un peu mieux, mais aussi pour que son papa aime sa maman plus souvent.

Elle pensait que plus elle se concentrerait, mieux elle serait entendue. Elle se retrouvait ainsi au milieu des croyants, les yeux clos et les mains jointes, à réciter très sincèrement toutes les prières qu'elle connaissait.

Je suis heureuse que mon père n'ait jamais interdit à ma mère d'aller à l'église. Il s'y opposait souvent verbalement, mais jamais il n'exigea qu'elle ne fréquente plus son lieu de culte.

Aussi soumise qu'elle ait été toute sa vie, je pense qu'il n'aurait pas gagné cette bataille.

Et peut-être savait-il qu'elle resterait avec lui si elle pouvait continuer à fréquenter l'église, lieu dans lequel elle trouvait la force d'avancer.

La foi était pour elle une manière de vivre où elle conciliait ses épreuves et ses douleurs avec la joie et le bonheur d'une vie meilleure. Ses rendez-vous avec son dieu la ressourçaient et donnaient une nouvelle dynamique à son existence. Elle y trouvait l'équilibre dont elle avait tant besoin pour supporter sa vie. Je suis persuadée qu'elle a beaucoup souffert à cause de mon père et du rejet de sa famille. Elle ne le méritait pas et l'a pourtant payé toute sa vie.

Lorsque j'observais sa souffrance et que je la voyais pleurer, je me disais que je ne voulais pas grandir car la vie des grands me faisait peur. Je pensais que les adultes ne savaient définitivement pas s'amuser, ni rire, ni improviser des actes dans l'insouciance. Leurs vies étaient semées d'embûches, de contradictions et d'incertitudes. C'était une vie où mes parents se côtoyaient sans avoir l'air de s'aimer. Il y en avait un qui partait régulièrement, puis revenait. Et puis, il y en avait une qui profanait de temps en temps des menaces discrètes de rupture mais sans jamais les mettre à exécution.

Je démarrais ma vie d'adulte avec l'idée préconçue qu'il n'y avait pas de véritable joie de vivre dans le quotidien des adultes. Ils avaient l'air dépourvus de cette notion de bonheur.

À l'âge adulte, je me disais souvent que si j'aimais quelqu'un, il finirait par me quitter. Je devais donc toujours m'arranger pour partir la première. Cela me permettait de ne pas subir le rejet et la souffrance d'une rupture sans que je m'y attende. C'est pourquoi je devais briser avant d'être brisée. En réalité, je faisais la même chose que mes deux parents réunis mais avec une petite note personnelle. Je profanais des menaces de rupture et je quittais mon partenaire dans le seul but de sauver ma peur d'être abandonnée.

C'est ma seconde blessure découverte. La peur de l'abandon. Et là encore, je dois trouver la force de pardonner.

En Belgique, Carlos a travaillé comme chauffeur de poids lourd pour le transport du bitume, nécessaire pour le revêtement des chaussées et des routes. Ce métier synonyme de liberté et d'indépendance reste encore aujourd'hui un métier de solitaire. Il a toujours aimé être seul et se torturer l'esprit. Une fois de plus, cela a le goût amer de mon expérience.

Quelquefois, il faisait des heures supplémentaires en acceptant des tours de garde le week-end pour surveiller les chantiers où tous les camions étaient entreposés.

Vers l'âge de 12-13 ans, Carmen allait de temps à autre avec lui et il l'emmenait en balade en tout-terrain toutes les deux heures. Il vérifiait si tout allait bien et s'il n'y avait pas de pillages ou de « pirates de camions » comme il aimait nommer les malfaiteurs.

Habituellement, ils dormaient sur place. Carlos était plus calme et disponible qu'à la maison. Carmen aimait le regarder lorsqu'il était concentré de son air sévère et quelquefois, elle avait envie de l'entourer de ses bras car elle le sentait usé et fatigué. Néanmoins, c'était des gestes qu'ils ne faisaient jamais. Alors, elle se contentait de les envisager.

Julia qui avait commencé à travailler dans les champs en Espagne à un âge précoce avait trouvé des emplois de femme de ménage et de garde-enfants à plein temps. Elle y a consacré quarante ans de sa vie. Elle partait travailler en bus depuis le centre-ville jusqu'à la campagne où de magnifiques villas se dessinaient au fur et à mesure que l'on avançait dans le paysage.

Pendant les vacances scolaires et avant l'adolescence, Carmen l'accompagnait de temps en temps pour l'aider à nettoyer les vitres ou passer l'aspirateur. Dans la chambre des enfants qui avaient son âge, il y en avait une qui l'avait émerveillée. Elle était tapissée de cartes d'anniversaire avec de mots qui lui étaient peu familiers. Des « je t'aime », « ma chérie », « ma princesse », « profite de la vie » ou encore « ta vie te réserve tant de belles surprises ». Il y en avait peut-être une centaine.

Carmen ne recevait jamais de cartes d'anniversaire. Cela n'avait l'air de rien mais jamais elle n'aurait pu imaginer qu'une enfant de son âge pouvait être tellement aimée. Elle sentait cet amour pur et sincère à travers ces mots tendres et elle aurait voulu être à la place de cette fillette qui avait la chance qu'elle n'avait pas.

Carlos était né avant la guerre civile espagnole. Il était le troisième d'une fratrie de quatre garçons. La famille perdit le benjamin alors âgé de cinq ans, emporté par une pneumonie.

Toute la famille connaît la faim et vit dans un état d'extrême pauvreté. L'argent circule peu. Ils se nourrissent de ce qu'offre la terre, de la chasse de quelques animaux, de blé ou de lentilles monnayés avec un voisin en échange d'une besogne.

Carlos partage un vieux lit en bois couvert de paille avec un de ses frères. Il n'y a pas d'eau courante pour boire ou se laver. Il n'y a pas de toilettes ni de cuisine. Juste une pièce de vie commune avec une cheminée pour préparer le repas, se réchauffer et dormir tous ensemble. Il n'y a aucune intimité.

Mais il a la chance d'aller à l'école quelques années et de ne commencer qu'à travailler que vers l'âge de 12 ans.

Autour de la trentaine, sa mère décède d'une maladie incurable. Son père, le grand-père de Carmen, ne tarde pas à se remarier avec sa maîtresse, une femme acariâtre et grincheuse qui n'a jamais eu d'enfants.

De ce qu'elle a vécu de son enfance avec ses grands-parents paternels lorsqu'elle était en vacances, elle se souvient de leur avidité de gestes affectueux et de mots bienveillants. Ils avaient un cœur froid comme un mois de décembre et ils étaient excessivement sévères, et pessimistes. Devant les petits malheurs de Carmen, que dire ? Ils ne s'y intéressaient pas.

Ils allaient de temps à autre se promener ensemble dans la nature mais il était interdit aux enfants de « faire les fous » et de courir comme n'importe quel être humain de cet âge. Mana et Carmen se contentaient donc de marcher à leur rythme et ce n'était ni drôle ni amusant. Carmen aurait bien aimé grimper aux arbres, faire la course avec sa sœur ou encore s'amuser avec un ballon.

Ses grands-parents paternels parlaient souvent de la guerre, celle qu'ils avaient connue entre patriotes d'un même pays. Ils lui disaient qu'elle avait besoin d'expérimenter la même situation et subir la disette pour apprendre à vivre. Carmen restait alors calme écoutant leurs histoires, les unes plus tristes que les autres, et elle espérait de tout son cœur ne jamais connaître une vie comme celle dont ils avaient fait l'expérience.

Je constate aujourd'hui que mon père a vécu dans un monde ressemblant au mien au niveau de l'atmosphère familiale. La seule différence c'est que son univers terrifiait mille fois plus que le mien. J'avais de quoi me nourrir, un lit rien que pour moi, de l'eau courante et une sécurité plus concrète. Et surtout, je n'avais jamais connu ni la véritable misère ni la guerre.

Carlos était comme son père, d'une grande sévérité, souvent fruste et injuste la plupart du temps aux yeux d'une enfant qui voulait comprendre et être aimée.

Il faisait lire à ses enfants des livres sur la Shoah, le capitalisme et le communisme. Ils se mettaient autour d'une table et l'obligation était de lire les livres qu'il choisissait. Aucune bande dessinée n'était tolérée. Aucun livre pour enfant n'était permis. Pendant la lecture, Carmen s'échappait souvent dans son esprit pour jouer sur une plage, monter sur un cheval ou courir avec un lynx. Elle tournait les pages machinalement et si son père la regardait, elle faisait semblant d'être concentrée pour éviter d'être repérée.

Lorsque Carlos piquait des colères, il les réunissait quelquefois autour de la table. À part manger, cette table ne servait qu'à les contrarier. Chaque fois qu'il les appelait, c'était toujours pour des choses que Carmen ne comprenait pas. Il leur expliquait que pour Julia il était un petit tas de boue qui tient dans la main et qu'on écrase contre le mur quand on le lance. Il était aussi un ballon de baudruche que Julia pouvait atteindre par une flèche pour le faire exploser. Mana et Carmen ont eu droit à ce discours plusieurs fois au cours de leur triste enfance.

Carmen ne comprenait pas grand-chose à ces allégations, d'autant plus que son père semblait toujours tenir la situation bien en main. Je pense cependant qu'il y a là une part de mystère que je n'ai nullement l'intention d'explorer.

Quelquefois, leurs réunions familiales ressemblaient à de vraies comédies dramatiques. Un jour en tenant une banane à la main, le chef de légion a fait asseoir toute la famille autour de la table. Mana et Carmen se regardaient et se demandaient si la banane allait être sacrifiée pour une bonne cause. Elles riaient dans leur for intérieur, imaginant la banane se déshabiller et converser avec elles, un clin d'œil dans les yeux.

Alors, en patriarche vénéré de son troupeau, il la pelait et la coupait en quatre morceaux égaux. Il donnait un morceau à chacune d'entre elles en leur disant que dans une famille, il faut partager si la nourriture vient à manquer.

Panique à bord pour Carmen qui avait cru qu'on allait rentrer en guerre et que finalement le souhait de ses grands-parents allait s'exaucer. Ils lui disaient toujours qu'elle avait besoin de quelques baffes, une bonne guerre et une famine bien comme il faut pour ne pas être si capricieuse. Et, elle pensait le mériter.

Carlos quittait souvent Julia pour revenir quelques semaines ou quelques mois plus tard. Quelquefois, il allait voir ses enfants issus du premier mariage, d'autres fois c'est lorsqu'il avait une liaison avec une autre femme ou encore lorsqu'il disjonctait complètement, sans raison.

Personnellement, il m'arrivait de disjoncter tout comme mon père et le plus souvent je ne savais pas pourquoi. Je sentais le verre qui se remplissait et je ne cherchais ni à comprendre ni à communiquer pour éviter le débordement. Je finissais, comme mon père, par me sentir incomprise et rejetée.

La blessure du rejet était une blessure émotionnelle que j'activais pour me couper du monde et pour le fuir. Dans les conversations avec mes proches, je voulais toujours avoir raison et lorsque je perdais la bataille, je me sentais humiliée. Sans orgueil, je n'étais rien. Je cherchais à m'imposer trouvant mes idées bien plus sensées et intéressantes que celles des autres. Et, lorsque tout semblait me donner tort, je restais une jument sauvage et je niais quand même, histoire de ne pas plier. Et, comme toute jument farouche, j'allais voir ailleurs de nouveaux pâturages.

C'est ma troisième blessure découverte, celle d'un orgueil mal placé qui conduit au sentiment de rejet et à la fuite. Et là encore, je dois trouver la force d'accepter et de pardonner.

Comme Carlos ne prenait jamais Carmen dans ses bras, elle essayait de se faire aimer en étant une élève brillante à l'école. Il racontait alors à ses amis qu'elle était la première de la classe. Carmen voyait qu'il était fier et elle était fière à son tour de lui témoigner son amour de cette manière.

Mais comme Carlos ne la prenait toujours pas dans ses bras, elle sentait le manque d'une relation affective solide et la déficience d'un soutien paternel. Tout cela annonçait de nouvelles expériences futures qui les mèneraient vers l'indifférence pour ne pas toucher à l'hostilité réciproque.

C'est comme ça qu'ils se sont aimés au début et désaimés un peu plus tard. À coups de regards complices qui évoluèrent en méfiance mutuelle à travers des fiertés mal placées, des batailles futiles, des incompréhensions et des tortures psychologiques de toutes sortes. À un moment, ils ne pouvaient plus se faire confiance. Leur relation amour-haine entraînait Carmen dans une colère non résolue la poussant à adopter ses comportements, ses forces et ses faiblesses. Elle se façonnait à son image, malgré elle. C'était son père, son modèle par défaut et son autorité. Elle s'appropriait, sans le vouloir, toutes les réactions de son père.

Il lui disait toujours que la vie est un dur combat et qu'il faut revendiquer ses droits en tant que citoyens. Il était pour l'égalité des classes sociales et disait sans cesse que le savoir constituait l'arme du pouvoir. Il partait en guerre politique contre les injustices du monde et voulait faire de ses trois filles des partisanes de son combat.

Il m'a appris qu'il faut se battre pour gagner sa place car la chance ne sourit qu'aux audacieux. Il m'a appris qu'il faut se battre pour le droit à la vie et encore se battre pour être le meilleur en tout. Sans combats, je serai une éternelle perdante.

Il ne savait pas que le combat finit par rendre improductif et malade et qu'il est souvent utile de poser les armes pour se laisser guider par le flux de la vie.

Il m'a appris que la vie est une jungle où règne la loi du plus fort. Moi, j'étais sa proie qui tremblait devant le pouvoir de son verbe et l'agressivité de sa vision de l'humanité.

Il ne savait pas que la force n'est qu'une excuse et non une raison. Une excuse pour conduire à la soumission du plus faible avec pour seule arme, la peur.

Il m'a appris que pour donner il faut recevoir car rien n'est jamais offert sans raison.

Il ne savait pas que savoir donner c'était être capable d'aimer.

Il m'a appris à ne pas me montrer faible.

Il ne savait que je ne devenais forte qu'en apparence, mais demeurais fragile de l'intérieur.

Il m'a appris qu'il faut garder le contrôle en permanence pour ne pas se faire dévorer par les plus forts ou se faire écraser par les turbulences du destin.

Il ne savait pas que le contrôle compulsif finit par devenir un fardeau trop lourd à porter. On passe ainsi à côté de son bien-être et celui de son entourage, faute de confiance en soi, en l'autre et dans la vie.

C'est comme ça que j'ai grandi, que j'ai vécu et que j'ai cru que c'était le meilleur pour moi.

Avec du recul, je constatais que j'avais été trahie et instrumentalisée. Le pouvoir de mon père était de m'imposer sa vision du monde sans accorder le moindre compromis. C'était le seul moyen qu'il avait de me contraindre à faire ce qu'il disait sans que je puisse me révolter. Jamais je n'ai eu le droit à défendre mes idées. Il se revendiquait sans cesse un homme d'expérience qui avait le savoir que je n'avais pas. Et moi, je ressemblais à un pantin actionné par un marionnettiste.

J'étais un pion sur un échiquier et mon père décidait de ses pions et des pions de ses adversaires. Échec et mat et toujours le même vainqueur.

Je découvre une nouvelle blessure plus profonde encore, celle de la manipulation. Pourrais-je réellement pardonner ?

L'adolescence est un moment critique et instable. On se cherche, on découvre de nouvelles sensations dans son corps et bien évidemment, on veut expérimenter de nouvelles choses, surtout celles qui sont interdites. On défie nos parents car on se sent incompris et on l'est assurément. On voudrait affronter le monde entier tellement la rage gronde à l'intérieur.

Carmen n'a pas fait exception à la règle. À 16 ans, elle a voulu arrêter ses études. Elle était au lycée mais elle voulait quitter le foyer familial. Elle ne voulait écouter personne, estimant que nul être humain ne pouvait la comprendre. Comme à son habitude, elle s'était enfermée dans sa bulle et passait son temps à se lamenter et à pleurer sur son sort comme une Madeleine sans réellement en comprendre les raisons.

Pouvait-elle pleurer comme une Madeleine, me demanderez-vous ?

Il semble bien que oui mais pas de la madeleine qui fait référence au dessert, n'en déplaise aux gourmands. Celle qui parle de Marie-Madeleine, qui confiant ses péchés au Christ, pleura à chaudes larmes et lava les pieds du Christ avec ses larmes.

Carmen se sentait vulnérable, en insécurité et tentée par l'autodestruction. Elle s'opposait continuellement aux autres et elle s'enfermait davantage dans sa solitude, diminuant ainsi son envie de continuer à vivre. Elle avait arrêté de se regarder dans un miroir car elle avait honte de ce qu'elle était. Si sa vie avait été difficile étant enfant sous la dictature d'un père égocentrique et despotique, qu'arriverait-il maintenant que son corps avait définitivement changé ? Accepterait-il la femme qu'elle devenait ? Allait-il la garder enfermée pour que jamais elle ne puisse porter son regard sur un autre que lui ?

À la maison, ils parlaient de la pluie, du beau temps, des notes au lycée, du programme à la télévision et de tous les sujets politiques révolutionnaires que Carlos imaginait pour le droit des citoyens. Ils ne discutaient jamais de leurs problèmes ou de leurs états d'âme. Jamais une rencontre amoureuse, une dispute avec un (e) ami (e) ou la vie du lycée, n'avaient de place sur cette maudite table. Tout cela c'était des discours inutiles qui se passaient de commentaires.

À vrai dire, dans la famille, ils étaient continuellement irrités et de mauvaise humeur, chacun campant sur ses positions mêmes si les plus faibles ne parlaient jamais de tout ce qui n'allait pas. C'était une situation des plus étranges. Les plus fragiles anticipaient les réactions du plus fort et n'avaient d'autre choix que de se taire. Souvent, Carmen voulait malgré elle, attirer l'attention et provoquer son père car elle se sentait inexistante. Une colère était une réponse affective plus acceptable que l'indifférence. Avec une colère, elle se sentait un peu plus vivante.

Cette tendance à chercher l'affrontement s'est accentuée avec l'adolescence. Elle a tenté de devenir plus forte avec le temps, non pas pour plaire à son père mais uniquement pour prendre le dessus de temps en temps. Elle a gagné quelques petites batailles et un certain amour-propre. Peut-être celui que sa mère n'avait jamais eu pour faire face à son père.

Et, finalement tout ce que je voulais, c'était de l'attention, de la tendresse et de l'amour.

J'aurais préféré lui dire que je voulais qu'il me prenne dans ses bras pour me rassurer.

J'aurais aimé entendre un « je t'aime » de temps en temps.

J'aurais préféré le prendre dans mes bras plus souvent lorsqu'il était malade, en fin de vie.

J'aurais aimé lui dire que je l'aimais. Mais jamais je ne l'ai fait.

À 17 ans, Carmen a fait une tentative de suicide. Julia et Carlos étaient partis chez son oncle avec ses sœurs.

Comme elle voulait rester dans son monde, elle a trouvé une excuse imaginaire. À l'évidence, ils n'ont rien vu venir. Ou peut-être étaient-ils indifférents à sa souffrance.

Pour Julia, cela ressemblait à du silence volontaire. Pour Carlos c'était des fanfaronnades, l'esbroufe d'une capricieuse qui ne comprenait rien à la vie.

Lorsqu'ils sont partis, elle est allée dans l'armoire à pharmacie et a pris tranquillement des médicaments qu'elle a placés dans un gobelet. Et puis, elle les a avalés un à un avec beaucoup de vin rouge.

Elle semblait prête pour le saut du pont, sans élastique. C'était un défi à la vie. Je me souviens que je n'ai pas eu peur. À ce moment de ma vie, je ne pensais qu'à mon inutilité et au drame de mon père dont j'étais l'artisane.

Son oncle n'était pas là et ses parents sont rentrés plus tôt. Julia l'a fait vomir lorsqu'elle l'a trouvée inconsciente sur son lit. Elle a retrouvé plusieurs médicaments non digérés dans une grande quantité de vin. Elle n'a pas appelé les urgences. Il fallait sauver les apparences. Carmen est restée dans l'obscurité, inconsciente près de 24 heures.

Carlos n'a jamais fait de commentaires à ce sujet. Carmen n'a jamais su ce qu'il a éprouvé en apprenant que sa fille voulait mettre fin à ses jours. Nous n'en avons jamais discuté. Et, la vie a continué normalement.

Un jour pourtant, Carmen a osé l'affronter. Elle éclatait complètement de l'intérieur et très en colère, elle avait dit à Carlos ce qu'elle pensait de lui avec toute la rage de ses 18 ans. La rébellion lui avait coûté cher. Quelques paires de gifles, des insultes et la valise devant la porte.

Pendant qu'il remplissait son sac à dos en arrachant les vêtements sur les cintres, Julia pleurait sans rien dire. Carmen ne s'arrêtait plus de crier comme si la douleur infligée lui donnait plus de courage. Elle avait les joues marquées par la fureur de son père mais plus rien ne semblait arrêter son élan. Jusqu'à ce qu'elle se retrouve à la porte.

Désorientée, elle est montée dans un tramway sans savoir où elle allait. Elle tirait sévèrement sur son t-shirt car elle voulait arracher la douleur de ses entrailles. Elle n'arrivait plus à tenir debout.

Et puis un choc. Le tramway avait percuté quelque chose et la rame de tram avait été poussée hors de ses rails. Un jeune plus fou qu'elle s'était jeté dessous le tram sans se rater. En sortant, elle a retrouvé une de ses chaussures à côté du sac à dos qu'elle venait de poser sur le sol. Elle était en mille morceaux.

Carmen avait un amoureux à cette époque. Ses parents l'ont accueillie chez eux quelques jours, le temps que tout se calme. Elle ne voulait plus retourner chez ses parents mais elle ne pouvait pas non plus s'installer ailleurs et être une charge financière supplémentaire pour cette famille. Bien sûr, elle faisait des petits boulots d'étudiants mais ils n'auraient jamais suffi à couvrir tous ses frais, ses sorties à la patinoire, ses consommations alcoolisées avec les copains et ses cigarettes. Elle n'avait d'autre choix que de revenir, la queue entre les jambes.

Carmen s'est mariée deux ans plus tard avec cet amoureux. Il est devenu le papa de ses trois filles. Je pense que si tout était à refaire à partir de là, je referais exactement la même chose. Pour rien au monde, je ne pourrais imaginer ma vie sans mes trois filles, mon compagnon de vie actuel depuis 15 ans et toutes les expériences de vie que l'Univers tout entier a imaginées pour m'amener là où je suis aujourd'hui.

Le mariage fut une aventure rocambolesque.

En Belgique et à l'époque, on était majeurs à 21 ans et non à 18 ans. Carlos s'était opposé à ce mariage avec toute la rage d'un combattant. De toutes les façons, Carmen n'avait que deux options. Soit elle restait sous le toit familial car elle ne s'assumait pas encore financièrement, soit elle se mariait. Pour ses parents, il était impensable de se mettre en union libre alors qu'eux l'avaient fait pendant vingt ans. C'était des choses qui ne se discutaient pas. Tout était fait de restrictions et d'obligations. Pas de communication ni de compréhension. Et même si je tentais d'en parler car il s'agissait quand même de ma vie, mon père me disait toujours : « Fais ce que je te dis et pas ce que je fais ».

Ils se sont mariés devant le maire le 29 mars 1986 à la Grand Place de Bruxelles. Carlos est venu uniquement car il pensait qu'il devait signer le registre d'état civil étant donné que Carmen n'avait pas encore 21 ans. J'avais vingt ans et presque 11 mois...

Après la cérémonie du mariage civil, Carmen a vu son père se lever de sa chaise pour se diriger vers la sortie, en appelant Julia et Susana, alors âgée de 9 ans. Il remontait son pantalon avec frénésie et l'on voyait qu'il était énervé pour être venu « pour rien » car sa signature n'était pas nécessaire. Vaillamment, Carmen a couru vers lui pour lui demander de lui laisser sa maman et sa petite sœur. Il a refusé catégoriquement. Alors, résignée, Carmen lui a demandé de rester. Elle l'a même supplié en pleurant. Elle n'oubliera jamais ce que son père lui a répondu. Il lui a dit que ce jour était pour lui un enterrement.

Bien évidemment, le maquillage avait coulé jusqu'à la petite robe blanche qu'elle s'était offerte pour ce « grand » jour. Indifférente à ce détail, Carmen avait été brisée par beaucoup plus fort qu'elle. Finalement, elle eut la réelle impression d'être à ses propres funérailles car son cri de douleur n'eut aucun son.

Les parents de Carmen sont retournés vivre en Espagne deux jours après son mariage. À croire qu'ils n'attendaient que ça pour mettre les voiles et retourner au pays. Cela lui posait quand même un problème car c'était elle qui avait élevé sa petite sœur, Susana, comme une mère. Elle avait 9 ans, Carmen en avait 20 mais à cet instant de sa vie, elle ressentit une sensation étrange, une nouvelle douleur inconnue jusque là. Elle avait cet affreux sentiment indéfinissable, celui que l'on ressent si l'on nous vole notre enfant.

Elles s'aimaient beaucoup toutes les deux. Carmen accompagnait Susana à l'école primaire quand elle fréquentait le collège et le lycée. Elle venait aussi la récupérer tous les jours à la sortie. Elle l'aidait à faire ses devoirs et elles partaient souvent promener dans la nature ou manger des frites près d'une station de métro.

Lorsque Susana était malade ou triste, c'était Carmen qu'elle réclamait.

Un jour, Susana s'était fait mordre par un chien et la blessure était relativement profonde dans la cuisse. Elle ne voulait pas le dire à Carlos car elle avait peur des représailles.

Carmen lui disait qu'il fallait en parler pour l'emmener à l'hôpital et qu'elle la protègerait s'il s'emportait.

Bien sûr, Carlos s'est énervé et a injurié Susana en lui disant qu'elle le faisait exprès pour lui pourrir la vie. Dans la précipitation, Carmen a alors inventé une histoire en affirmant que c'était elle qui avait provoqué le chien qui avait fini par mordre sa petite sœur.

Calmement, Carmen a ramassé toutes les attaques et ils ont enfin pu aller à l'hôpital. Il y avait quatre points de suture.

Les mercredis après-midi, il n'y avait pas de scolarité à Bruxelles. Lorsque Carmen récupérait Susana à la sortie de l'école le mercredi midi, elles marchaient pour rentrer en priant le ciel pour que Carlos ne soit pas là. Il était souvent en arrêt maladie et donc souvent présent dans leurs vies. Si elles ne voyaient pas son Opel couleur moutarde dans le parking de la résidence, elles sautaient de joie. Si elles apercevaient la voiture au loin, elles se regardaient tristement car elles savaient que ça n'allait pas être drôle. Lorsqu'il était là, il était toujours devant la télévision à regarder les informations la plupart du temps en continu ou à faire une sieste, en ronflant comme une locomotive dans sa chambre. La musique, les rires et les jeux étaient donc exclus. Elles devaient se contenter d'un après-midi maussade et sans couleurs.

Carmen en avait beaucoup voulu à ses parents d'être repartis en Espagne avec Susana. Elle avait la rage au ventre qu'ils brisent ainsi leur complicité et leur amour, l'une pour l'autre.

Elle voulait la garder et Susana voulait rester avec elle mais de quel droit Carmen, pouvait-elle arracher une enfant à ses parents ?

Lorsqu'elles furent séparées, elles se voyaient pratiquement tous les étés. Mais ce n'était plus la même chose. La distance physique avait mis de l'éloignement dans leurs vies.

Carmen a eu sa première fille à l'âge de 22 ans et ce qu'elle voulait par-dessus tout, à cet instant de sa vie, c'était combler le manque de l'absence de Susana.

De mon père, je pense avoir hérité la curiosité des connaissances, la rigueur, l'endurance et le dégoût des injustices. Mais il y a aussi la colère, la dépendance affective, la rancune, de l'arrogance, une fierté mal placée, la peur de se montrer tel que l'on est et beaucoup d'instabilité.

Je n'ai pas pris sa faiblesse à montrer mes sentiments à mes enfants. Je m'étais toujours dit que si j'en avais, jamais je ne leur ferais subir ce que moi j'avais subi. Je l'ai fait pour Susana et je l'ai fait pour mes filles. Envers elles, je pense avoir donné beaucoup d'amour et démontré une affection réelle au quotidien. J'ai tenté également de leur donner la place qu'elles méritent, au sein de la famille. Je les ai encouragées à exprimer leur amour à leur tour et à devenir indépendantes.

Cela s'est fait naturellement sans effort. Je pense avoir réussi à prendre ma revanche car d'une certaine manière j'ai revécu une partie de mon enfance grâce à elles et à travers elles.

Je crois au fond de moi et c'est là, le revers de la médaille, que c'est le manque d'amour qui m'a permis d'en donner à mes enfants et à Susana. Je leur ai donné ce que j'aurais voulu avoir et j'ai été très heureuse de pouvoir le faire. Ça a été pour moi, une seconde naissance.

Pour Susana, cela n'a duré que le temps de notre vie commune. Nous avons tellement changé par la suite que nous avons coupé les ponts depuis la mort de notre mère.

Elle a campé sur ses positions et moi sur les miennes et nous nous sommes éloignées comme deux aimants qui tout en augmentant la distance entre eux, l'attraction diminue fortement.

Par contre dans ma vie de couple, je ne me suis jamais servie du manque d'amour comme ressource pour aimer réellement. J'ai joué au « sauve qui peut » toute ma vie par peur de me montrer vulnérable.

Au début, je cherchais un homme ayant les caractéristiques contraires de mon père. J'ai fini par m'ennuyer et je l'ai quitté au bout de douze ans de mariage.

Ensuite, je suis tombée sur un homme marié qui était sur le point de divorcer. Fils de colonel, il était ingénieur et dirigeait une entreprise dans le domaine industriel. J'ai toujours trouvé son amour trop grand, trop envahissant. Je lui disais que je ne l'aimais pas suffisamment mais il me répondait qu'il m'aimait pour deux. Je ne pouvais pas accepter cette réponse car je ne me sentais pas exister. Je l'ai quitté à maintes reprises sauf la dernière fois, c'est lui qui m'a quittée et pour de bon. Je savais qu'on finirait par me quitter et c'est la raison pour laquelle je fuyais. Mais paradoxalement, allez savoir pourquoi, je n'acceptais pas une telle situation. Ce fut une grosse gifle pour mon orgueil mal placé. Je ressemblais là encore à mon père dans mes agissements despotiques et mon côté quelquefois égocentrique.

Et puis, il y a eu « mon » Carlos. Comment le décrire? Peut-être avec une reprise personnalisée d'une partie de la chanson Ces Gens-là de mon ami de toujours Jacques Brel.

Comme déjà mentionné précédemment, Brel m'a toujours beaucoup inspirée. C'était le seul qui pouvait mettre des mots à ma douleur. Je chantais avec lui en duo Ne me quitte pas, Les Vieux Amants ou encore Mathilde ou Amsterdam. Je connaissais tout son répertoire et il me déchirait le cœur chaque fois que je l'entendais chanter. J'étais tourmentée et exaltée tout autant que lui. Ses chansons faisaient partie de mon journal de bord que j'avais intitulé « Sauve qui peut ». Dès que la situation devenait dramatique, mon ami Brel était toujours là, dans toute sa puissance et sa majesté. L'intonation de sa voix sortant de ses entrailles s'ajustait parfaitement à son texte et à ma vie. Les mots de cet amant inconditionnel ont toujours eu un effet à la fois débilitant et euphorique sur moi.

Alors, pour le dire simplement et de manière inspirée par Ces Gens-là : « mon » Carlos est pour moi comme un soleil. Et qui m'aime pareil. Que moi j'aime Carlos...

Carlos... À croire que le destin cherchait une revanche pour me faire accepter et aimer un homme au même prénom que mon père. J'imagine que c'est le hasard pour autant qu'on y croit, aux coups de dés du destin.

La vie de couple n'est pas toujours facile surtout quand les fantômes du passé surgissent de temps en temps. Mais il y a un véritable amour dans notre histoire. « Mon » Carlos, c'est celui des grandes déchirures mais aussi celui de mon amour le plus abouti. Cela semble paradoxal et ça l'est, sans l'ombre d'un doute, mais c'est ainsi. C'est à lui que je pense quand je parle de mes histoires d'amour, mes écorchures, mes espoirs, mes enthousiasmes et mes chagrins.

Pour en revenir à mes parents, Julia était une femme soumise, souvent naïve et quelquefois philosophe. Elle prenait souvent les choses du bon côté et nous enseignait que la bienveillance est une vertu.

Elle avait vécu une enfance difficile dans un clan familial dirigé par une mère autoritaire, méfiante et froide comme la banquise. Orpheline de père à l'âge de trois ans, c'est son beau-père qui l'avait élevée. Mais cet homme ne fut jamais accepté par sa fratrie. Julia a aimé à sa façon cet homme au grand cœur mais qui n'avait eu aucune autorité dans une famille où il était sans cesse discrédité et dévalorisé.

Il s'appelait José et il a toujours été mon grand-père préféré.

Les apparences étaient très importantes pour Julia. Tous les secrets de familles devaient rester dans un tiroir fermé à clé. Si le linge sale devait être lavé, il ne devait l'être qu'avec les siens. À l'extérieur, on se montrait courtois et avenants. À l'intérieur, on se déchirait. Mais pas question de se faire remarquer ni de montrer la moindre faiblesse. Nous semblions, en apparence, une famille épatante sans le moindre accroc.

Julia savait souffrir en silence et montrer de temps à autre un sourire de Mona Lisa, timide et énigmatique.

Lorsque Carlos la quittait pour quelques semaines ou quelques mois, je la voyais pleurer plus qu'à l'habitude. Mais elle ne disait jamais rien. Elle encaissait la souffrance sans se plaindre. Elle possédait des ressources incroyables pour se relever et résister aux épreuves de la vie.

Elle mettait toujours à l'honneur le peu de choses qu'elle avait mais malheureusement, elle se soumettait à beaucoup trop de choses.

Elle voulait à tout prix que j'aie une conduite exemplaire. Un jour, à l'âge de 11 ans, j'ai volé un petit jouet dans un magasin. J'ai prié tous les Notre Père que j'ai pu pour me faire pardonner mais sans réussir à me pardonner moi-même.

Comme je n'arrivais pas à dormir, j'ai avoué le vol à maman en la suppliant de ne rien dire à papa pour ne pas avoir à subir l'affront du déshonneur familial. L'intransigeance de mon père n'admettait aucune contradiction.

Le lendemain, elle m'a accompagnée au magasin pour rendre le jouet et présenter mes excuses. Lèvres pincées et pieds retournés vers l'intérieur, j'ai éprouvé une immense honte car ma douce maman me faisait la leçon devant les employés du magasin.

Aussi, je me souviendrai toute ma vie du conseil qu'elle m'a donné quand à 22 ans, j'ai donné naissance à ma première fille. Jeune maman, je n'avais pas beaucoup d'expérience des bébés. J'avais peur de mal m'y prendre et de commettre des erreurs. Tout le plus naturellement du monde, elle m'a donné un court conseil qui se résume en trois mots : « Suis ton instinct ». Cela signifiait que je pouvais me laisser guider par mes intuitions et mes émotions. Ce fut un des plus beaux conseils reçus au cours de ma vie. Il me procurait une réelle confiance en moi, du moins au niveau de l'éducation parentale.

Si mon père ne me prenait jamais dans ses bras, ma mère était cependant un peu moins avare. Elle était plus accessible mais pas réellement démonstrative de sentiments. Il ne fallait jamais s'étaler sur des niaiseries, comme elle aimait le dire si souvent.

À mon souvenir, aucun de mes deux parents ne m'a jamais dit qu'ils m'aimaient.

Je me souviens que lorsque mes parents sont retournés vivre en Espagne, j'ai voulu leur faire une surprise en arrivant à l'improviste. C'était déjà quelques années plus tard et j'avais un peu moins de 30 ans.

Mes parents ne venaient jamais me rendre visite. Ils n'étaient même pas venus pour la naissance d'aucune de mes trois filles. Mais qu'importe! J'avais fait mes valises me disant qu'ils seraient peut-être contents de me revoir, surtout ma maman. J'ai fait près de 1900 km en voiture dans l'attente de ces retrouvailles, de Bruxelles à Alicante, lieu où ils résidaient.

Je me suis postée devant leur porte et j'ai sonné deux fois. C'est ma mère qui a ouvert au bout de quelques secondes, l'air des plus surpris. Je riais comme une baleine et en levant les bras j'ai crié : Surpriiiiseee!

Interloquée, ma mère m'a demandé ce que je faisais là. Pardon? C'est sérieux? Mais sans m'offusquer pour autant car j'étais de bonne humeur, je l'embrassais, la prenais dans mes bras tout en la soulevant et la secouant comme un cocotier. Mais maman restait contrariée et imperturbable dans mes bras.

J'ai appris par la suite qu'ils auraient préféré que je prévienne avant de venir. Ce que je croyais une surprise s'est transformé en déception. Tout cela me rappelait à quel point ils étaient tatillons sur certains principes rigides que le temps n'altérait pas.

Avec le temps, ma mère était devenue aussi renfrognée et acariâtre que mon père. Elle avait fait siennes ses directives et sa façon de voir la vie.

Cela m'a fait beaucoup de mal parce qu'il n'y a pas de plus grande joie que celle qu'on n'attend pas, surtout celle venant de nos enfants.

Je découvrais que les relations que j'avais eues avec mes parents que ce soit dans ma vie d'enfant ou d'adulte avaient laissé une nouvelle blessure, l'amertume de ne pas me sentir réellement aimée. Je l'appréhendais déjà étant plus jeune mais cela s'est confirmé à l'âge mûr. Ils ne venaient jamais me voir et ils ne m'appelaient jamais non plus au téléphone, sous prétexte que les communications internationales coûtaient trop cher. Pourtant ils ne manquaient de rien et habitaient dans une jolie petite maison confortable dans une résidence avec piscine collective en copropriété. Mes filles n'ont jamais reçu de cadeaux de leur part et elles ont toujours été accueillies chez eux dans la mesquinerie la plus totale.

Lorsque nous allions les voir en été et lorsqu'une de mes filles avait une petite fringale, elle allait voir dans le frigo. Au bout de quelques secondes ou d'une minute, mon père se mettait en rogne car le frigo était resté ouvert trop longtemps ou qu'on le fermait trop brusquement. Il s'énervait pour des broutilles et traitait mes filles de capricieuses, comme il l'avait fait avec moi.

Mes parents avaient tellement souffert étant enfants qu'ils étaient regardants sur tout. Ils étaient économes à l'extrême. Alors bien entendu, tout était au minima. Les plats servis à table, les desserts, le verre de lait le matin, le yoghourt, le fruit. Jamais deux, toujours un.

On était contrôlées aussi pour le papier de toilette, le gel lavant, le shampoing, la consommation d'eau et d'électricité et, l'eau minérale.

La dernière fois que j'ai vu ma mère en bonne santé, c'est sept ans avant qu'elle décède d'un cancer de l'estomac. Je ne l'ai revue par la suite que sur son lit d'hôpital, rongée par la maladie. Elle ne pouvait plus prononcer un mot ni se nourrir normalement.

Sept ans auparavant, mes filles et moi étions venues la voir. Mon père avait déjà été emporté par un cancer du côlon généralisé quelques années plus tôt.

À cette époque, lorsque ma mère était encore en bonne santé, elle faisait régulièrement des remarques quant au comportement de mes enfants. Les chambres devaient être bien rangées et le lit fait au carré. La salle de bains devait être bien ordonnée et propre, sans la moindre éclaboussure. Le séjour devait rester impeccable si jamais quelqu'un arrivait à l'improviste. Je reconnaissais bien là l'intransigeance de mon enfance.

Cependant, je trouvais sa démarche quelque peu abusive car nous n'étions venues que quelques jours. Un (e) enfant, ça vit, ça joue, ça court, ça s'amuse, ça mange sans faim, ça fait du bruit et ça écoute de la musique. J'avais du mal à imposer à ma postérité le régime militaire que j'avais connu.

De plus, les remarques de ma mère quant à la consommation excessive de papier de toilette et d'eau minérale m'exaspéraient. Surtout que je lui avais promis de faire le plein avant de partir, à mes frais bien entendu.

Ce qui a déclenché la rupture, c'est lorsqu'une de mes filles a déplacé de son axe de suspension le radiateur de la chambre dans laquelle elles s'amusaient toutes les trois. Ma mère s'est réellement mise en colère. C'était la même colère que celle que mon père affichait lorsque c'était moi qui faisant des bêtises lorsque j'étais une enfant.

C'est là que je me suis souvenue de toute cette peur qui m'avait tiraillé le ventre à l'aube de ma vie. C'est là que je me suis rappelé toute cette enfance abîmée où les fous rires étaient déplacés et les joies inaccessibles. C'est là encore que je me suis remémoré la douleur quotidienne de la violence psychologique.

Bien sûr, étant enfant, il m'était arrivé de casser quelque chose par étourderie. Lorsque maladroitement, l'objet tombait de mes mains, je tremblais en attendant une gifle ou les remontrances en cascade de mon père. En pleurant, je me repliais sur moi-même ou je me cachais dans un coin en fermant les yeux. Ma mère ne disait rien. Elle ne disait jamais rien.

En aucun cas dans ma vie d'enfant, il n'y avait eu de place pour la compassion, le pardon, les rires ou l'improvisation. Y avait-il eu de l'espace pour un peu d'amour ?

Dans la situation actuelle, ma mère endossait le rôle de mon père et ma fille mon propre rôle. Toute cette enfance, la mienne, est remontée d'un seul jet. Une colère instinctive et immédiate est apparue, entraînant avec elle un réflexe de survie.

J'ai fait les valises et nous sommes parties toutes les quatre. Au passage, je suis passée au supermarché et j'ai rempli ma voiture de papier de toilette et d'eau minérale et j'ai tout laissé dans sa cuisine. Mes filles étaient dépassées par cette histoire grotesque et insolite.

Ma mère a cependant pris ma fille aînée dans ses bras.

Pour la première et dernière fois de sa vie, elle tenait mon enfant dans ses bras.

J'avais toujours vu mon père comme le tyran de la famille et là c'était ma mère qui reprenait le flambeau. J'avais passé ma vie à la voir en victime sans savoir qu'elle était devenue par projection comme mon père. C'était elle aujourd'hui qui décidait ce qui était bien ou mal, ce qui était noir ou blanc ou ce qui était juste ou injuste.

Elle ne désirait même pas connaître « mon » Carlos prétextant qu'elle ne pouvait recevoir sous son toit sa fille avec son partenaire de vie, sans être mariés. C'en était beaucoup trop pour une seule vie.

Je ne suis plus revenue voir ma mère par la suite. Je n'ai même pas tenté de l'appeler. Elle ne m'a jamais appelée non plus. C'était donc ça la fin d'une relation entre une mère et sa fille ? Une histoire de papier de toilette et d'eau minérale ? Ou une histoire de rejet, de manque d'amour, d'abandon et d'humiliation ?

Aujourd'hui, j'essaie de comprendre pourquoi des parents se comportent de cette manière et pourquoi ils ne disent jamais à leurs enfants qu'ils les aiment. Pour ce qui est de mon cas, je me risque à chercher des moments quelque peu plus heureux.

Lorsque j'étais malade, c'était mon père qui m'emmenait voir le médecin. S'il voyait que j'avais froid, il mettait quelquefois son manteau sur mes épaules. Je me dis que cela ressemble à de l'amour intègre qu'un père porte à son enfant.

Ou était-ce un moment de faiblesse ?

D'autres fois, il nous apportait le petit déjeuner au lit. On n'avait pas l'habitude d'être dorlotées mais ce geste désintéressé ne pouvait être qu'un geste d'amour.

Ou était-ce une faveur sexuelle que ma mère lui avait accordée ?

Il nous emmenait en vacances tous les étés. C'était le seul moment de l'année où il était agréable et nous faisait plaisir. Il nous donnait de l'argent de poche et préparait de temps en temps le repas. Maman était aux anges et moi j'étais ravie de la voir si radieuse. Je voulais être en vacances toute l'année. Non seulement à cause de la plage, du soleil et des palmiers mais surtout car ma famille ressemblait à une véritable famille.

Mais... était-ce pour sauver les apparences devant les amis ?

Peut-être que je ne saurai jamais.

Quant à ma mère, elle a toujours veillé sur moi. Elle m'offrait ce qu'elle pouvait en fonction de ses moyens. Lorsque je faisais des bêtises, elle réglait ça avec moi et n'en parlait jamais avec mon père, sauf en cas de force majeure. J'adorais le chocolat et j'en avais toujours à disposition même s'il était distribué en toutes petites quantités.

Si je remonte le temps un peu plus loin, éduquer à la dure était une pratique courante des deux côtés de mes familles respectives. Ils faisaient ce qu'ils avaient appris et reproduisaient à l'identique ce qu'ils savaient déjà faire sans se poser de questions. Avec le temps, ils étaient devenus des adultes aigris par leur propre enfance malheureuse. Il n'y avait pas beaucoup de place pour les rêves, la joie, les rires, la tendresse, l'écoute ou la compassion.

Ils étaient enfants de paysans dont la principale occupation consistait à trouver de la nourriture dans une Espagne pauvre de la guerre et de l'après-guerre civile.

Le point de départ de cette guerre interne fut un coup d'État réalisé par le général nationaliste Franco qui remporta la victoire sur les républicains en 1939. Les libertés furent bafouées et l'information soumise à une stricte censure. L'ordre moral fut durement surveillé par le contrôle régulier de la vie quotidienne des citoyens. On jugea leurs comportements, la tenue vestimentaire et les mœurs, en utilisant la répression pour se faire entendre, sans états d'âme.

L'ordre fut de rigueur et la Garde civile instaura la terreur en brutalisant, incarcérant et assassinant les individus qui osaient penser ou faire différemment. Il n'y eut plus de liberté d'expression, plus de pluralité politique et plus de mixité sociale.

La répression franquiste continua bien après la guerre faisant des centaines de milliers de morts. Le pays dut vivre en autarcie. Il y eut des cartes de rationnement pour se ravitailler et une terrible famine s'installa entraînant avec elle des années de misère pour une grande partie de la population la plus pauvre.

Carlos est né avant la guerre civile, il connaît quatre ans de guerre et de famine qui seront suivies de persécutions, de crise économique et de malnutrition.

Plusieurs personnes de ma famille sont torturées et mises en prison pour leur idéologie. Certaines ne reviennent jamais.

Julia est née après la guerre civile mais elle vit une enfance dans la plus grande des misères où la seule activité nourricière est l'agriculture qui paie à peine de quoi subvenir aux besoins de la famille.

Tous deux vivent au jour le jour et grandissent dans un monde gouverné par la peur.

Ils ne connaissent pas la liberté d'expression. Ils ne savent pas ce que c'est l'abondance alimentaire. Ils ignorent la joie que l'on éprouve dans un foyer chaleureux et confortable.

Quant à la question du bonheur, elle est inexistante, par défaut. Il leur est difficile de se projeter loin. La survie au quotidien devient la charpente de l'existence, le fondement de toute une vie.

Et leur temps n'est pas de l'amour, comme dans la chanson d'Obispo.

En enfer, mes parents ont appris à survivre.

Cette survie a brisé leur enfance et leur a volé le meilleur d'eux-mêmes. Seul le côté sombre sortait du miroir. Ils se sont endurcis au point de faire ce qu'il y avait à faire et tout le temps de la même manière. Ils se sont servis de leurs cuirasses psychologiques qui fonctionnaient à l'époque de la misère. L'erreur a été d'oublier de s'adapter à un nouveau mode de vie. Ils étaient les victimes de leur propre ignorance. Ils pensaient que la misère c'était la privation de ce qu'il faut pour vivre, ils ne savaient pas que la misère c'est aussi l'absence de ce qu'il faut pour vivre heureux.

Finalement, j'ai fait certaines choses comme eux et d'autres différemment.

Tout comme eux, j'avais reçu une éducation stricte qui ne dérogeait à aucune règle.

Tout comme eux, je me plaignais de la vie.

Et tout comme eux, je ne croyais pas au bonheur même si je l'espérais secrètement.

Si j'avais été la victime d'une éducation rigide qui avait laissé de nombreuses séquelles, que dire de celle de mes parents à laquelle s'ajoutaient la misère et la faim ? Comment pouvaient-ils échapper à toutes ces blessures laissées par un grand nombre de pénuries ?

Julia et Carlos avaient forcément du mérite. Celui d'avoir survécu à leur enfance et d'avoir vaincu l'adversité. Ils avaient remporté un grand nombre de victoires dans les épreuves qui forçaient à rassembler et à mobiliser les énergies indispensables à la survie. Moi, j'avais gagné quelques victoires car je voulais briller en société, avoir une belle maison et me faire aimer.

Étais-je finalement mieux qu'eux ?

Mes parents ne m'ont pas démontré leur amour car eux-mêmes n'en avaient pas reçu. Ils avaient subi tous types de carences depuis l'enfance. Insuffisance nutritionnelle, déséquilibre émotionnel, absence d'intimité et un manque d'amour évident.

Enfants, ils avaient été piégés dans la souffrance immédiate et omniprésente. Ils ne pouvaient tout simplement pas conceptualiser une vie heureuse car la vie semblait trop courte, on avait faim et on vivait dans la misère.

Les privations avaient engendré une menace dont il fallait se protéger. La survie exclut l'amour et l'affection dans la plupart des cas. Il est difficile d'aimer le ventre creux même si certains y parviennent. Les mots d'amour et les gestes de tendresse sont souvent dérisoires face aux mauvais coups du sort du destin.

Des blessures s'étaient formées à l'intérieur d'eux-mêmes jusqu'à devenir permanentes. Ils les ont cachées pour ne plus jamais faiblir.

L'erreur a été de se maintenir dans le même état d'esprit tout au long de leur vie. Ils ont gardé cette force mentale sans jamais la lâcher, que ce soit devant les nouvelles contrariétés, l'imprévu ou devant une enfant qui réclamait, sans le dire, de l'amour.

Mon brillant soleil

Lorsque j'étais une petite fille, nous allions tous les étés voir la famille en Espagne. Une partie dans la région de Cuenca et une partie dans la région de Valence, sur la côte Méditerranée.

Je venais d'une grande ville et lorsque j'arrivais au village de ma mère, il ressemblait à un hameau de carte postale. Il n'y avait que de toutes petites maisons blanches cabossées, des rues étroites et des vues splendides aux alentours, sans voies ferrées ni autoroutes à proximité. Les ânes et les charrettes qui déambulaient dans les rues étaient plus nombreux que les voitures. Il y avait une petite église carrée où une porte indiquait les points cardinaux au centre de chaque côté. La chaleur de l'été était suffocante et des coquelicots s'étendaient à perte de vue.

Pour moi, c'était un ravissement de monter sur l'âne de mon grand-père maternel. Je m'inquiétais d'être trop lourde mais il me disait que je n'étais qu'une plume comparée aux lourdes charges que l'âne avait l'habitude de porter.

C'était une de mes sorties favorites et j'en garde de merveilleux souvenirs.

En promenant, je regardais le ciel et je demandais aux nuages de bénir mon grand-père. Nous étions très complices et je l'aimais vraiment beaucoup.

Une semaine avant de partir en vacances, nous préparions des gâteaux secs à base de chocolat, de fruits secs et de fruits confits jusqu'à remplir à ras bord une grande glacière.

En les confectionnant, je pensais à mon grand-père. Jamais à ma grand-mère qui était pourtant de ma famille. Elle était moins généreuse en gestes affectueux. Alors que mon grand-père me comblait. Avec lui, je me sentais unique et je vivais dans un monde magique. Tout était sujet à s'amuser, rire et jouer. C'était le paradis sur terre et il ne durait qu'une semaine par an.

Mon grand-père me racontait des histoires de fourmis qui voulaient vivre libres, d'une chèvre savante qui voulait obtenir son certificat d'études, d'une jument éperdument amoureuse d'un bourriquet et d'un dindon qui se prenait pour une star. C'était un passeur d'histoires fabuleux.

Il dirigeait son regard vers le ciel et mariait ses gestes à la parole. Il était toujours très impliqué dans ses récits et changeait sa voix en fonction des personnages. C'était comme si j'y étais et c'était réellement fantastique.

Il avait souffert de cataractes et était devenu aveugle avec le temps. Dans les années 1950-1960 et sous le régime de la dictature franquiste, l'opération pour qu'il récupère la vue n'était destinée qu'à une élite fortunée. Il n'a jamais pu voir à nouveau. Lorsqu'il fixait son regard vers le ciel en pleine journée, il me disait qu'il apercevait la lueur du soleil comme un brouillard informe mais infini.

Lorsque c'était l'heure du repas, je m'asseyais toujours à côté de lui. Quand il ne trouvait pas son bout de pain à tâtons, je le rapprochais doucement de sa main. Des fois, il n'y avait rien dans sa fourchette ou dans sa cuillère lorsqu'il les ramenait à sa bouche. J'avais de la peine un court instant mais je le voyais si heureux de nous avoir auprès de lui.

J'étais aux anges et j'aurais aimé qu'il puisse voir au fond de mes yeux tout l'amour que je lui portais. Il me donnait la stabilité et la sécurité dont j'avais tant besoin. J'aurais aimé avoir un père aimant, amusant, sensible et qui inspire confiance, tout comme l'était mon grand-père.

Je lui lavais les mains aux ongles noircis par son travail. Mes parents se fâchaient à cause des microbes et des bactéries. Alors, je lui débarbouillais les mains à l'abri des regards indiscrets. Je profitais de l'occasion pour lui laver également sa prothèse dentaire. Je n'avais aucun dégoût pour cet homme. Il était pour moi l'image parfaite de mon héros.

Mais, quel travail pouvait faire un homme aveugle aux ongles noircis dans une région où l'on ne vivait que du potentiel agricole ?

Il creusait les entrailles de la Terre pour enterrer et déterrer les morts. Travail de l'aube ou de l'ombre, il n'était pas nécessaire de voir pour l'exercer. Le métier de fossoyeur était un petit métier que l'on appelait aussi artisan de la mort. Pour une poignée de pesetas, il se sentait utile et faisait dignement ce que personne ne pouvait même imaginer.

Il est mort moins d'un an après ma grand-mère, abandonné par toute une famille avec laquelle il n'avait aucun lien de sang. Écarté par tous, comme un étranger, alors qu'il avait travaillé durement 40 ans pour s'occuper d'une famille qui était devenue la sienne.

Âgé, aveugle et dépendant, la famille avait tiré sa révérence au moment où il avait le plus besoin d'aide et d'amour.

Lorsque ma grand-mère mourut et que j'appris que la famille avait enlevé une grande partie des affaires de la maison, j'ai demandé à maman si elle pouvait s'occuper de lui.

La marmaille avait emmené les quatre chaises, la table et tout l'électroménager qui fonctionnait. Elle n'avait pas emporté la petite salle de bains récemment rénovée car elle ne pouvait pas mais elle avait cependant cassé la plupart des faïences. Dans un élan de douteuse générosité, la progéniture de ma grand-mère avait laissé la montre de mon grand-père sur le lavabo. Une petite montre ronde maintenue par une chaîne dorée qu'il attachait à sa ceinture. Une petite montre sans verre où mon grand-père promenait le bout de ses doigts usés et calculait l'heure d'après la position des aiguilles sur le cadran.

Les vautours admiraient leur travail et semblaient satisfaits qu'il ne reste plus qu'un lit et les quatre murs vides. Certains voulaient même vendre la petite bicoque qui appartenait à ma grand-mère et le mettre à la porte, aussi sec.

Sur l'un de ces murs, il y avait des traces marquées au canif sur une arête. Celles laissées lorsque mon grand-père nous mesurait chaque année pour voir à quel point nous avions grandi, mes sœurs et moi. À chaque visite annuelle, une petite entaille plus élevée que la précédente marquait un trait d'union à travers le temps.

Ma mère a hésité un moment pensant peut-être que mon grand-père chamboulerait leur quotidien et leurs petites habitudes.

Moi, je vivais encore à Bruxelles. Je travaillais à plein temps et j'avais déjà mes trois filles. J'aurais voulu le prendre avec moi mais mon grand-père n'avait jamais quitté son village natal. Ça lui aurait fait plus de mal que de bien que de l'emmener dans un pays où il ne connaissait ni la langue ni la cacophonie d'une grande ville industrielle. Il aimait le silence et avait toujours fait ses promenades dans des petites rues calmes loin du tintamarre des voitures. Ses pieds et sa canne connaissaient le chemin.

J'ai beaucoup insisté et finalement, mes parents sont allés le chercher. Il avait perdu beaucoup de poids et la lumière sur son visage s'était éteinte. Il est resté deux mois et puis il a voulu rentrer chez lui pour mourir dignement. Il est mort seul dans cette maison qui avait accueilli six enfants. Il est mort dans l'abandon, désillusionné par une vie qui n'avait plus le moindre sens.

En écrivant ces lignes, je réalise à quel point j'aime mon grand-père. Avec lui, j'ai vécu des vacances extraordinaires dans un monde féérique où je voyais le monde avec ses yeux. Il arrivait à me transmettre une quantité d'amour infini et à voir en imagination ce que les yeux ne voyaient pas. Son âme était pure et candide comme celle que j'imagine d'un ange.

Conclusion

Finalement, mes parents ont été ce qu'ils ont été et je décide de ne plus m'acharner sur la souffrance de ne pas avoir été une enfant aimée comme j'aurais aimé être aimée. Cela n'a pas été parfait mais aujourd'hui je l'assume en toute conscience.

J'ai appris qu'il y a une vie après la souffrance et qui relie tout mon vécu. Toutes les expériences passées me ramènent là où je dois aller. Vers la clarté, le pardon, la compassion, la reconnaissance et l'amour. Il n'y a pas d'autre chemin.

Mes parents ont quitté ce monde il y a plusieurs années. Je me dis que là où ils sont ils connaissent la joie et le bonheur qu'ils n'ont pas eus ici-bas. Je les imagine en train de me taquiner et de me dire qu'ils regrettent car ils pensaient bien faire. Mais moi, je ne veux pas de regrets. Ce que je désire au plus profond de mon être c'est que vous soyez en paix. Alors, les yeux pleins de larmes, je vous dis que je vous aime. Et vous me répondez « Ma chérie, nous t'avons toujours aimée ».

Aujourd'hui, je pardonne car finalement je sais que malgré tout, ils m'aimaient.

Grâce à l'amour que j'ai senti grandir à l'intérieur de moi, j'ai arrêté toutes mes addictions. L'amour pour moi, mes enfants, mon partenaire de vie, mes amis, les gens que je rencontre ou que je ne rencontre pas. Et même un amour plus authentique pour mes parents aujourd'hui. Cela s'appelle l'amour pour la Vie.

Depuis mon expérience sous hypnose où j'avais repris contact avec mon enfant intérieur, je n'ai plus jamais abandonné cette petite fille qui habite en moi. Sa petite voix qui s'éveille en moi c'est mon enfance à aimer. Je ressens son amour, son honnêteté et même la force de sa sagesse. Je peux alors aimer ce que je ressens, ce que je suis et ce que je fais grâce à ce lien intérieur qui m'apporte la réconciliation. J'y trouve aujourd'hui un équilibre car je réussis à rassembler les petits morceaux de moi qui s'étaient égarés depuis longtemps.

Tout ce que j'ai vécu par le passé et ma rencontre récente avec mon enfant intérieur m'amènent aujourd'hui à tenter une approche spirituelle qui consiste à reconnaître que nous avons quelque chose de plus grand à l'intérieur de nous.

Je pense qu'il ne s'agit pas que de l'enfant intérieur qui vit dans le cœur de chaque adulte. Je crois que l'enfant qui vit en chacun de nous sert de passerelle à notre véritable nature, celle qui cherche à s'exprimer et à s'accomplir.

L'enfance c'est l'âge d'or des créations imaginaires où l'enfant s'aventure pleinement dans un monde fantaisiste. Sa capacité à conceptualiser le monde dans lequel il vit est en cours de développement et il explore petit à petit la sphère du bien et du mal.

L'enfant se montre créatif, sensible et émotif. C'est un être innocent, insouciant, spontané, plein de vitalité et de joie. Il est un des symboles de l'amour pur.

Au cours du temps et en devenant adultes, nous modifions notre personnalité pour qu'elle cadre avec celle d'autres adultes. Notre véritable nature se façonne ainsi dans l'oubli de notre individualité originelle, de ce que nous sommes vraiment. Nous perdons souvent la joie de vivre, la spontanéité et la conformité avec nous-mêmes. Nous avons du mal à rester naturels, à devenir créatifs ou même à nous faire confiance.

Cet enfant à l'intérieur acquiert sa maturité lorsque l'on persévère à se regarder de manière plus positive. Nous apprenons à nous accepter tels que nous sommes grâce à la tolérance et au respect que nous nous portons. Nous récoltons au passage l'humanité que l'enfant intérieur nous procure. Nous développons notre potentiel créatif, notre confiance, notre spontanéité, notre joie, et notre essence. Tout cela nous met en contact avec la vraie vie, facilite nos relations avec nos semblables et nous rapproche de la nature, notre foyer originel.

C'est souvent à travers l'enfant intérieur que nous pouvons grandir, nous épanouir et toucher du doigt notre nature profonde.

Notre nature profonde vit au-delà de notre enfant intérieur et ce qu'elle souhaite c'est d'atteindre sa maturité tout en restant spontanée, naturelle, créative et confiante. Elle se développe, seulement si nous lui accordons plus de place. Elle est à l'intérieur de chacun de nous et revendique sa place dans notre vie.

Cette aventure dans les abîmes des souvenirs s'est avérée éprouvante mais les fissures annoncées au début de ce chapitre ont laissé passer la lumière derrière la fracture. Celle que j'attendais depuis toujours.

« Le jour où un enfant se rend compte que toutes les grandes personnes ont des défauts, il devient un adolescent. Le jour où il leur pardonne, il devient un adulte. Le jour où il se pardonne à lui-même, il devient un sage... ».

Alden Nowlan

Ce torrent m'a mené jusqu'aux chutes où je suis tombée dans une vérité plus paisible, plus pleine et authentique. Ma nouvelle vérité intérieure, l'image la plus juste de mes parents, de mes grands-parents et de moi-même. C'est une expérience qui crée un lien puissant avec tout ce qui a été, tout ce qui est et tout ce qui sera.

Seul un chemin qui unit le passé au présent et à l'avenir peut donner du sens à la vie.

Mais quel est le sens de la vie ?

Chapitre 3

Le Sens de la Vie

« En apparence, la vie n'a aucun sens, et pourtant, il est impossible qu'il n'y en ait pas un. »

Albert Einstein

« C'est impossible, dit la Fierté.
C'est risqué, dit L'Expérience.
C'est sans issue, dit la Raison.
Essayons, murmure le Cœur. »

William Arthur Ward

Quoi de plus naturel que de se questionner sur l'existence et le sens de la vie ? Ce sont même les questions maîtresses que nous affrontons à des moments charnières de notre existence. Mais une chose est sûre, s'interroger ne suffit pas. Il faut le plus souvent se risquer et partir en quête de notre « raison d'être » et de nouvelles certitudes. C'est volontairement que j'utilise les mots « se risquer » car tenter de vivre une vie pleine de sens implique peut-être de s'engager sur une route moins fréquentée. Il faut parfois se confronter à l'imperméabilité de l'environnement, l'incompréhension de nos proches et le bouleversement des habitudes si l'on veut aller de l'avant.

À la question : voulez-vous une vie pleine de sens mais peu agréable, ou une vie pleine de satisfactions mais sans sens véritable ? le psychologue Jinhyung Kim, professeur adjoint à l'université Sogang, a mené l'enquête en 2014, et a démontré que les participants préféraient une vie pleine de satisfactions mais sans sens véritable sur le court terme et une vie pleine de sens et peu agréable sur le long terme. D'autres études ont été menées sur le sujet et les résultats sont sans équivoque. Pour le bien-être, la santé et l'équilibre, il semblerait que l'être humain soit plus enclin à chercher le sens plutôt que des satisfactions passagères.

Mais... qu'est-ce qui nous donne ce sentiment de sens?

Je ne sais pas si ce sont des questions récentes de se demander si la vie a du sens ou si elles remontent à l'aube des temps. J'imagine qu'avec l'évolution de la conscience humaine; la curiosité, l'intérêt mais surtout l'insatisfaction de plus en plus présente dans nos vies modernes nous poussent à vouloir plonger dans l'abysse des questions existentielles.

Pour comprendre le sens de ma vie et comme mentionné dans le premier chapitre de ce récit, je me suis imaginée en petite sardine qui tourne en rond dans un bocal sans avoir conscience de s'y trouver. La plupart des questions que je me pose prennent naissance dans cette idée d'enfermement, de routine, d'inconscience, d'ennui, d'inutilité et de chaos émotionnel.

Je pense qu'il n'y a pas de sens si je ne sais pas d'où je viens et si je ne sais pas où aller. Ni même si je sais où aller mais que je ne sais pas d'où je viens. En d'autres mots, il n'y a pas de sens si je renie mon passé pour me projeter sereinement dans l'avenir car tous deux sont intimement liés. Le sens suppose une direction qui s'établit grâce aux expériences passées et à la vision d'un futur que j'imagine plus prometteur. Le passé car j'essaie d'y distinguer les lignes directrices, un fondement et une certaine contiguïté et l'avenir car je tente d'imaginer un horizon plus heureux. Le sens s'aventure ainsi à prendre forme lorsque je sais d'où je viens et que je sais où aller. Il se dessine toujours dans le moment présent car c'est là que je peux faire le lien avec mon passé et regarder où je pose mes pieds pour avancer.

Cependant, je constate que la modernité qu'offre la vie du XXIe siècle nous pousse à vivre une vie répétitive et mécanique. Parce qui si nous aspirons à nous marier, acheter une maison, avoir des enfants, partir en vacances chaque année et obtenir une promotion professionnelle, suffisent-ils à donner du sens à nos vies? Sommes-nous plus heureux lorsque nous avons atteint ces objectifs?

C'est souvent lorsqu'un sentiment d'inutilité, une incompréhension de plus en plus obscure s'emparent de nous que la question du sens surgit ou ressurgit dans nos vies. Étrangers à nous-mêmes, un brouillard s'est lentement meublé entre nous et la vie. Nous avons le sentiment de perdre notre identité ou notre droit d'être. La faute aux conditionnements de toutes sortes qui nous privent de notre propre liberté. Lorsque je parle de conditionnements, je ne parle pas uniquement de l'aspect social, mais surtout des idées fausses que l'on se fait sur soi-même.

Les homo sapiens que nous sommes sont des êtres complexes et nous savons parfaitement que certaines choses échappent à notre conscience. Bien sûr, nous avons besoin de connaissance et les avancées de la science n'interdisent d'aucune façon la poursuite de la quête spirituelle sur le sens de la vie car elle demeure intime et personnelle.

Mais ce que nous désirons le plus, c'est ressentir les choses, n'est-ce pas? C'est le sentiment qui permet de se forger des opinions sur soi et sur le monde. C'est toujours lui qui approuve ou désapprouve ce nous aimons ou ce que nous n'aimons pas. Et c'est encore lui qui favorise nos choix lorsque ces choix sont bien les nôtres. Mais bien sûr, tout n'est pas aussi simple.

De retour à la théorie quantique

Par le passé, nous pensions que notre réalité était constituée de choses matérielles séparées les unes des autres et que notre monde existait de manière objective sans qu'aucun lien ne soit établi entre les différentes composantes de l'Univers.

Aujourd'hui, on est porté par de nouvelles croyances grâce au travail d'un grand nombre de scientifiques. Il s'avère que le cosmos tout entier se présente à nous tel un concert harmonieux qui résonne de toutes ses notes. Ces notes sont composées d'ondes invisibles qui transforment l'énergie. Antoine Lavoisier, père de la chimie moderne est l'auteur de la célèbre loi qui porte son nom : « Rien ne se perd, rien ne se crée : tout se transforme ». Il s'agit bien d'une loi scientifique et donc d'un principe universel et immuable.

Bien que de nombreuses questions restent encore sans réponse dans le domaine de la théorie quantique, les scientifiques ont découvert qu'en pénétrant la matière de plus en plus, il existe un monde de vibrations qui composent le champ d'énergie universelle où toutes les particules s'associent les unes aux autres. Il apparaît que tout évolue dans un champ de vibrations invisibles qui se propagent à l'infini et que tout se transforme grâce à l'énergie cosmique. Le champ d'énergie universelle est l'élément fondamental constituant notre Univers et tout ce qui existe constitue l'expression ou la manifestation de ce champ.

Toute cette énergie créée de vibrations forme ce que nos sens perçoivent comme différentes formes de matière. Mais le monde que nous percevons comme notre monde matériel ne l'est pas en réalité. Cela a été démontré à maintes reprises par des physiciens, lauréats du Prix Nobel. La physique quantique corrobore l'idée que tout se compose d'énergie, autant les objets physiques que tous les êtres vivants.

Nous sommes constitués d'atomes qui n'ont pas de structure physique, eux-mêmes construits à partir de « briques » plus petites appelées particules subatomiques. Nous savons aujourd'hui qu'elles sont formées d'énergie invisible en constante vibration. Nous sommes, par la nature des choses, des êtres vibratoires. Chaque parcelle de notre être est réceptive aux vibrations de l'Univers tout comme chaque élément de l'Univers est réceptif aux vibrations que nous émettons.

Mais avant d'aller un plus loin, intéressons-nous à la physique classique. Si tout résultait du fruit du hasard, les scientifiques ne pourraient appréhender les lois de la physique classique. Le monde obéit à des règles intelligibles et universelles. Le fait qu'il y ait des lois que les chercheurs s'expliquent de mieux en mieux révèle l'empreinte d'une pensée créatrice qui s'élève au-dessus des autres. Il y a par conséquent une puissante pensée qui nous dépasse, peu importe le nom que l'on donne à cette intelligence supérieure.

Mais dans la physique classique, il n'existe aucun domaine qui ne fasse appel, d'une manière ou d'une autre, aux mathématiques. Qui dit mathématiques, dit certitudes et notre réalité physique, bien qu'elle soit de nature énergétique, est basé sur ces certitudes. On peut ainsi mesurer de manière précise et répéter l'expérience à de nombreuses reprises car, grâce aux mathématiques, on obtient toujours le même résultat avec les mêmes valeurs.

Cependant, les scientifiques ont découvert que l'attention de l'observateur modifie le comportement de ce qu'il observe à l'échelle de l'infiniment petit. C'est le rôle de la physique quantique de voyager à l'intérieur de la matière. Elle se développe sur une théorie fondamentale des particules qui composent les objets de l'Univers et les champs de force qui animent ces objets. Elle tente de décrire le comportement des constituants microscopiques de la matière et intervient là où le monde ne s'observe plus à l'œil nu, à l'échelle des particules subatomiques. Dans le monde de l'infiniment petit, les principes divergent de ceux de la physique classique car on ne peut pas tout expliquer par des mathématiques.

D'après les experts, tous les objets physiques semblent doubler leur nature et être à la fois particules et ondes. Si je prends l'exemple de la lumière, je peux mieux le comprendre. La lumière est composée de particules, appelées photons. Mais elle peut aussi être décrite en termes de longueurs d'onde. Le premier constitue un phénomène corpusculaire (associé à une bille) qui définit un point mesurable. Le second, un phénomène ondulatoire (associé à une onde), qui définit une amplitude de probabilités. C'est ce que l'on appelle la dualité onde-particule.

Si un observateur regarde cette lumière à l'échelle de l'infiniment petit, il influence son comportement comme si la lumière se sentait observée. En retour, l'observation influence l'état de conscience de l'observateur. Dans la théorie de la physique quantique, il existe un lien entre l'observateur et l'observé car tous deux exercent une influence réciproque.

C'est un peu comme si l'Univers tout entier exerçait un effet retour sur lui-même pour s'observer dans une conscience qui unit observateur et observé. Cela peut sembler bien étrange, voire quelque peu mystique, mais lorsqu'on a conscience de soi-même et que l'on donne du sens à ce qu'on observe dans le monde mystérieux de l'infiniment petit, on influence une conscience plus vaste qui à son tour a des effets sur nous.

Nous sommes tous acteurs de ce phénomène car nous participons tous à la réalité que nous connaissons et à son processus d'évolution.

La physique quantique caresse la philosophie et la spiritualité lorsqu'il s'agit du concept de la réalité ou de la conscience. On ne peut pas comprendre le monde quantique sans nous référer à nous-mêmes puisque nous influençons la réalité dans laquelle nous vivons.

Nous avons besoin des sciences pour comprendre certains aspects philosophiques ou spirituels. Mais le contraire me semble tout aussi pertinent, étant donné les avancées scientifiques. Nous avons besoin de la philosophie et de la spiritualité pour percer certains mystères de la science.

Un des pères fondateurs dans le domaine de la physique quantique a dit un jour: «Quiconque n'est pas choqué par la théorie quantique, ne la comprend pas». Niels Bohr, prix Nobel de physique en 1922.

Cette idée selon laquelle nous sommes énergie et émettons continuellement des vibrations définit, selon moi, le fondement qui établit le lien entre la physique quantique et la philosophie ou la spiritualité.

Les différents états de conscience

La conscience dans son sens général reste encore une question ouverte de nos jours.

Selon toute apparence, la conscience est une et se manifeste à différents niveaux. Ces états de conscience peuvent être mesurés grâce à un appareil appelé électroencéphalogramme. Il mesure l'activité électrique du cerveau qui émet différents types d'ondes en fonction de la situation. Ces ondes sont désignées en lettres de l'alphabet grec et se nomment alpha, bêta, delta, gamma et thêta. Au cours d'une journée, nous passons d'un état de conscience à un autre de manière naturelle. Ces états reflètent notre condition de vigilance et de présence.

Cependant, je peux si je le souhaite, modifier mon état de conscience de manière volontaire. L'état modifié de conscience volontaire c'est l'état qui échappe provisoirement à l'attention consciente afin de rentrer dans le monde caché des sens. Il s'agit d'une dissociation entre l'esprit, le corps et le monde qui nous entoure car schématiquement nous perdons la notion de soi, de l'espace et de temps. On parvient à cet état modifié de conscience volontaire par la voie du silence. La relaxation, la pratique de la méditation, le yoga, la sophrologie, l'hypnose ou l'autohypnose sont des exemples classiques pour rentrer dans ce silence.

Mais à quoi sert cet état de conscience modifié volontaire ?

C'est un état intérieur qui change le plan de ma réalité. J'interfère sur le fonctionnement ordinaire de ma conscience et je modifie ma façon de me voir et de voir le monde grâce à l'attention que je porte à cet espace sans limites. Dans cet univers, les mondes visible et invisible se rencontrent et leurs échanges libèrent l'étendue de ma propre conscience.

Est-ce dans ce monde inconnu où je puise ma réalité ? La question demeure relativement complexe et il convient d'y répondre par étapes à travers les pensées, les émotions, les croyances, la conscience et l'imagination que je développe aux chapitres suivants. Mais selon ma perception, la réponse est positive. Nous puisons notre réalité dans notre monde intérieur et invisible.

Je regarde le Penseur de Rodin et je m'identifie à lui un instant. Il est nu et son corps est vigoureux tout comme semble l'être son esprit, à l'aspect de son état de concentration. Il est assis, replié sur lui-même. Son allure semble tourmentée. Il se tient la tête sur un poing refermé, complètement centré sur lui-même. Ses orteils sont contractés. Il dégage de la fascination car comme un miroir, il renvoie ces émotions que je comprends parfaitement bien : souffrance ? Abattement ? Sacrifice ? Irritabilité ? Amour perdu ?

Il symbolise l'universalité de la pensée. Mais à quoi pense-t-il vraiment ?

Personne ne le sait. Il semble avoir le corps et l'âme enfouis dans ses propres pensées. Sa posture est celle d'un homme qui semble se poser beaucoup de questions dans un état méditatif. Pour moi, il expérimente quelque chose qui va au-delà de la connaissance, dans une quête spirituelle qui le livre à lui-même.

Personnellement, c'est la conscience de la mort qui m'a souvent poussée à me questionner sur le sens de la vie. J'ai perdu mes parents et j'ai eu besoin d'un point d'appui où m'accrocher. Me fallait-il une raison valable pour vivre ?

On dit bien souvent que le vide existentiel peut apparaître en réponse à une expérience douloureuse ou s'installer peu à peu jusqu'à sombrer dans la dépression. Je pense avoir expérimenté les deux aspects.

Il manque quelque chose et l'on ne sait pas ce que c'est jusqu'à ce qu'on se penche sur la question. Et, c'est là que l'on peut trouver un sens aux évènements de sa vie qui vont jusqu'à guérir la souffrance du passé. C'est là aussi que la magie peut opérer et que l'on y découvre nos idéaux les plus profonds.

Mais qui sommes-nous vraiment ?

Nous sommes des êtres de nature vibratoire si différents et pourtant si semblables. Nous avons trop tendance à regarder les différences au lieu des ressemblances alors que nous désirons tous la même chose, vivre heureux et nous réaliser pleinement.

Notre besoin d'accomplissement personnel consiste à partager avec nos semblables notre bagage accumulé au fil du temps. Il s'agit de notre savoir, nos expériences et nos compétences. Le bonheur est le fruit de l'accomplissement personnel. En d'autres mots, nous avons besoin de trouver notre place dans le monde, même si nous n'en parlons jamais. L'appartenance constitue le sentiment d'affiliation à une même réalité qui se construit peu à peu. Nous y forgeons notre propre identité par le partage de nos valeurs et de nos objectifs communs. L'appartenance la plus élevée qui soit pour nous, s'appelle l'Humanité.

Nous sommes capables du pire mais aussi du meilleur. C'est dans le meilleur que se niche la diversité qui embellit et enrichit l'espèce humaine. Ce qui nous rend « humain », c'est l'empathie, la tolérance, la bonté, la compassion, la bienveillance et l'amour. Nous accueillons et utilisons ces émotions pour nous comprendre nous-mêmes et décoder de la même manière les émotions de nos semblables. Elles sont universelles. C'est une manière de glisser dans le monde subjectif de la conscience avec nos facultés personnelles. Une telle expérience émotionnelle unit le soi et la conscience du monde.

Si l'Humanité c'est ce qui rend « humain », c'est par définition le contraire d'« inhumain ». C'est par notre humanité que nous ressentons le respect pour la vie, que cette vie soit minérale, végétale ou animale. Elles ont toutes leur importance dans le cycle de la vie. Le respect maintient l'harmonie nécessaire à notre propre évolution et au bien-être de la planète.

Dans la quête de sens, la qualité de nos relations prévaut car nous nous humanisons à travers elles. En inspirant du respect et en montrant de l'intérêt pour l'autre, nous devenons plus bienveillants, plus tolérants et nous commençons à répondre à ce besoin d'accomplissement personnel, synonyme de bonheur.

Les croyances

Beaucoup de spécialistes ont apporté les preuves que nous sommes essentiellement ce que nous croyons être. Toutes nos croyances alimentent nos expériences et soutiennent nos habitudes. Ces habitudes conditionnent notre comportement et construisent notre personnalité.

Par exemple, si je crois que je n'ai aucun mérite, je n'avance plus et je me cloisonne dans les murs de ma propre prison. Si je me crois timide, je ne peux supporter l'idée de parler en public. Si je crois ne pas être à la hauteur, je ne le suis tout simplement pas dans la réalité concrète qui me cloisonne. Si je crois que je ne suis pas digne d'être aimée, je vis dans la solitude et repousse les opportunités qui se présentent à moi. Si je ne les repousse pas toutes, je m'arrange pour y mettre un terme avant de paraître décevante car je crois fermement ne pas avoir droit à l'amour.

Paradoxalement, il m'arrive quelquefois de pousser l'autre à bout et je teste sa résistance comme si c'était un jeu que je maîtrise parfaitement. Il en conclut qu'il en a assez et finit par me quitter ou j'en conclus qu'il ne tient pas suffisamment à moi et c'est moi qui le quitte en étant persuadée que tout cela n'en valait vraiment pas la peine.

Quelquefois, je peux même chercher sans cesse à être en relation pour me prouver que je suis indigne d'être aimée. J'enchaîne les relations toxiques car finalement, sans agir en conséquence, j'attire des personnes inintéressantes qui me maintiennent dans ma croyance.

En règle générale, très peu de nos croyances à propos de nous-mêmes sont encourageantes et valorisantes. Elles sont souvent irrationnelles et découlent d'un besoin d'approbation, d'un manque de confiance en soi, de la peur de l'échec, de la culpabilité, du poids du passé ou de l'inquiétude d'un avenir incertain. La bonne nouvelle dans ce contexte, c'est que nous faisons tous ce genre d'expérience. C'est profondément humain. En avoir conscience est déjà un premier pas.

Petit à petit, nous pouvons prendre conscience de toutes ces croyances erronées qui font de nous les personnes que nous ne sommes pas.

Ma conception de la réalité

Ma perception de la réalité n'est pas une certitude scientifique, elle est créée par l'expérience de ce que je vis. Mes pensées, émotions, craintes, espoirs et actions contribuent à donner du sens aux évènements de ma vie et ce sont mes choix qui vont concéder du pouvoir à ce que je crois.

Je vis dans un monde de connaissances intuitives et je bâtis les valeurs auxquelles je crois autour de la réalité qui m'entoure. J'ai besoin de découvrir d'où je viens, trouver où je vais et chercher le pourquoi.

Comme je n'arrive pas à tout expliquer, je me raconte des histoires que j'aime lire et écouter. Toutes ces histoires ont pour but de répondre à mes questions théoriques qui sont propres à ma nature humaine. Certaines sont vraies, d'autres inventées. Quelques-unes sont à moitié vraies. Mais lorsque je m'inspire de ces histoires, je les interprète à ma manière car tout est toujours question de perceptions et d'interprétations. Le lien dans toutes ces histoires c'est l'émotion. Je cherche d'une manière ou d'une autre à susciter l'émotion car c'est elle qui me fait vibrer.

Certaines sont racontées dans les livres sacrés. D'autres s'apparentent à des légendes ou des contes de fées qui ne sont pas toujours destinés qu'aux enfants. Je les aime aussi car ils stimulent mon imagination. Ils me mènent vers des mondes fabuleux peuplés de personnages réels ou fictifs qui me font voyager hors du temps. Je m'identifie aux protagonistes qui se mesurent à leurs défauts, révèlent leurs qualités et défendent leurs idéaux. Ils transmettent un espoir nécessaire d'avenir meilleur car je sais que les légendes et les contes de fées finissent souvent par un épilogue heureux.

L'émerveillement n'est pas seulement un trait de caractère inné à l'enfance. La capacité d'émerveillement s'étend à l'âge adulte mais avec le temps, je perds cette capacité naturelle et j'ai de plus en plus de mal à saisir l'enchantement du spectacle de la vie.

C'est ainsi que souvent, je tente de comprendre le rationnel, de braver le monde dans lequel j'évolue pour le surmonter dans la réalité concrète qui me cloisonne. Je cherche à contrôler mon petit univers en enfermant mes perceptions, mes expériences et certaines personnes dans des catégories qui m'aident à appréhender le monde de façon que je crois plus cohérente.

Lorsque malgré tout, les circonstances ou évènements me dépassent, je m'emprisonne le plus souvent dans mon temple mental, tentant par tous les moyens d'intellectualiser ce que je ne comprends pas ou n'arrive pas à expliquer. L'erreur se trouve peut-être dans ce désir d'intellectualiser ce qui finalement ne peut l'être.

J'en oublie la beauté de mon foyer la Terre, la beauté de la vie elle-même et de tout ce qu'elle contient. J'en oublie d'autant plus l'essence de ma nature profonde. Je continue à vivre sans savoir ce que je fais là ni pourquoi je suis là ni où je vais. Ai-je une utilité quelconque dans ce vaste Univers ?

Ce n'est vraiment pas facile mais comme il faut démarrer quelque part, le sens ne peut se trouver que là où je pose les pieds, c'est-à-dire dans le moment présent.

La conception que je me fais de la réalité et les questions sur le sens de la vie sont complexes en raison de leur caractère subtil et imperceptible. Mais ces questions me semblent incontournables pour celui qui a soif d'essentiel. En quête de sens, je me sens poussée par une puissance qui m'encourage à m'accomplir en étant ce que je suis appelée à être tout en collaborant avec quelque chose qui me paraît encore inaccessible. Alors, je cherche ma véritable place dans ce monde en cultivant le meilleur de moi-même. Peut-être en me donnant ce meilleur que je refuse inconsciemment de me donner. Chercher du sens c'est peut-être une façon de me connaître plus intimement pour aller à la découverte d'un but qui satisfait cette force intérieure qui me porte vers mon idéal.

Mais qui rêve encore d'idéal de nos jours ?

Où est ce bonheur tant attendu secrètement mais si indifférent à ma vie ?

Les expériences difficiles, la souffrance, la maladie et la mort se livrent à l'école de la vie. Mais c'est peut-être à travers elles que je peux trouver une vérité capable de me combler. Mais je ne sais pas comment faire.

Ce que je sais c'est que ces épreuves font que je ne sais pas quoi faire ni avec moi ni avec cette existence qui me paraît dénaturée et superficielle. Je tourne en rond en attendant de vivre autre chose mais je n'ai aucune motivation pour aller chercher ce qui brûle d'amour à l'intérieur de moi. Je ne crois plus en rien, et au centre de mon indifférence se trouve le vide des désillusions.

Je ressens une détresse profonde qui repose sur une incompréhension que je me fais de mon environnement et de moi-même. Je me sens vide comme si je ne me suffisais pas et je continue à tournoyer dans l'ennui, l'inconscience, l'inutilité et le chaos émotionnel. J'interprète les évènements et les circonstances de ma vie de manière conditionnée en fonction de ce sentiment de vide affectif. S'il y a un vide, c'est qu'il y a une absence et donc une attente de réponse à un besoin. Mais où est-il ? Et comment le combler ?

Pour m'en sortir, je projette ce besoin fondamental sur les autres et je compte sur eux pour abreuver le désert qui vit en moi. Je cherche la reconnaissance, l'approbation et l'amour à travers l'autre car je crois qu'ils ne peuvent provenir que de lui. Je deviens ainsi la subordonnée de mes semblables qui à leur tour deviennent des outils pour satisfaire ce besoin inassouvi. Mais ils ne sont que les béquilles qui me donnent l'illusion que je tiens debout. Suis-je incompétente, inadaptée, impuissante ?

Je ne me rends pas compte que c'est à moi de combler ce manque car tout ce dont j'ai besoin vit déjà en moi. J'ignore qu'il n'est pas prétentieux de m'envoyer un peu de douceur, de compassion et d'amour. Je passe à côté de moi-même car je ne prends ni le temps ni l'espace nécessaire pour reconsidérer les images mentales de ma propre vision. Je me néglige et je m'abandonne pensant que c'est de l'égoïsme révélateur. Je ne sais pas encore qu'il n'y a qu'une seule cause de vide intérieur, c'est un manque d'amour pour moi-même.

Je continue à tourner dans un cercle sans fin et je ne tiens pas compte de l'importance des émotions qui vivent en moi. Je compte toujours sur les autres pour me donner ce que je crois ne pas avoir. Par erreur, routine ou négligence, j'ai besoin que ces autres que je prétends aimer comblent ce que je n'arrive pas à satisfaire moi-même.

Il m'arrive de donner du sens à des interprétations personnelles qui ne sont ni noires ni blanches mais souvent teintées de gris. Je traverse ma vie sous un ciel sombre et je ne vois pas le soleil caché derrière les nuages chargés de pluie.

Cependant, de temps en temps, je donne un sens agréable à mes interprétations. Alors pour un moment, je me sens bien et je vois les situations qui se présentent à moi sous un angle plus positif et constructif. Je suis alors satisfaite de ce que m'offre la vie mais cela ne dure toujours qu'un moment. Je retombe immanquablement dans la consternation.

Mais souvent et malgré moi, je donne un sens négatif à mes interprétations. Alors, le monde devient un enfer et je me sens de plus en plus mal. Et comme l'habitude nourrit l'habitude, j'ai l'habitude de me sentir mal constamment.

Je me sens si vulnérable et impuissante, que j'enfile mon armure au contact du monde extérieur. Cet isolement affecte ma vision du monde mais je m'enferme davantage dans mon temple mental, uniquement pour me protéger. Je me résigne à tout car la vie m'épuise au sens le plus littéral.

Clandestinement, cette armure qui m'a servi de défense se retourne contre moi car elle finit par détruire un équilibre déjà si fragile. Sans équilibre, mon corps et mon esprit finissent par se dérégler sans que j'en comprenne les raisons.

En quête de réponses

Au début, je cherche une raison intellectuelle, une réponse astrologique ou un code mathématique pour m'aider à déchiffrer le sens de la vie. Mais là, je ne trouve rien qui réponde à mes questions existentielles.

Pour trouver des réponses convaincantes, je me tourne vers la philosophie et la spiritualité. Je tente par tous les moyens de relier mes points d'interrogation.

Je sais que la philosophie, la religion et la spiritualité sont les trois domaines de l'esprit qui mettent en marche le mécanisme de la pensée et me ramènent vers les mêmes questions : « Qui suis-je ? » « Et que faire de ma vie ? »

Si je ne me tourne pas spontanément vers la religion, c'est qu'il y a une raison personnelle. Petite fille, je faisais partie des enfants obligés de se rendre à l'église tous les dimanches et ce devoir ne m'a apporté aucune certitude.

Les personnes religieuses bénéficient d'une foi que je n'ai jamais eue. Je pense que la véritable foi reste la même dans toutes les religions et que les différences se situent au niveau culturel. À la base, un des messages principaux se révèle le même dans toutes les religions : « Aime ton prochain comme toi-même ». Mais qu'est-ce que cela veut dire ? Le mot « aimer » est à prendre au sens universel mais la contrariété que je décèle dans ce message n'est pas là. Elle est bien dans l'amour que je me porte. Comment aimer l'autre comme moi-même si je suis incapable de m'aimer et de m'accepter comme je suis ?

Mais toutes ces recherches que j'entreprends ne sont pas encore suffisantes.

Pour répondre aux questions « Qui suis-je ? Que faire de ma vie ? », je ressens le besoin de me sentir libre. Mais je ne le suis pas. Pourtant je sais au fond de moi que seul un être libre peut tenter l'expérience de se découvrir et se connaître dans le but de discerner la nature de ses besoins, ses désirs et ses passions. Et lui seul peut choisir le sens qu'il veut donner à sa vie sans s'identifier aux contraintes ou obligations qui le limitent.

Mais pourquoi je ne me sens pas libre ?

Dans les pays où règnent la démocratie et l'individualisme, je me pense libre car jamais je ne m'interroge sur le sujet. Je considère que la liberté se limite à mes propres désirs qui nourrissent mes sens. Je place mes espoirs dans la possession de nouveaux jouets matériels et de nouveaux plaisirs, croyant que je suis libre car je les choisis. Cela me maintient dans un état de satisfaction éphémère et je continue à consommer pour maintenir cet état de liberté.

J'abandonne ma propre liberté au profit d'une liberté qui n'a que le sens que je lui accorde et qui n'est qu'une liberté limitée et utopique. C'est la société qui donne du sens à cette perception de la réalité car nos croyances ne sont pas innées. Elles sont culturelles et se construisent tout au long de ma vie.

Pourquoi cela fonctionne-t-il ? Pour la simple raison que je confonds la liberté avec la prospérité financière et le plaisir des sens. Sans m'en rendre compte, je cherche à satisfaire un manque avant de le comprendre. Je cours sans réfléchir à la recherche du toujours plus, toujours plus vite, toujours mieux. J'emprunte car je désire vivre pleinement. Je finis par me noyer dans ce système ingénieux, conçu pour me faire dépenser même ce que je n'ai pas.

Dans cette optique où je confonds la consommation avec la liberté, il m'est difficile de m'engager dans mes propres choix, synonymes de véritable liberté.

Lorsque malgré tout, je suis contrainte à faire des choix, je recherche des arguments cohérents, une objectivité raisonnable et la sensation de sécurité. En quête de conseils, j'écoute l'opinion des autres pour me réconforter dans mon jugement. Dans de telles circonstances, mon choix n'est plus le mien mais celui de mon éducation, mon instruction et mon environnement. Par peur ou par dépit, je sacrifie mes choix selon des attentes qui ne sont pas les miennes.

Dans cette liberté dérisoire, je coupe moi-même mes petites ailes atrophiées. Je stagne sans chercher plus loin et je me contente de vivre du côté sombre de la vie tout en faisant croire aux autres que je suis heureuse.

C'est de cette façon que je remplis ma mission et joue mon rôle au détriment de ma réelle identité. Je deviens la spectatrice de ma propre vie sans même m'en rendre compte et je ne sais pas qui je suis.

J'accepte les chaînes que je porte car elles ne semblent pas tourmenter ma volonté. Pire encore, je les fabrique moi-même, par nécessité ou bien par peur, me contentant de vivre prisonnière dans le moule où je suis née. Je courbe l'échine car je ne veux pas perdre tout ce que j'ai si durement gagné.

Lorsque mon questionnement devient trop profond et me fournit des réponses trop hermétiques, je me débranche de moi-même en revalorisant mon ignorance à propos du mot « liberté ». Et puis, je n'ai pas le temps, ni le goût, ni la sincérité nécessaire. Et encore moins le courage.

Je continue à consommer car c'est la seule liberté que je m'autorise. Alors qu'en vérité, c'est un moyen de compenser le vide de ma vie. C'est là que tout se mélange et que je perds mes repères car je suis devenue une esclave de la société de consommation.

Mais quelle est donc cette liberté qui me semble si importante ?

Lorsque je parle de liberté, je parle d'engagement et de promesse. La capacité de s'engager est un choix libre et personnel. Le juste niveau d'engagement suppose une présence à soi et une envie de s'investir dans un acte qui tient ses promesses.

C'est ainsi que la véritable liberté représente un facteur important si je désire me connaître, choisir par moi-même et cultiver le chemin sur lequel je pose mes pieds.

Mais la liberté est-elle suffisante pour avancer dans une voie plus riche de sens ? N'y a-t-il pas un nouvel équilibre à instaurer lorsqu'on se sent si impuissant ?

Pour se retrouver, l'équilibre entre le corps et l'esprit se montre un élément clé dans la recherche du bonheur, synonyme pour moi de tout ce qui fait sens. D'une manière ou d'une autre, le bonheur et le sens de la vie sont liés et l'objectif reste le même. C'est celui de la réalisation de soi. Selon la pyramide des besoins de Maslow, la réalisation de soi constitue le cinquième niveau de nos besoins. Nous devons d'abord satisfaire nos besoins physiologiques, de sécurité, d'appartenance et d'estime de soi avant d'atteindre ce cinquième niveau. C'est au cours de cette cinquième étape que l'individu se sent poussé à chercher du sens pour devenir ce qu'il est capable de devenir en dépassant ses propres limites.

Malheureusement, le concept « d'avoir toujours plus » est un mode de vie adapté par la majorité. Maslow affirme que dans nos sociétés occidentales, un individu sur cent atteint le niveau de la réalisation de soi car le système actuel pousse les gens à rester à des niveaux inférieurs.

Bien que les biens matériels nous permettent de vivre, ils ne nous donnent pas le sentiment profond d'exister. Nous ressentons le besoin de trouver un sens à notre existence, une raison valable de vivre qui nous transcende.

La réalisation de soi a besoin d'équilibre physique et psychique qui n'est autre qu'un accord entre le corps, l'esprit et cette partie de nous-mêmes qu'il nous faut découvrir et exploiter.

Pendant des années, je me suis retrouvée confrontée à des évènements similaires à répétition. Je ne comprenais pas pourquoi il m'arrivait toujours la même chose et je cherchais des causes extérieures pour justifier le chantier de ma vie.

Mais avec du temps, j'ai cédé à l'idée que l'échec n'est pas forcément improductif ou négatif. Je pense aujourd'hui que dans les cas extrêmes où l'on traverse une crise existentielle grave, il peut être source de renouveau.

La vertu de l'échec a été l'occasion de m'offrir un temps d'arrêt qui m'a conduite à la réflexion. Lorsque je cesse d'avancer, je réalise que je peux ralentir le flux de mes pensées et émotions associées. Lorsque je ralentis ce flux, je parviens petit à petit, à tourner mon esprit vers certaines d'entre elles. Je peux ainsi tenter de les comprendre, les accepter, les contrôler ou les changer si elles ne répondent pas à mon bien-être. C'est de cette manière que je rétablis un nouvel équilibre car je prends réellement conscience de tout ce qui traverse mon esprit. C'est aussi une occasion de me rapprocher de moi-même.

Quel est donc le sens de la vie ?

Puisque nous possédons tous nos propres vérités, il n'existe aucune manière universelle à vouloir chercher, trouver ou donner du sens à sa vie. Chaque expérience vécue reste subjective et dépend de la perception de celui qui la vit. C'est ainsi que seules les vérités personnelles peuvent nous aider à accéder à de nouvelles vérités pour chercher, trouver ou donner du sens à tout ce que l'on expérimente.

Je pense très sincèrement que celui qui à un moment où à un autre, se trouve confronté à la question du sens, souhaite trouver une raison d'être sur cette Terre et sa véritable place dans le monde.

Si ce souhait n'est pas exaucé, il continue à avoir faim de vérité.

S'il se remet en question, il cherchera probablement un nouveau chemin porteur de sens. Ce qu'il désire réellement c'est faire ce dont il cherche à être au plus profond de lui-même.

S'il ne fait rien, il voyage et continuera de voyager sans destination, sans carte et sans boussole, se contentant de satisfaire ses besoins physiologiques, de sécurité, d'appartenance et peut-être d'estime de soi. Il se limite à faire les choses par habitude ou par conditionnement, sans enthousiasme ni foi dans tout ce qu'il fait. Ces décalages entre ce qu'il fait et ce qu'il est vraiment le mettent mal à l'aise et l'empêchent de trouver l'équilibre. En psychologie, ce phénomène est appelé la dissonance cognitive. Nos actes qui diffèrent de nos pensées, de nos croyances, de nos émotions et attitudes créent un sentiment de malaise psychique et rentrent en dissonance les unes avec les autres.

Je pense que l'être humain s'impose ses propres chaînes et sous-estime sa capacité à la réalisation de ses rêves. La faute est due à la peur du changement et à celle de perdre ses acquis, ce pour quoi il a déjà si durement travaillé. Il s'avère plus simple de rester passivement dans sa zone de confort même si elle nous rend malheureux plutôt qu'aller vers l'inconnu pour donner plus de sens à sa vie. C'est un risque que beaucoup ne veulent pas prendre. Il y a la crise économique, le chômage de masse, la responsabilité d'une famille, les études des enfants à planifier, les dettes à payer...

Et pourtant...

« J'ai ressenti à nouveau une immense envie de vivre quand j'ai découvert que le sens de ma vie était celui que je souhaitais lui donner. »

Paulo Coelho

Pour ma part, je tâtonne ici et là mais j'ai besoin de répondre à cet appel incessant au plus profond de mon être. Cet appel est en réalité une invitation en provenance de cette part invisible en moi que j'avais longtemps négligée et qui pourtant criait de toutes ses forces, en silence. Je sentais tout se craqueler à l'intérieur comme si quelque chose de nouveau voulait renaître des ruines. Pour moi, c'était une aspiration au changement au milieu de la confusion la plus totale. Je ne pouvais plus vivre comme j'avais toujours vécu car je ne voulais plus vivre de cette manière.

Ma remise en question a duré cinq années, après avoir perdu ce qui, à un moment de ma vie, m'a paru essentiel.

Aujourd'hui, je me dis que le bonheur peut naître du malheur et l'affliction devenir le scénario d'un nouveau départ, plus serein. C'est ainsi que la souffrance peut s'avérer nécessaire pour en tirer un nouvel apprentissage. Je peux de cette manière changer ce que je ne veux plus être pour être pleinement ce que je désire être. En d'autres mots, j'assume la nouvelle personne que je souhaite être pour pouvoir le devenir.

J'accepte l'idée que tout arrive pour une raison et que je suis responsable de tous les aspects de ma vie. Cela n'a pas toujours été le cas mais je l'ai appris à mes dépens.

J'ai fini par comprendre que cette vie qui engloutissait toute mon énergie n'était pas ma vie. C'était la vie de quelqu'un d'autre, une personne que je ne connaissais pas. Et pourtant c'était bien moi. Si je renonçais à chercher du sens, je devais me contenter à vivre dans un sentiment d'absurdité.

Je m'interrogeais sur le sens de ma vie et je savais que j'étais dans une phase importante car ce n'était plus un caprice mais un besoin. Un besoin fondamental qui devait répondre à la frustration et à l'insatisfaction d'une existence dénaturée. Je vivais une période douloureuse qui me conduisait vers ces interrogations. J'avais appris au cours du temps à les ignorer ou à en réduire l'importance car j'estimais que je n'étais pas à plaindre. Bien que ces questions aient été permanentes et obsédantes durant de nombreuses années, c'est lorsque tout a basculé et que je me suis retrouvée au pied du mur que j'ai pris le temps de m'y attarder. Si je réalisais à ce moment que je ne savais pas qui j'étais, il m'était difficile de l'ignorer.

Cela partait de questions toutes simples qui plus que me déprimer, m'aspiraient dans un trou profond. Tout d'abord, je savais ce que je faisais mais si ce que je faisais ne me convenait pas, pourquoi je le faisais ? Bien sûr, la réponse était « par obligation ». Pour continuer à me nourrir, à respirer, à m'occuper de mes enfants, m'habiller et payer les factures pour ne pas dormir sous les ponts. Je supportais la situation faisant comme si tout allait bien, apportant ainsi une normalité illusoire à ma vie.

Au final, je ne savais pas où je voulais aller même si l'endroit où j'étais ne me convenait plus. J'allais ailleurs sans conviction, pensant que de toute façon, rien ne changerait jamais.

J'étais déçue par moi-même et par cette obligation de toujours avancer dans le sens contraire de tout ce qui se déployait à l'intérieur de moi.

Je finissais par croire qu'il manquait une boussole à ma vie. Une boussole intérieure qui me donnerait la direction à suivre et sur laquelle j'aurais attaché tous les mots auxquels je croyais : intégrité, tolérance, cohésion, bonheur, paix et amour.

Je les aurais mis ensemble dans un petit sac en coton blanc, noué avec petit ruban violet et qui porterait un autre mot qui envelopperait tous les autres. Ce mot serait sans l'ombre d'un doute : accomplissement.

J'aimais cette idée de boussole et surtout cette soudaine envie d'accomplissement.

J'avais du mal à suivre mon propre raisonnement car une question en soulevait de nouvelles qui se déclenchaient en moi au fur et à mesure que j'avançais. Ce n'était pas la première fois mais comme je m'écoutais enfin, toutes les questions se bousculaient dans ma tête à un rythme accéléré. Mais c'est de réponses dont j'avais le plus besoin. Et de difficulté en difficulté, je me suis retrouvée au milieu d'un labyrinthe, complètement chamboulée, sans savoir par où commencer.

J'avais acheté un bloc-notes flambant neuf et je restais devant une page blanche à tenter d'organiser dans ma tête 50 ans de ma vie. Je voulais ranger dans des cases mon enfance abîmée, les relations de couple sans cesse conflictuelles ou la déception des emplois qui ne me convenaient jamais. Tout ce cheminement était vide de sens et je marchais comme un boiteux à un âge que l'on dit « sérieux ». Et malheureusement pour moi, j'aimais toujours les dessins animés, le Père-Noël et les gâteaux d'anniversaire. Étais-je restée une enfant capricieuse, incapable d'assumer sa vie ?

Je voulais surtout découvrir une raison valable qui me donne de nouvelles raisons d'avancer en toute confiance. Je souhaitais mettre de la couleur, du parfum, du goût et une nouvelle dynamique à ma vie. J'avais des « comment » et des « pourquoi » plein la tête, se déployant comme un exutoire en réponse à toute cette confusion.

J'ai posé la pointe de mon stylo préféré sur une page blanche et j'ai écrit : « Que fait cette petite sardine dans son bocal au milieu de l'océan ? »

Cela ne me semblait ni rationnel ni compréhensible sur le moment mais après délibération avec moi-même, je décidais que je partirais de là puisque c'était la seule idée « lumineuse » que j'avais eue, après une semaine de réflexion.

Déjà, cela me disait que je voulais autre chose. Dans l'idéal, trouver les réponses aux « Qui suis-je aujourd'hui ? » et « Et que faire de ma vie à présent ? » En d'autres mots et dans l'absolu, je souhaitais découvrir un but à nourrir où je me sentirais à ma place et en accord parfait avec tout ce qui résonnait vrai à l'intérieur de moi-même.

J'avais besoin de ce changement pour remplir ma vie du contenu du petit sac en coton que je m'étais imaginé. Je réclamais avidement la boussole que j'avais égarée quelque part depuis longtemps. Elle était la clé de cette petite révolution qui s'enclenchait au plus profond de moi.

Avec cette clé, je ne pouvais ouvrir qu'une porte, celle de ma propre réconciliation.

J'avais beau imaginer tout cela, le mettre en pratique était une tout autre histoire. Il ne suffisait pas d'ouvrir une porte à proprement parler pour me voir de l'autre côté et crier « Alléluia ! » C'était bien plus profond et subtil et tout aussi nouveau que de voir la mer pour la première fois.

Après mûre réflexion, je décidais de me focaliser sur mes besoins et mes envies et non sur ce que la société ou les autres attendaient de moi. Je décidais de faire du ménage et de prendre ma vie en main. Pour aller où ? Je n'en savais rien. Je voulais juste m'envoler là où jamais je n'avais osé auparavant. C'est-à-dire ? Vers l'inconnu. Pour y faire quoi ? Le découvrir.

Je décidais donc de répondre à cette soif de sens et cette nouvelle énergie me poussait à aller très loin à la recherche de moi-même. Dans cette perspective, un programme d'entraînement de remise en forme mentale s'avérait nécessaire. Je m'invitais à de nouvelles explorations intérieures et décidais d'observer le monde de mes pensées, croyances et émotions.

Je souhaitais lever les blocages, trouver de nouveaux repères et ne plus me tromper dans mes choix, ou du moins me tromper un peu moins.

Amener des questions était plus simple et plus facile que d'amener des réponses. Mais j'avais choisi d'appliquer le conseil d'Arthur Ward que j'ai cité en début de ce chapitre et qui est d'essayer en accord avec les besoins du cœur. Cela, je l'assumais parfaitement même si pour certains, cette attitude était complètement fantasque.

J'espérais secrètement que cette exploration intérieure me mènerait encore plus loin. Peut-être pouvais-je y découvrir une nouvelle perspective et agir différemment sur le monde qui m'entourait.

Une chose au moins était sûre : j'en avais assez d'être la brique qui n'allait nulle part, qui se baladait de gauche à droite, de bas en haut, traînait sur le sol pour finalement recevoir le coup de pied d'un passant et glisser ailleurs pour s'enterrer dans le sol et ne plus voir le soleil.

Pour trouver un sens à ma vie, je devais apprendre à m'écouter par le biais de l'introspection.

Tout ce que j'avais c'était un esprit confus, un cœur qui naviguait sur des montagnes russes émotionnelles et un corps qui réagissait avec affliction à la moindre des menaces.

L'état des lieux était critique. Mais ce besoin de donner du sens provenait de ce cœur que j'avais malmené pendant des années, à toujours vouloir le contredire parce que j'avais un intellect qui prenait trop de place.

Avec du temps, j'ai fini par répondre présente aux balbutiements de cette réalité intérieure. Ce qu'elle désirait c'était la même chose que ce que je désirais au fond de moi. Elle n'était nulle autre que moi. Le cœur devenait ma boussole intérieure qui soudain, commençait à me guider. Ensuite, je me suis mise à dire oui à l'écoute des sentiments et émotions qui traversaient tout mon corps. Ce corps c'était mon refuge et pourtant, je l'avais asphyxié de sucre, de nicotine et d'alcool comme s'il pouvait tout encaisser sans se plaindre.

Je désirais aller là où je n'étais jamais allée et oser l'extraordinaire. Cependant, cette nouvelle expérience me faisait peur car j'avais encore des pensées souvent contradictoires, des croyances erronées, des émotions dévastatrices, des expériences douloureuses et des habitudes toxiques. Je me sentais engluée dans les sables mouvants d'une nouvelle vérité. Pourtant, accepter cette situation ne la rendait pas pire. Je l'acceptais finalement sans me juger et cela me permettait de passer à l'étape suivante, avec plus de sérénité.

J'avais trouvé ma boussole mais elle ne m'indiquait qu'une direction à suivre et non une destination. J'avais avancé un peu mais je ne savais toujours pas quoi faire de ma vie même si je commençais à trouver de l'intérêt dans des choses que je n'avais jamais faites auparavant.

Tout comme avec le cœur et le corps, j'ai finalement dit oui à l'esprit.

Je savais à ce moment que le subconscient m'avait façonnée au fil du temps à travers un programme que j'avais choisi de manière consciente ou inconsciente.

Alors pour me défaire de certaines pensées contradictoires, croyances erronées ou encore, de mes habitudes toxiques, ne fallait-il pas chercher de ce côté ?

Si le subconscient était un programme, ne devais-je pas le déprogrammer pour le reprogrammer afin de me débarrasser de tout ce qui m'empêchait d'être la nouvelle personne que je découvrais en moi ?

Comme cela représentait un vaste sujet d'étude et pour ne pas perdre le fil, je décidais de dédier un chapitre séparé à

La Conscience qui englobe le conscient et le subconscient (ou inconscient).

Aujourd'hui, cinq ans après le début de ma remise en question, je peux dire qu'il m'a fallu parcourir une longue distance de ma vie à ma vie pour en arriver à un nouveau point de départ. J'ai fait un tour complet sur moi-même en m'appuyant sur ma boussole et mon refuge tout en exploitant cette partie plus obscure à l'intérieur de mon être.

Je ne regrette pas d'avoir parcouru ce chemin parsemé d'épreuves et de difficultés qui a fait de moi la personne qui s'est remise en cause, et a trouvé des réponses qui se dévoilent au cours de ce récit.

J'aime beaucoup le mot «nature» et je mise tout sur elle. Une nature généreuse et merveilleuse qui évolue à l'extérieur mais aussi une nature intérieure spirituelle qui m'habite aujourd'hui. Je ne suis pas parfaite mais j'apprends à voir les choses sous un angle nouveau où je vois beaucoup plus de beauté que par le passé. La beauté fait grandir la compassion, la joie et l'amour qui correspondent à des valeurs universelles qui font de moi un maillon de la chaîne de l'Humanité.

Si je m'intéresse beaucoup au monde spirituel depuis quelques années, c'est que j'y trouve au fur et à mesure que j'avance, des réponses plus personnelles à ma vie. Il y a un questionnement au départ qui traverse un discours intérieur où la raison se perd petit à petit pour aboutir à une compréhension qui est tout sauf théorique. Elle est intuitive.

Je pense aux astronautes lorsqu'ils vont dans l'espace et qu'ils voient une petite planète bleue lumineuse et pleine de vie. Depuis l'espace, la Terre ressemble à une mosaïque de couleurs chatoyantes. Les frontières disparaissent complètement pour ne laisser qu'une vue magnifique d'océans, de fleuves, de rivières ou grands lacs, de forêts et de chaînes de montagnes. Les continents sont éclairés par la lumière des villes qui ressemblent à de petites étoiles. On y voit aussi l'éruption des volcans, les aurores boréales et les orages tropicaux.

L'ozone ressemble à une couche transparente aussi fine qu'une feuille de papier. Elle est notre bouclier de protection contre les rayons ultraviolets.

La Terre nous dévoile aussi les effets des catastrophes naturelles et l'impact de l'humain sur la planète. Les glaces des pôles qui fondent, les déchets charriés sur les fleuves, la pollution des grandes villes et les zones de conflit.

Ces spectacles qu'ils soient paradisiaques ou alarmistes changent la vision du monde et le rapport de l'être à la nature qui fait naître en lui un sentiment puissant d'interconnexion avec tout ce qui existe.

Le ressenti qu'expriment les astronautes s'apparente à un éveil spirituel profond dont les raisons restent à découvrir. C'est une prise de conscience quant au fait que tout ce qui existe, que ce soit de l'ordre du vivant ou des choses, fait partie d'un même ensemble qui se coordonne de manière dynamique et interactive.

Tout le monde n'a pas la chance de vivre une expérience dans l'espace mais devant toute cette magie de la vie et de la nature, je me dois de relativiser mes soucis quels qu'ils soient, et me remplir de gratitude pour ce que je suis et pour tout ce qui existe.

La suite de cet ouvrage repose sur une exploration intérieure dont le but est l'aboutissement d'une meilleure connaissance de soi. J'ai arpenté mon propre univers et déployé quelques-unes de mes expériences, celles qui m'ont paru bénéfiques mais surtout les plus douloureuses. J'explore, je creuse, je plonge, j'escalade et je ralentis toutes les idées que je juge importantes. Je découvre la philosophie de René Descartes et de Carl Gustav Jung, la spiritualité de Joseph Murphy et de Neville Goddard. Je développe les pensées, les émotions, les croyances et la conscience qui englobe le conscient et le subconscient. Je parle du pouvoir de l'imagination, une de mes plus belles découvertes et je décris l'amour, la peur et le libre arbitre tels que je les conçois.

Mon histoire est le moteur d'énergie de ce récit. Mais il y a une part d'inconnu en moi dont je dois me servir pour déployer ma liberté. Cette part de moi-même que je ne connais pas encore complètement mais que je découvre en même temps que j'avance dans mon histoire. L'exploration intérieure et la recherche de connaissances spirituelles sont les clés de cette quête modeste et pudique.

Je suis persuadée que lorsque l'on sait qui on est, on peut donner un réel sens à sa vie. Il s'agit de définir les voies qui correspondent à notre système de valeurs, à nos réels désirs et répondre ainsi à cette soif de nous investir avec enthousiasme dans un but qui a du sens.

C'est donc en quête d'essentiel que je voyage aujourd'hui et dans ce voyage qui va de moi à moi, je tourne mon regard vers l'intérieur. J'y vois un monde spirituel immense qui répond à mes besoins de connaissances et à mes désirs les plus profonds.

Dans ce récit, je soutiens l'idée d'une Intelligence universelle où règnent les grandes forces de l'invisible qui donnent vie à la nature extérieure mais aussi à la nature intérieure qui s'illumine de plus en plus lorsque nous nous tournons vers elle.

Notre nature intérieure porte beaucoup de noms. Par exemple, on peut l'appeler l'âme, le Soi supérieur, le Moi suprême, la nature ou essence profonde et véritable ou encore la conscience subjective ou notre personnalité profonde. J'aime utiliser les mots « nature profonde » car je suis attachée à la Terre mais c'est un choix personnel. L'important est de réaliser qu'il y a en nous une part invisible, discrète mais puissante qui ne demande qu'à s'exprimer pour éveiller le meilleur de nous-mêmes.

Conclusion

En résumé de ce chapitre, donner un sens à ma vie c'est savoir d'où je pars pour trouver le chemin qui me mène là où je souhaite aller, dans la liberté de mes propres choix. C'est aussi retrouver l'équilibre entre mon corps, mon esprit et ma nature profonde.

Le besoin de m'accomplir consiste à redonner goût à la vie et m'engager de manière responsable dans tout ce que je fais. Je pense qu'il convient aussi d'apprendre à pardonner car c'est un acte libérateur. Le pardon me donne l'opportunité de mieux me connaître car j'apprends de mes erreurs et de celles de mes semblables. Je me reconnais ainsi comme un être en constante croissance intérieure.

Si le but de la philosophie est d'interpréter le monde, je pense que le but de la spiritualité consiste à le transformer. La spiritualité transforme l'être de l'intérieur. La découverte d'une autre dimension de soi-même ne demande qu'à être développée par l'expérience. C'est à travers elle que nous apprenons à nous accorder avec cette part invisible de notre être. C'est comme s'aventurer dans un pays inconnu pour y découvrir tout ce que nous savions déjà. Car ne sommes-nous pas déjà ce que nous cherchons ?

Les êtres humains sont naturellement attirés par ce qui est beau et agréable, par la joie, l'affection et l'amour. Cet état de bien-être constitue l'état naturel de notre nature profonde. C'est la raison pour laquelle on dit que l'évolution spirituelle se mesure toujours à partir de ce qui fait du bien.

Nous sommes bien plus que ce que nous croyons et nous pouvons devenir autres tout en restant nous-mêmes plus que jamais par le passé. Cela ne signifie-t-il pas qu'il y a bien un sens naturel et authentique à la vie ?

L'existence n'a pas de sens défini, elle n'a de sens que celui qu'on lui accorde, un sens accessible à tous et posé par tout un chacun. À chacun de trouver le sien.

Pour explorer ce sens, il ne suffit pas de rester devant l'arbre qui cache la forêt. Il faut oser partir à la découverte de cette forêt. Se reconnecter à soi c'est un voyage d'introspection, de réflexion et de réappropriation de sa vie pour se retrouver et oser contempler l'horizon avec un regard nouveau.

Commençons cette exploration par la pensée avec René Descartes.

Chapitre 4

La Pensée, un Point de départ

« Je pense donc je suis. »
René Descartes.

« Nous nous demandons, qui suis-je pour oser être brillant,
magnifique, talentueux, fabuleux ?
Mais en fait, qui suis-je pour ne pas l'être ? »
Marianne Williamson.

Au cours des nombreuses questions que je me posais sur la vie, j'ai appris que la pensée n'est pas seulement une construction mentale ou le reflet de la réalité mais qu'elle a sa propre énergie. Tout interfère sur tout et même la pensée qui semble un concept abstrait sans réalité tangible, produit de puissantes vibrations.

Mais avant de parler de la pensée, abordons brièvement le cerveau, la tour de contrôle du corps humain. Mais à quoi sert-il au juste ? Il supervise tout ce que je fais, interprète mes perceptions et met en œuvre les réponses à mon environnement. Il consomme 15 à 20 % de l'énergie produite par l'organisme, essentiellement le glucose produit par l'alimentation et un apport important en oxygène.

Le cerveau fascine le monde depuis l'Antiquité. Autant les philosophes que les psychologues, autant les chercheurs en neurosciences que les sociologues. On dit qu'il est l'outil le plus complexe de l'Univers. Il gère automatiquement tous les phénomènes vitaux comme la faim, la soif, l'instinct de survie et le sommeil. Mais c'est aussi le moteur autonome de la pensée, de l'apprentissage, de l'attention, du souvenir, de la prise de décisions, du comportement et des émotions. Les émotions sont le fruit d'une vaste activité cérébrale dont les ingrédients sont les émotions elles-mêmes. D'après les experts, l'ensemble des réseaux cérébraux s'activent et interagissent entre eux en permanence sans que l'on puisse définir de zone spécifique pour telle ou telle émotion. En d'autres mots, les émotions sont rattachées à plusieurs circuits plutôt qu'à un centre unique démontrant que nous avons plusieurs «cerveaux émotionnels» dans le cerveau. Chaque émotion correspondrait à un système composé de plusieurs unités cérébrales interconnectées.

Beaucoup de choses restent à découvrir à propos du cerveau et ce n'est que récemment que la neurobiologie s'est intéressée aux émotions, ne lui accordant que peu de place par le passé. Cet héritage culturel malheureux a longtemps scindé le fonctionnement du cerveau et les émotions, laissant uniquement la psychologie assurer la gestion de ces dernières. Aujourd'hui, les spécialistes s'accordent à dire que l'apprentissage n'est pas que moteur mais qu'il se développe grâce à nos comportements qui eux découlent pour la plupart des émotions.

Dans le cerveau, l'information générée par les récepteurs sensoriels est ininterrompue entre le monde extérieur et le monde intérieur, même lorsque je dors. Le sommeil permet la récupération, élimine les toxines et purifie l'ensemble de l'organisme. Il prépare le cerveau à encoder de nouvelles informations et consolide la mémoire. À l'extrême, le manque de sommeil peut finir par causer la mort plus rapidement que privé de nourriture. Pourquoi? Personne ne le sait vraiment. Ce que l'on sait c'est que le manque de sommeil provoque une désorganisation des fonctions vitales de l'organisme qui peuvent mener à la mort.

Sans rentrer dans les détails car ce n'est pas mon domaine, le cerveau dispose de deux hémisphères reliés entre eux, le gauche et le droit. Le premier est la partie rationnelle, le second, la partie émotionnelle du cerveau. Cependant, ils travaillent de pair la plupart du temps.

La logique et l'analyse passent dans l'hémisphère gauche. Il relie un mot, un nombre, une figure ou un code, l'un après l'autre mais l'induction n'existe pas sans l'aide de l'hémisphère droit. L'induction représente le mouvement de la pensée qui va d'une vérité première (affirmation évidente que l'on ne peut démontrer) à une conclusion. Par exemple, si je pars du principe qu'une rose à des épines, j'en conclus que toutes les roses ont des épines. Ce raisonnement est passé par les deux hémisphères car le cerveau rationnel, incapable de conceptualiser plusieurs choses à la fois, a besoin du cerveau émotionnel pour arriver à cette conclusion.

Les idées créatives ou artistiques se focalisent dans l'hémisphère droit. Il perçoit la notion d'espace, l'imagination, le rêve ou l'interprétation des couleurs. Il associe simultanément plusieurs concepts à la fois où se mêlent les émotions. C'est aussi le siège de l'intuition.

L'activité de dizaines de milliards de neurones s'organise en réseaux pour échanger l'information. Ces neurones forment une symphonie harmonieuse extrêmement bien ficelée dont le cerveau maîtrise la parfaite orchestration. L'idée qui me traverse est une représentation abstraite élaborée par mes pensées. Cette idée s'exprime par des mots ou des images que le cerveau reconnaît et affiche sur un écran.

C'est ainsi que le cerveau perçoit, pense et interprète le monde tout en élaborant ma vie mentale subjective. L'interprétation que j'ai de mon environnement dépend de plusieurs paramètres dont l'éducation d'une part, et de mes expériences vécues, d'autre part. Ces deux éléments construisent mes idées et façonnent mon cerveau tout au long de ma vie et au gré de l'histoire vécue. C'est le terrain favorable nécessaire à la formation des opinions, des croyances et des jugements que je porte sur les choses, sur mes semblables et sur moi-même. Mais rien n'est figé dans le cerveau, considéré comme un «outil malléable» par la communauté scientifique.

Un désaccord peut apparaître entre mes connaissances et mes croyances. C'est tout l'intérêt de ce chapitre dédié à la pensée et son lien avec la croyance.

Mais comment sommes parvenus à placer le raisonnement au cœur de toutes les questions?

Dans l'Histoire, on a privilégié le lien entre intelligence et mémoire jusqu'à la Renaissance où on va accorder plus de pouvoir à la raison.

Au Moyen-âge, un théologien et philosophe anglo-saxon du nom de Alcuin rencontra Charlemagne, le souverain le plus célèbre de son époque. Les connaissances d'Alcuin et sa sagesse lui assurèrent la première place parmi les savants. Il enseigna à Charlemagne l'art de l'éloquence et celui de conduire une argumentation logique.

Alcuin tint pour argument que «la mémoire est la salle au trésor de toutes les choses».

On mit alors en place des méthodes d'apprentissage visant à renforcer la mémoire. En 789, Charlemagne qui est lui-même analphabète prend comme décision majeure la restauration des écoles monastiques ou épiscopales et donc religieuses. Il crée l'école du Palais à Aix-La-Chapelle, pour former une classe élite et un corps de fonctionnaires qui pourraient l'aider à diriger son empire. Dans ces écoles, on enseigne aux garçons de familles aisées; la lecture, l'écriture, le calcul, la rhétorique, la grammaire, le latin, la musique, la bible et l'astronomie. Pour les filles, pas de réelle scolarisation ou de programme précis. Leur enseignement se limite au chant et aux travaux ménagers.

À la Renaissance, la mémoire est mise de côté cédant sa place à l'intelligence. Un certain René Descartes fait tout basculer en affirmant que la mémoire est sans objet et peut être remplacée par ce qu'il nomme «le raisonnement», qu'il considère comme l'intelligence par excellence.

Dans la réflexion que je mène aujourd'hui, je me suis appuyée sur le raisonnement de Descartes, au risque de me perdre davantage.

Selon le dictionnaire Larousse, le mot «cartésien» est relatif à René Descartes. Il se dit de quelqu'un à l'esprit rationnel, rigoureux et quelque peu formaliste.

J'ai lu et relu maintes fois sa célèbre découverte «Je pense donc je suis» sans réellement la comprendre. Au début, cette phrase me paraissait simpliste et je me suis dit que c'était forcément et absolument plus profond. Bien sûr, beaucoup de livres et d'articles ont été écrits sur le sujet. Mais il s'agit ici d'une version personnelle car j'ai besoin d'expérimenter par moi-même pour percevoir la dimension de cette affirmation même si je ne porte pas l'étiquette de «philosophe». Suis-je mes pensées pour être? Est-ce que je cesse d'exister si je m'arrête de penser? Et qui observe entre les pensées?

Le « je pense donc je suis » est une découverte qui bouleverse la philosophie médiévale basée sur une alliance entre la philosophie grecque et la foi chrétienne. Grâce à Descartes, une philosophie moderne émerge, fondée à partir d'un « je » souverain qui marque une rupture profonde avec l'ancien modèle.

Ce qui m'a plu au départ au sujet de Descartes, c'est qu'il s'agit de la révélation d'un homme qui pense et qui ose s'affirmer dans toute la splendeur de la nature humaine. Pour Descartes, nous nous soumettons nous-mêmes à la déception en attendant trop des autres ou du destin. Il nous invite à faire usage de notre volonté et de notre liberté en décidant ce qui est bon pour nous et en l'assumant fermement. C'est en d'autres mots, oser être soi-même.

Pour la petite histoire, nombreux sont celles et ceux qui pensent à Descartes comme le père du rationalisme, l'homme qui mit en doute tout son savoir et encore celui qui pensait rendre les êtres humains « maîtres et possesseurs de la nature ». Il considérait la nature comme matière que l'on pouvait modeler à sa guise, mesurable par les mathématiques et modulable par la technique. Cette idée catégorique où l'homme a tous les droits sur une nature qui lui appartient est effrayante. Ou encore plus terrifiante, l'idée qu'il peut faire ce que bon lui semble de cette nature uniquement dans son propre intérêt. Ces deux idées me choquent autant qu'elle peut choquer une personne vivant au XXIe siècle.

Mais ce qui a de quoi surprendre et malgré le fait que ça nous choque, c'est que la technique de la puissance humaine semble toujours confirmer cette emprise sur la nature. Nous avons développé une modernité qui se déchaîne et une domination sans limites sur la planète.

Malgré le choc, nous avons suivi son raisonnement pour être là où nous en sommes aujourd'hui, un confort et un bien-être incontestables. Mais à quel prix ? Le raisonnement cartésien nous a finalement conduits à l'exploitation « non raisonnée » de la planète, sur le long terme. Nous avons brûlé la bougie par les deux bouts et nous sommes là, en plein déni meurtrier et blasphématoire, à nous demander ce qui nous arrive et pourquoi notre planète s'asphyxie.

J'utilise le raisonnement de Descartes même si je ne partage pas certaines de ses idées influencées par le pouvoir de l'Église mis en place à cette époque. J'y reviens un peu plus loin.

Dans son questionnement sur lui-même où il place l'homme au centre du savoir, je trouve sa découverte fascinante car elle donne encore matière à réflexion à un grand nombre de philosophes ou penseurs d'aujourd'hui. Je suis d'avis comme Descartes que tout le monde peut philosopher. C'est avec modestie que je tente l'aventure. Toutes les interrogations humaines restent universelles et valent pour tous ceux qui s'y identifient.

La métaphysique est à l'époque de Descartes le modèle de la véritable connaissance. C'est elle qui accède au fond des choses, la nature du monde, de l'âme et de Dieu.

Descartes se questionne sur ses connaissances qui semblent parfaitement fondées. Mais sont-elles des certitudes ? Comment savoir si son éducation, l'acquisition de son savoir et son intellect garantissent-ils les affirmations de ses propres certitudes ?

Le point de départ de sa réflexion est le doute. Est-il possible que tout ce qu'il sait soit faux ?

Si toutes ses certitudes sont à l'origine de ses connaissances, il est cependant conscient qu'elles se sont formées sur des opinions et de jugements qui influencent son savoir. Il y a donc une partie de lui-même qui possède sa propre opinion et émet un jugement.

Le doute est une activité de l'esprit et un compagnon indissociable de la science mais Descartes cherche une réponse qui peut être vérifiée par la seule force de la raison. Son idée est de laisser de côté le hasard et de se livrer de manière méthodique à une déduction rationnelle.

Ses arguments qui justifient le doute sont au nombre de trois.

Le premier est la possibilité de se tromper s'il accorde une confiance aveugle à ses sens.

Il écrit dans son ouvrage Méditations métaphysiques : « Tout ce que j'ai reçu jusqu'à présent pour le plus vrai et assuré, je l'ai appris des sens, ou par les sens : or j'ai quelquefois éprouvé que ces sens étaient trompeurs, et il est de la prudence de ne se fier jamais entièrement à ceux qui nous ont une fois trompés ». C'est ainsi qu'il met donc en doute ses sens de manière arbitraire au nom de la prudence et décide de ne plus accepter comme vraie toute connaissance issue d'une sensation.

Le second est le risque de démence car elle rend impossible la pensée. Le fou est dépourvu de raison et de jugement. Descartes veut se juger sain d'esprit pour ne pas se condamner à accomplir une tâche qui s'appuie sur le bon sens et la raison.

Le troisième argument qui justifie le doute est la confusion du rêve avec la réalité. Selon lui, nous sommes incapables de démontrer que la vie n'est pas un songe. L'expérience du rêve est celle de la puissante imagination. Nous percevons le monde depuis notre monde intérieur sans sortir de nous-mêmes. Si tout ce que nous percevons est l'ensemble de nos sensations, comment faire la différence ?

C'est ainsi qu'il crée sa propre méthode et se met à contester toutes les vérités rationnelles basées sur la physique et les mathématiques, les corps et la matière perçus par nos sens et les idées reçues. Une vérité est fausse jusqu'à preuve du contraire. Sa méthode rationnelle, constituée par un ensemble de règles conduit au résultat attendu, de manière infaillible. Cependant, il ne met jamais en doute l'existence de Dieu. Pourquoi ?

Tout d'abord, à cette époque, c'est l'autorité de l'Église qui règne en maître absolu. Riche et puissante, elle avait un pouvoir politique au-dessus des rois. Elle se donnait le droit d'excommunier ceux qui s'opposaient à son autorité. Elle définissait le comportement des citoyens, le système de pensées et de croyances qui fixaient les règles de conduite en société.

L'Église se portait aussi garante du savoir scientifique. L'interprétation du ciel et de la terre était révélée dans les livres sacrés. Il ne fallait pas chercher plus loin pour ne pas être traité d'hérétique et éventuellement finir au bûcher. L'abstrait s'imbriquait à toutes les réalités de la vie et à toutes les sciences.

Descartes part ainsi avec l'idée que Dieu est le créateur de tout ce qui est. Il est parfait, omniscient, omniprésent et tout-puissant. Il connaît tout et détient donc la «Vérité». C'est sur cette Vérité que Descartes veut bâtir le fondement de la science. Dans de telles circonstances, il est en quête de réponses chrétiennes tout en favorisant l'indépendance de la pensée. Son objectif est d'atteindre Dieu et revenir au monde avec une certitude absolue qui résiste au moindre doute.

D'autre part et selon Descartes, les vérités enseignées par les sages ne sont pas toujours acceptées car elles manquent de certitude pour l'ensemble des systèmes philosophiques. Au XVIIe siècle, les philosophes influencés par les autorités religieuses ne parlaient jamais de «je» sans mettre Dieu quelque part. Le «je» ne pouvait pas exister sans Dieu.

Mais Descartes va s'intéresser à ce «je» réorientant l'avenir de la philosophie vers l'intériorité, tout en privilégiant l'existence d'un Dieu.

Pour l'époque, cette méthode expérimentale est une idée nouvelle. Son projet est gigantesque car il décide de s'attaquer aux fondements mêmes de la pensée. Il veut découvrir son fonctionnement, ce qui permet à l'être humain de s'assurer la certitude du savoir et le pouvoir de l'esprit face à l'ensemble des connaissances.

Pour Descartes, sa longue période d'investigation va le conduire à un nouvel ensemble de convictions où il place le sujet pensant au centre de la vraie connaissance. Les règles pratiques qu'il développe vont également donner du sens à sa vie.

À cette période, c'est une révolution qui produira avec le temps, une nouvelle compréhension de Soi et une extraordinaire capacité à s'ouvrir sur le monde en un champ d'infinies possibilités. Pourquoi ? Car la philosophie dépasse la vérité du monde dans lequel nous vivons. Le monde tel que nous le percevons est attaché aux pensées scientifiques et à l'héritage des traditions. Le rôle de la philosophie est d'aller au-delà des connaissances acquises qui pourraient mettre un frein à la pensée. C'est une façon de se libérer et de sublimer la pensée. À un moment ou un autre, nous serons séduits par l'idée qu'il existe un principe supérieur.

Mais Descartes a un autre objectif plus concret. Il souhaite remplacer la science imprécise et discutable du Moyen-âge par une science dont la certitude égale celle des mathématiques. Il estime en effet que les connaissances de la science ont été bâties les unes sur les autres en étages sur un édifice mais sans avoir vérifié les fondations initiales. On rajoute un nouvel étage au fur et à mesure sans s'assurer la solidité de la structure. L'édifice se fragilise et menace de s'effondrer. Il convient de détruire cet édifice pour construire une nouvelle fondation plus solide. Son souhait le plus cher est de rebâtir les connaissances et d'édifier la première pierre de vérité absolue.

Dans l'univers de Descartes où la foi sert de certitude, c'est l'effervescence. Il cherche des solutions acceptables par l'Église qui ne tolère pas que l'on remette en cause sa représentation du monde.

Il donne ainsi à l'âme un postulat unique. Il considère que l'âme humaine est un fantôme qui pense, raisonne et reçoit les instructions de son propre corps considéré comme une machine dont l'architecte est Dieu. L'âme est un substrat pensant qui échappe aux rouages de la machine. La machine seule peut élaborer des émotions et des sensations que l'âme ne connaît pas. Pour lui, l'âme et le corps communiquent entre eux mais s'avèrent deux entités distinctes ayant leur propre identité.

Nous avons ici une vision dualiste de l'être humain, composé d'un corps et d'une âme séparée, qui ne s'accordent pas toujours et laissent ainsi place à la subjectivité. Selon Descartes, c'est à travers ses états de conscience que l'individu se fait sa propre opinion des choses en y apportant son propre jugement. Il a parfaitement conscience que tout jugement qu'il porte est influencé par ce qu'il croit.

Mais s'il affirme le dualisme entre le corps et l'âme chez l'être humain, il corrobore son point de vue en refusant d'accorder le pouvoir de la pensée aux animaux. Il les conçoit comme une machine, c'est-à-dire un corps dépourvu d'âme.

Nos manières de considérer la relation corps-âme ne cessent d'évoluer depuis des siècles. Cependant, le débat du corps et de l'âme est toujours d'actualité. Soit nous croyons que le corps et l'âme sont distincts et que tout se réduit à la transmission d'informations sous forme de signaux électriques dans le cerveau. Soit nous croyons en une union du corps et de l'âme où l'âme est esprit et insuffle la vie dans chaque être vivant. Cette déclaration de base est valable pour la plupart des religions et pour le monde de la quête spirituelle.

Nous devrons attendre jusqu'à la fin du XXe siècle pour qu'un médecin et professeur en neurosciences du nom d'Antonio Damasio traite de la question du dualisme entre le corps et l'âme. Il montre que le corps et l'esprit fonctionnent de manière indissociable.

Il explique dans son livre « L'erreur de Descartes » comment les émotions font partie de la raison et orchestrent notre vie. En effet, l'émotion permet de mieux choisir en termes d'intérêt propre et de survie. Elle guide le comportement et la prise de décisions qui requièrent un apport émotionnel. L'esprit et le corps travaillent ensemble dans un même objectif alliant la pensée aux émotions.

Descartes passe pour un philosophe chrétien mais il parle très peu du Christ dans ses écrits. Malgré le milieu dans lequel il évolue, sa philosophie ne semble pas religieuse. N'est-elle pas plutôt une philosophie spirituelle où la foi dans la Vérité est un engagement personnel qu'il se doit à lui-même ?

Lorsque Descartes cherche à mettre en doute ses connaissances, c'est pour en ressortir plus fort et convaincu. Ce qu'il désire au plus profond de lui-même c'est de s'assurer qu'il détient la vérité car elle seule, peut servir son bien-être. Lorsqu'il songe à la question : « Quelle voie suivrais-je dans cette vie ? », il souhaite obtenir la garantie profonde que sa vie correspond bien à la vie qu'il veut mener. Et il y répond par la voie philosophique, le choix de philosopher.

Il opte pour la méditation qui lui sert à se penser lui-même. Il ferme les yeux, se détourne de tous les sens et s'ouvre au silence. Il se détache ainsi des pensées routinières, des opinions, des croyances et préjugés pour prendre pleinement conscience du Divin.

Nous savons que la logique cartésienne qui tire l'origine de son nom prétend que l'être humain peut accéder à la connaissance par la raison scientifique déductive. Toujours est-il que Descartes réalise que l'aventure ultime débute à l'intérieur de lui-même.

Il nous invite à faire ce voyage, à faire l'expérience bouleversante de « philosopher ». Cela signifie que si je tente l'expérience, je peux vivre d'une manière en accord avec ma façon d'interpréter le monde. Pour moi, c'est l'expérience la plus authentique et elle me ramène toujours dans mon monde intérieur.

Le raisonnement cartésien me renvoie à moi-même et m'invite à un retour sur moi qui ne peut me laisser indifférente. C'est une expérience unique qui fait exploser toutes les certitudes et me ramène au point zéro. Lorsque symboliquement je pose mes valises, tout s'effondre et je ne sais plus rien. De là émergent des concepts bien plus intimes et profonds qui n'ont plus rien à voir avec ce qu'il se passe dans le monde du raisonnement. La question qui revient est « Qui suis-je ? ». Elle est loin des fausses représentations que je me fais de moi-même et qui m'éloignent de ma nature profonde.

Descartes ne cesse d'affirmer que toutes nos pensées sont subjectives. C'est pourquoi elles sont susceptibles de varier en fonction de la personnalité de chacun.

Ce phénomène existe toujours aujourd'hui car il fait partie de la nature humaine. La réalité psychique possède une organisation qui lui est propre. Elle ne fonctionne pas toujours avec les notions de sens commun et de logique.

Prenons quelques exemples concrets. Un vêtement très foncé peut être noir pour certains, bleu foncé pour d'autres. Le même parfum peut être agréable à l'un, désagréable à l'autre. Un aliment doux pour l'un sera amer au palais de l'autre. Une idée peut paraître étonnante pour certains et sans objet pour d'autres. Un homme peut paraître fou aux uns et un exemple à suivre pour les autres.

Que découvre Descartes à la fin de son expérience ?

Il prend conscience qu'être c'est exister. L'existence est donc quelque chose d'immédiat qui constitue le commencement de tout. Cette première idée nous la concevons par une connaissance immédiate. Nous savons que nous sommes car le fait de se sentir exister est une déduction irréfutable pour celui qui l'énonce.

Le « je suis » prouve que j'existe à chaque fois que je prononce cette phrase ou que je l'envisage dans mon esprit. Il n'est pas nécessaire de le démontrer tellement cette déduction est d'une simplicité élémentaire.

Ce « je suis » indémontrable devient le point de départ de la pensée du sujet pensant. C'est mon expérience dans l'instant présent qui me permet de dire « je suis ». Si je dis « je suis », c'est que je dispose du pouvoir de la pensée car ce « je » est fait de pensées.

Pour Descartes, si je dis « Je pense donc je suis » c'est que pour penser il faut être. Dans cette phrase, il ne peut utiliser un autre temps que le présent car s'il cesse de penser, il cesse d'exister. Pour lui, c'est tout aussi impossible d'utiliser une autre personne à la place du « je » car il n'a aucune garantie qu'une affirmation comme « Anna pense, donc elle est » résiste au doute méthodique.

Le « je suis » est une présence, une conscience de soi dans le moment présent.

Si je doute, cela prouve mon existence car j'ai conscience d'être en train de douter. Et si je doute, je pense car douter c'est une manière de penser. Si je le souhaite, je peux suspendre mon jugement par une action volontaire de la pensée qui vient prouver que mon existence est irréfutable. Je suis et je reste un sujet qui pense. C'est la certitude absolue que Descartes cherchait, celle qui résiste au doute et qui servira de modèle pour toute vérité.

C'est le premier principe de la philosophie cartésienne et cette découverte deviendra la première pierre à l'édifice des nouvelles connaissances humaines qui se développeront par la suite.

Descartes a donné une place importante à la pensée et à la subjectivité humaine, rompant avec la philosophie rigide établie par l'Église dont le centre de la pensée était la religion et non la pensée en elle-même.

En allant à la découverte d'une vérité immuable, une substance sans imperfection, Descartes cherchait la preuve de l'existence de Dieu, non dans le monde réel, mais dans son esprit. Cette expérience l'a mené dans les abysses de sa propre conscience. Il réalise que le monde extérieur reflète notre monde intérieur puisque nos croyances sont pour nous des vérités.

« Aussitôt que nous pensons concevoir clairement quelque vérité, nous sommes naturellement portés à la croire ».

Descartes.

La pensée, la croyance, l'émotion.

Nous croyons pour la plupart et c'est dans la logique des choses, que notre raisonnement nous aide à prendre des décisions. C'est en partie vrai mais cela dépend généralement des croyances que nous portons depuis l'enfance et qui se sont installées confortablement dans le subconscient, sans que nous en ayons réellement conscience.

Pour donner une image plus explicite, je m'imagine en capitaine d'un bateau de plaisance sur une vaste mer qui se perd à l'horizon. Je dois organiser, coordonner et vérifier tout ce qui se passe à bord et tout ce qui touche le bateau, de près ou de loin. Je tiens le gouvernail et si le vent soulève les flots, je corrige le cap selon la trajectoire que j'ai choisie. Si je ne le fais pas et si je laisse le courant m'imposer son rythme de croisière, la mer me mène vers un ailleurs inadapté à mes besoins. Le bateau joue le rôle de mon conscient et la mer symbolise le subconscient.

Si je ne fais pas attention, c'est le subconscient qui prend le dessus et dirige ma vie sur la base de tout ce qu'il a emmagasiné au cours de mon existence. Le subconscient n'a pas d'état d'âme et il répond à mon mode habituel de fonctionnement.

Par exemple, si je décide de perdre du poids, d'arrêter de fumer ou de freiner le shopping compulsif, c'est mon conscient qui prend cette décision. Mais si mes croyances me disent: «C'est trop difficile, tu n'y arriveras jamais», il y a de fortes chances que ces résolutions échouent sauf si en bon capitaine, je redirige le gouvernail vers la bonne destination. Concrètement, je peux me dire par exemple «je crois en moi, je suis extraordinaire. Je sais que je vais y arriver». Mais je ne vais pas me le dire qu'une seule fois. Je vais le répéter et le répéter encore avec conviction jusqu'à ce que cette résolution devienne une nouvelle croyance bien implantée dans mon subconscient.

Si je réalise que c'est mon subconscient qui guide mon destin, c'est parce j'ai perdu le capitaine du bateau. Je me comporte en spectateur de ma vie. Il faut alors reprendre les commandes du bateau sans plus tarder, avec patience et détermination. Mais aussi avec confiance.

Mais à quoi sert une pensée ?

La pensée est la construction mentale d'un sujet à la réflexion, que tout être se tient à lui-même sur tout ce qu'il observe ou examine. Le sujet est spectateur de lui-même et spectateur du monde qui l'entoure. Tout ce qu'il perçoit est interprété de manière très personnelle sur base des différents paramètres de sa personnalité.

Récemment, deux chercheurs canadiens se sont penchés sur le nombre de pensées que nous élaborons au quotidien et ont développé une méthode qui permet de les quantifier. Il y a une vingtaine d'années, on parlait de 60 000 pensées par jour. Aujourd'hui, on considère qu'un adulte lambda en bonne santé produit en moyenne 6 200 pensées par jour. C'est presque dix fois moins. Mais en faisant un petit calcul mathématique, cela représente malgré tout un peu plus de quatre pensées par minute.

Les pensées surgissent et traversent mon esprit de manière automatique. Mais comment les trier ? On dit bien souvent que ce qui résiste persiste. Cela signifie que si je me bats contre une pensée dont je veux me libérer, je lui donne du pouvoir. Par exemple, si je m'efforce de repousser les images d'un film d'horreur que j'ai vu la veille, je n'y arriverai pas car au final, ces pensées s'ancrent davantage.

Par opposition, ce qui ne résiste pas se disperse. Si je cesse de me battre contre une pensée dont je veux me libérer, j'affaiblis son énergie. Pour reprendre le même exemple que celui cité plus haut, je ne m'efforce plus de repousser les images du film d'horreur. Je leur permets de venir et de s'en aller sans me laisser porter par les émotions et je modifie ainsi l'importance que je leur accorde.

Ce qui fait obstacle à la pensée c'est la pensée. Ce qui libère l'obstacle de la pensée c'est aussi la pensée. Il y a toujours deux moyens d'envisager un changement, le moyen négatif ou le moyen constructif.

Voici un autre exemple plus concret. Je n'ose pas quitter mon emploi que je n'aime pas pour un autre emploi plus intéressant car je pense qu'une nouvelle situation m'entraînera peut-être vers de nombreuses difficultés. Le moyen négatif n'enclenchera que des pensées improductives. Il est fort probable que je ne passe jamais à l'action. En réalité, le futur m'interroge au point que j'imagine les pires scénarios possibles qui vont me faire vivre dans l'anxiété d'un moment qui finalement n'existe pas encore. Le moyen constructif c'est d'envisager le changement comme une nouvelle opportunité d'en apprendre davantage et de m'investir totalement dans un nouvel emploi.

« On n'est pas responsable de ses pensées.
On est coupable seulement de celles que l'on cultive ».
Jean-Jules Richard.

Les pensées voyagent souvent entre mes désirs et mes peurs, entre le passé et l'avenir. Rarement dans l'instant présent. Avec la vie que je mène, il est difficile de rester dans ce moment présent. Je mets ma tenue militaire symbolique, prête à affronter le monde. Comme une pieuvre, j'agite mes deux bras qui deviennent huit bras potentiels et, j'anticipe, je note pour ne pas oublier, j'aménage, je prépare, je programme, j'ordonne, j'organise, je contrôle. Je peux faire plusieurs choses à la fois, mais souvent de manière distraite, concentrée d'ordinaire dans un ailleurs.

Il m'arrive de vivre dans la rengaine psychologique du passé et j'ai le sentiment de reproduire et reproduire encore des pensées anxiogènes. Pourtant, le regret, la rancune, la culpabilité, la tristesse ou encore, le remords d'un passé que je ne peux plus modifier, appartiennent au passé et non au présent.

L'angoisse, le stress, le doute, l'anxiété ou la peur d'être rejetée produisent une situation inquiétante quand je me projette dans un futur hypothétique qui n'existe pas encore. Cette situation encore inexistante appartient à l'avenir et non au présent. Pourtant ma petite voix me dit souvent : et si...? et si...?

L'ensemble des pensées gouvernées par un passé douloureux ou celles orientées constamment vers un futur incertain m'empêchent de profiter pleinement du moment présent. Pourtant, tout ce qui est déjà arrivé demeure révolu et à jamais perdu. Et, tout ce qui doit arriver reste inconnu et par conséquent, indéterminé.

Quelquefois il m'arrive aussi d'avoir des pensées qui me déconnectent du moment présent car la situation ne semble pas me convenir. Mon corps est présent mais mes pensées s'évadent au point de perdre contact avec la réalité de l'instant. Par exemple, si je me lève du mauvais pied et que je pense que je vais passer une mauvaise journée, la plupart des évènements de cette journée se montreront révélateurs de mes pensées. Cette journée sera marquée par la médiocrité même si la situation que je vis est dans l'ensemble semblable à celle d'hier où je me sentais plutôt bien. Mais c'est à travers mes pensées que j'agis de manière qui me démontre que ces pensées me conditionnent. Je passe donc une mauvaise journée nourrie par des pensées négatives auxquelles j'ai accordé de l'importance de manière délibérée.

Je me détache du moment présent car je ne suis pas dans la situation telle qu'elle est réellement, mais bien dans une situation que j'ai imaginée. La pensée dominante était que je passerais une mauvaise journée. Tel que je l'ai décidé, consciemment ou inconsciemment, tel il m'a été donné.

Bien sûr, il en va de même pour mes pensées positives qui sont un outil puissant pour me connecter au moment présent. Je garantis que se dire chaque matin que je vais passer une journée formidable, aide à véhiculer un comportement qui s'harmonise avec cette pensée. Et même si des petites difficultés apparaissent en cours de route, le moral est si bon, que ces obstacles deviennent insignifiants.

Mais... qu'en est-il des pensées des autres? Il est certain que les pensées des autres m'influencent lorsque ces pensées sont énoncées ouvertement. Il ne faut pas minimiser le pouvoir que l'on donne aux autres pour soi-même. Ce pouvoir peut être constructif et me remplir de bonne humeur et d'optimisme. Ou au contraire, il peut me priver de ma liberté d'être ce que je suis et desservir ma capacité à agir par moi-même.

Une de mes filles, psychologue de métier, m'a raconté une histoire vécue. Elle s'est occupée d'un patient qui était persuadé de n'avoir aucune valeur. Elle découvrit que dans le milieu scolaire, un professeur ne cessait de traiter de cancre son patient lorsqu'il était âgé de huit ans. Il s'est avéré que cette pensée qui ne lui appartenait pas est devenue une croyance dans le cœur de cet enfant. Il a eu besoin d'une thérapie à l'âge adulte pour retrouver confiance en lui et se reconstruire.

Les êtres perméables sont d'autant plus sensibles aux pensées énoncées par d'autres à leur sujet.

Dans tous les cas, si je me sens influençable dans toute la confusion des pensées qui m'assaillent au quotidien, il convient de faire le tri pour m'autoriser à donner moins de pouvoir à toutes celles qui me font du mal.

Ainsi, lorsque je réalise que ni le passé, ni l'avenir, ni les pensées improductives ne devraient avoir d'emprise négative sur moi, je me rends compte que seul le moment présent est l'instant le plus important de ma vie.

Mais... qu'est-ce que ce glorieux « moment présent » ?

Vivre l'instant présent ne signifie pas me voiler la face vis-à-vis de mon passé, à l'égard de mon avenir ou à propos de toutes les pensées qui m'assaillent. Il s'agit de rester connecté à l'instant pour ne pas passer à côté d'une multitude de choses intéressantes. L'idée de cet instant, c'est vivre de manière entière et consciente, en y accordant toute mon attention. C'est aussi prendre du temps pour moi et avoir ainsi conscience des pensées qui me traversent. Je regarde attentivement dedans et l'obsession de mon corps a disparu. J'observe sans juger ni condamner et je deviens ainsi la spectatrice détachée de ces pensées. En tant que tel, je ne fais plus partie de la scène où elles évoluent. Si je me sens mal, je prends le recul nécessaire pour examiner mes pensées objectivement, les ajuster ou les laisser partir comme des bulles de savon qui s'élèvent dans le ciel. Cela s'appelle être pleinement conscient. Cette sensation dans le moment présent constitue notre état naturel de bien-être.

Vivre l'instant présent c'est vivre dans le bien-être car le bien-être cherche l'équilibre entre les différentes tendances psychiques. Cet instant n'est pas un endroit où je suis allée ni un endroit où je dois aller. Il est l'endroit où je suis. Seul le mental conscient est capable de me faire revenir dans le « ici » et le « maintenant » et de réaliser que je ne suis pas partie dans un ailleurs.

« Ce qui est passé a fui; ce que tu espères est absent; mais le présent est à toi ».

Proverbe arabe.

En règle générale, je classe mes pensées en fonction de mes croyances car elles sont plus influentes. Cependant, les pensées et les croyances demeurent liées par un mécanisme puissant de réciprocité. La pensée interagit sur la croyance qui à son tour interagit sur la pensée. Mais la croyance reste toujours la plus puissante.

Ces croyances se sont immiscées dans mon éducation, mes apprentissages, mes expériences et mes valeurs. La culture dans laquelle je vis, la religion et la morale viennent également s'inviter dans la danse. Ma tête est pleine de croyances et de nouvelles viennent s'ajouter au fur et à mesure que j'avance dans la vie.

Mais concrètement, qu'est-ce qu'une croyance ?

Selon moi, une croyance est une pensée résistante qui finit par devenir une certitude. Je me soumets aux croyances car j'ai confiance en elles. C'est à travers elles que mon comportement se construit et détermine le résultat de mes actes. Par exemple, si je me crois incapable d'accomplir telle ou telle chose, j'en serai incapable. Si je crois ne rien mériter, j'aurai toujours l'impression que rien de positif n'arrive dans ma vie. Dans les deux cas, j'adopterai le comportement qui valide mes croyances. Dans le premier cas, je me sentirai coupable ou déçue et dans le second, je serai probablement frustrée ou angoissée.

Ainsi, les croyances s'installent dans ma vie comme de fidèles compagnes sur lesquelles j'assois toute ma confiance. Elles sont de fait, le filtre à travers lequel je perçois tout ce qui m'entoure et même la manière dont je me considère. À travers elles, j'interprète le monde et tout ce qu'il contient et je me définis par rapport à lui. C'est un processus complexe qui crée une multitude de perceptions et d'interprétations différentes et ce sont mes croyances qui valident ma réalité.

C'est ainsi que je tire ma force ou ma faiblesse de ce que je crois. Les croyances ont tellement de pouvoir qu'elles peuvent être la cause de mon bonheur autant que de mon malheur.

Mais pourquoi ?

Tout d'abord, je suis assaillie de l'extérieur par des informations continues et répétitives. Je vis aujourd'hui à l'ère de la communication mondiale via la Toile, la façade où se tissent les ressemblances et les différences de l'humanité tout entière. L'influence des médias et des réseaux sociaux a pris une place considérable dans la société. Pourtant ils ne sont pas toujours le miroir du monde. L'opinion publique se façonne au contact de toute cette information diffusée mais rarement vérifiée. De plus, j'écoute souvent mes semblables et je les imite à tort, de manière inconsciente. Je pense que mon jugement est partagé par le plus grand nombre et, lorsque les autres modifient leur jugement, j'ai une tendance naturelle à m'accorder avec le leur.

Ensuite, je suis frappée de l'intérieur par toutes sortes de pensées qui deviennent des croyances. Mon discours intérieur est si intense que j'entends des petites voix dans ma tête, et ce depuis l'enfance. Ces pensées commentent ce que je fais, ce que je ne fais pas, ce que font les autres ou ce qu'ils ne font pas. Elles me conseillent ou me déconseillent, me jugent ou jugent mes semblables. Elles sont si tenaces qu'elles arrivent souvent à prédire mes victoires ou mes échecs.

Je n'y arriverai pas, je n'ai pas de chance, j'ai peur de ne pas être assez bon, je n'y peux rien, sont des exemples de croyances qui présagent bien des échecs et une mentalité de perdant.

J'ai déjà réussi et je réussirai à nouveau, j'encourage la chance, je m'améliore tous les jours pour devenir la meilleure version de moi-même, j'accepte ce que je vis et j'agis pour changer ce qui peut l'être, sont des exemples de croyances qui annoncent la voie de la réussite et une mentalité de vainqueur.

Le discours intérieur me soutient lorsqu'il est positif et constructif. Mais il me dessert lorsqu'il pointe un doigt accusateur sur mes points faibles, même s'ils n'existent pas réellement.

Lorsque les pensées sont répétitives et persistantes, elles deviennent des croyances qui à leur tour créent des habitudes et un comportement bien défini. Ce comportement influe sur mes décisions et ces décisions conduisent à des actions qui à leur tour dégagent un résultat, heureux ou malheureux.

Ce qui paraît étrange c'est que le mécanisme de la pensée humaine ne se comporte pas de façon rationnelle. Nous pensons nos réalités en fonction de nos croyances alors que la logique que l'on nomme cartésienne voudrait que nous considérions nos réalités en fonction de nos pensées rationnelles. La croyance devient ainsi de surcroît, plus puissante et plus créatrice de nos réalités que la pensée.

Sans m'en rendre compte le plus souvent, je crée ma vie en fonction de ces croyances emmagasinées au fil des ans. Par exemple, je peux croire que le jugement des autres est meilleur que le mien, croire qu'il n'y a que la réussite sociale pour me rendre plus heureuse ou encore croire que mes émotions sont une preuve de faiblesse. Alors qu'il suffirait de croire que je suis la personne qui décide de ce qui est bon pour moi, ou que je suis déjà heureuse avec ce que je possède car je sais que la réussite sociale n'est pas l'absolu de ma réalisation personnelle. Il suffirait encore de comprendre pourquoi une émotion apparaît au lieu de l'étouffer dans un coin sombre de mon histoire et de penser que je suis faible.

Je sais que je pense consciemment avec la partie consciente de mon cerveau, c'est-à-dire les dix pour cent de la partie visible de l'iceberg qui constitue mon esprit. La partie immergée appelée subconscient ou inconscient est composée des quatre-vingt-dix pour cent d'une autre intelligence que je ne contrôle pas. Le subconscient travaille en mode automatique tel qu'il a été programmé. Il envoie l'alerte lorsque j'ai faim, guéri mes blessures, fait pousser mes ongles et mes cheveux et régénère mes cellules. Tout cela de façon naturelle et spontanée, jusqu'à la fin de ma vie. Si une menace apparaît, il se prépare à prendre des décisions immédiates pour activer le dispositif de survie. C'est aussi le maître incontesté pour toutes les actions que j'ai apprises et qui sont devenues automatiques comme pédaler sur un vélo ou conduire une voiture. C'est encore le subconscient qui dicte sa loi en conditionnant mon comportement à mon insu. C'est dans cet espace infini qu'évoluent mes croyances qu'elles soient conscientes ou inconscientes. Le docteur Bruce Lipton, célèbre biologiste mondialement reconnu, affirme que la puissance de calcul du subconscient est un million de fois supérieure à celle du conscient.

Aussi insensé que cela puisse paraître pour un esprit cartésien, c'est bien le subconscient qui dirige ma vie. Le rôle de mon conscient, la seule partie de l'esprit que je puisse contrôler, est d'aider le subconscient à s'orienter vers un ailleurs plus désirable.

Bien sûr la peur s'avère un facteur redoutable. Peur de s'affirmer, peur d'être différent, peur d'oser dire non, ou encore celle où je dois affronter le regard critique de l'autre. La bonne nouvelle c'est qu'il n'y a pas que la peur qui intervient dans ce processus de transformation intérieure. Toutes les émotions jouent un rôle important. Plus elles sont positives et en accord avec ce qui vit en moi, plus la peur diminue.

Concrètement, mon quotidien est programmé par des croyances qui à l'image d'un ordinateur s'impriment dans le subconscient. La croyance détermine l'idée que j'ai décidé d'accepter, que ce soit volontairement ou inconsciemment. Le subconscient agit toujours en réponse à mes croyances. Qu'elles soient favorables ou défavorables.

Par exemple, si je crois que le monde est mauvais, révoltant et malhonnête, tout viendra le confirmer. J'aurai un comportement en accord avec ces croyances et je vivrai des expériences négatives les unes derrière les autres. Je finirai par me dire : je le savais, le monde est vraiment mauvais, révoltant et malhonnête.

Si je crois que la vie est une aventure merveilleuse, ce sera la même chose mais dans un sens plus optimiste. Mes expériences manifesteront ce en quoi je crois au plus profond de moi-même. Et lorsque je rencontrerai des obstacles, je les transformerai en nouvelles expériences qui viendront confirmer que la vie est une aventure merveilleuse.

Toutes les croyances que j'ai cumulées au cours de ma vie ont modifié et modifient encore le regard que je porte sur moi et sur le monde. Si je les mets rarement en cause, c'est qu'elles sont devenues mes convictions les plus profondes. Et pourtant, René Descartes m'invite à remettre en doute ces croyances car la plupart sont erronées.

Il faut peut-être une sacrée dose de courage pour oser être soi-même. Et ce n'est pas la récompense de la conformité qui est au rendez-vous. C'est la récompense de l'authenticité, celle qui nous permet de vivre en parfait accord avec nous-mêmes.

« Ce n’est pas parce que les choses sont difficiles que nous n’osons pas, c’est parce que nous n’osons pas qu’elles sont difficiles ».

Sénèque

Pour Descartes, une croyance n’est pas une certitude scientifique ni une vérité objective. La réalité vient de l’interaction que j’ai avec quelque chose qui existe indépendamment de moi. Elle est relative car elle dépend de l’interprétation que je lui donne. Ma vérité semble conçue comme la certitude de la représentation que je juge évidente. Ainsi, ma vérité repose sur l’ensemble de mes croyances.

L’esprit est fait de telle manière que je donne à ces croyances le pouvoir que je désire. C’est dans ce pouvoir que je peux inverser la tendance et installer de nouvelles croyances. Plus agréables, plus optimistes, plus positives et plus en accord avec tout ce qui résonne vrai à l’intérieur de moi-même.

Il existe beaucoup de croyances qui sont devenues de fausses vérités c’est-à-dire de fausses images que nous avons de la réalité. Lorsque l’on répète un mensonge assez souvent, il finit par devenir une fausse vérité, considérée comme une vérité.

Prenons l’exemple de la rotondité de la terre. Pendant la période classique qui va du Ve au IVe siècle avant Jésus-Christ, la terre était déjà considérée comme sphérique par Platon et par Aristote. La plus ancienne estimation de la circonférence de la Terre a été rapportée par Aristote et s’élève à 60 000 km.

À l'époque de Christophe Colomb (XVe siècle), il existait des théories de la Terre plate mais la plupart des érudits approuvaient qu'elle fût ronde. Le voyage de Christophe Colomb était d'arriver aux Indes par l'Ouest. En découvrant le continent américain, il était persuadé d'être arrivé aux Indes. Il savait donc que la Terre était ronde et qu'il n'eut pas besoin de convaincre de la rotondité de la Terre mais plutôt de la faisabilité de son voyage.

Beaucoup de gens encore aujourd'hui, pensent qu'à l'époque antique ou celle de Christophe Colomb, on ne savait pas que la Terre était ronde. C'est une idée qui s'est répandue pour devenir une fausse réalité qui perdure encore.

Quant à Galilée qui a vécu au Moyen-âge, beaucoup de personnes croient qu'il fut condamné en 1633 pour avoir découvert la rotondité de la Terre. Mais il fut condamné en résidence surveillée pour avoir critiqué la théorie du géocentrisme, soutenue par l'Église. L'Église affirmait que la Terre était le centre de l'Univers et que le Soleil tournait autour de la Terre. Galilée affirmait que la Terre tournait autour du Soleil et que le Soleil était au centre de l'Univers. Grâce à ses observations, il montra les failles du géocentrisme et prouva la cohérence du système héliocentrique.

Nous savons aujourd'hui que le Soleil n'est pas le centre de l'Univers, mais une étoile sur laquelle s'organise notre propre système solaire, lui-même situé dans la Voie lactée. La Voie lactée est une galaxie d'au moins une centaine de milliards d'étoiles et probablement mille milliards de planètes. On compte aujourd'hui environ cent milliards de galaxies dans la seule partie visible de l'Univers. De quoi donner le vertige et apporter une touche d'humilité au commun des mortels.

En 1633, René Descartes écrit un ouvrage intitulé *Décret du Monde et de la Lumière*, où il soutient comme Galilée, la thèse de l'héliocentrisme. Mais il a peur de le publier en apprenant que Galilée est condamné par les autorités ecclésiastiques. Son œuvre sera cependant publiée en 1664, 14 ans après sa mort.

Pour aller encore plus loin à propos de ces fausses vérités, il y a eu au XXe siècle de par le monde, plusieurs nettoyages ethniques menés par des moyens militaires. Le but était d'éliminer un groupe ethnique considéré comme problématique et donc indésirable. Certains de ces « nettoyages » ont mené au génocide de millions d'êtres humains. Il y a eu par exemple la « solution finale » adoptée par les nazis pour exterminer le peuple juif en Europe lors de la Seconde Guerre mondiale.

Mais pourquoi une telle folie ?

Les nazis veulent une Grande Allemagne radicalement pure. Leurs valeurs sont santé, puissance et culture de la « race aryenne ». Tout le reste est sale, inférieur et impur. Il s'agit ici d'une croyance idéologique qui n'a aucun fondement. C'est insensé de penser que certains sont meilleurs que les autres de par la couleur de leur peau, leur culture ou leurs idées. Nous savons aujourd'hui que l'humanité entière dispose d'une homogénéité remarquable à un tel point que les mots « race humaine » ne sont plus employés aujourd'hui pour désigner une espèce humaine unique. Les homo sapiens.

Par souci de clarté, je rappelle que la croyance est une pensée persistance programmée dans le subconscient. Cette croyance résulte d'une interprétation personnelle d'idées ou de concepts distincts. Soit, je considère que certaines déclarations sont vraies, soit j'en déduis qu'il existe des contradictions. Il s'agit d'opinions et de jugements que je me fais sur moi et sur une multitude de sujets et d'évènements différents à travers le monde. En fonction de l'endroit où je nais et j'évolue, ces croyances sont assimilées de manière personnelle. Mais ce que je crois naturel pour moi ne l'est pas forcément pour une autre personne ou une autre culture. À l'extrême, il arrive quelquefois que ce qui apparaît inhumain ou interdit dans un pays, soit légitime et encouragé dans un autre.

Tout est régi par des lois et le concept de loi est un concept humain qui émane d'une autorité souveraine qui impose une règle de conduite à tous les individus d'une société.

Par exemple, l'acquisition et la détention d'armes à feu pour les citoyens sont interdites en Europe et autorisées aux États-Unis comme un droit constitutionnel. Aux États-Unis, la seule défense des biens et des personnes constitue un motif suffisant pour se procurer une arme, voire toute une collection.

Il y a beaucoup d'autres exemples où ces règles peuvent être différentes, voire contradictoires. Par exemple, l'euthanasie, l'avortement, la peine de mort, la prostitution et le travail des enfants, la censure de l'information, la discrimination, la consommation de drogues ou substances illicites, le gavage des animaux, l'exploitation d'hydrocarbures.

Si je suis en accord avec les règles imposées par les autorités mises en place, je peux avancer que je ne suis plus totalement responsable de mes actes et dire « Ce n'est pas moi, c'est la loi ». Je suis d'avis que les lois sont injustes si elles ne sont pas universalisées et si elles ne se rapportent pas à la bienveillance et au respect de toutes les formes de vie. Parce que je ne me résume pas qu'à une machine cérébrale programmée d'avance qui ne fonctionne que sur deux boutons, le « on » et le « off ».

En conclusion de ce chapitre, l'existence ne se suffit pas à elle-même pour définir ce que nous sommes réellement. Nos pensées, nos croyances et nos émotions façonnent la perception que nous avons du monde.

Les pensées sont un point de départ qui peut nous en apprendre beaucoup sur nous-mêmes et sur le monde qui nous entoure. Nos croyances ne sont pas des systèmes inamovibles. C'est par la volonté consciente que nous pouvons modifier celles que nous ne voulons plus. Nous pouvons commencer par les harmoniser à ce que nous croyons plus juste à propos de nous-mêmes. C'est peut-être paradoxal mais nous sommes toujours ce que nous croyons être. La croyance est l'affirmation de nos vérités, qu'elles soient évidentes ou contestables. Elle s'oppose à la raison déductive et à la certitude objective.

Depuis toujours, le sujet pensant se cherche car il veut des réponses à ce qu'il est. Mais malheureusement, nous n'arrêtons pas de « faire » alors que ce que nous voulons plus que tout c'est « être ».

Je m'interroge sur tout ce que j'ai fait et je réalise que mes études ont été choisies par mes parents et que ma carrière a été abordée avec l'idée de me faire un maximum d'argent sans me poser de questions quant à mes réels désirs. Je ne sais même pas si c'est moi qui ai choisi mes relations amoureuses ou si ce sont elles qui m'ont choisie.

Nous savons aujourd'hui que toutes nos croyances sont subjectives. Si elles sont subjectives, elles nous conduisent toujours dans le monde de l'émotion.

L'émotion est une alliée précieuse. Elle est utile et un indicateur fidèle de mon état d'esprit dans le moment présent. Elle produit toujours une sensation physique dans le corps qui m'indique la nature de la situation. Il peut s'agir d'un danger, d'une souffrance, de la colère, de la tristesse, du plaisir, ou encore de la joie, de la tendresse ou de la compassion.

Les pensées, les croyances et les émotions sont les fondements qui construisent mes vérités et valident ma réalité. Si mon souhait est de vivre dans une réalité plus désirable, la seule option possible consiste à transformer ma réalité intérieure.

Grâce à Descartes, nous savons que la raison ne suffit pas à élucider le mystère de notre existence ni à expliquer ce qu'il se passe dans le monde invisible. Dans cet univers tout apparaît subjectif et intuitif.

À la différence des animaux, les aptitudes humaines nous poussent à dépasser le stade de l'unique besoin de survivre. Nous sommes d'abord partis à la conquête du monde visible, espérant y découvrir de nouvelles choses nécessaires à la survie. Une fois nos besoins fondamentaux satisfaits, nous nous sommes approprié la terre tout entière.

En même temps, nous nous sommes embarqués dans une aventure singulière au plus profond des abysses de notre propre humanité. Nous avons pris le large et tenté de lever le voile sur le monde invisible, celui de l'esprit et de la conscience.

Le monde visible et le monde invisible cohabitent sans la moindre difficulté. À bien y réfléchir, l'être humain semble être le lien entre ces deux mondes. Si nous voyageons à l'intérieur de nous-mêmes, nous ouvrons les portes à de nouvelles connaissances plus intuitives. C'est pourquoi nous pouvons relier l'humain à l'universel, le temporel à l'éternel.

L'espace invisible est régi par une Intelligence supérieure. L'exploration de l'esprit est l'unique moyen de prendre contact avec cet univers infini et sortir par la même occasion de la torpeur de l'illusion. Nous vivons dans un monde d'illusions car nos connaissances et nos erreurs de jugement sont les délices coupables de la médisance que nous utilisons pour parvenir à nos fins.

Dans les écoles, on ne nous apprend pas à être nous-mêmes. On nous enseigne un schéma qui suit des règles conventionnelles strictes et déterminées au préalable. Nous nous soumettons finalement à un enseignement qui nous empêche de penser et d'agir de manière naturelle par nous-mêmes.

Les pouvoirs politiques continuent à nous manipuler au même titre qu'à l'école. Ils créent et nous imposent des règles de conduite qui nous empêchent toujours de penser par nous-mêmes.

Nous pensons que nous sommes libres mais l'endoctrinement continue à travers les manipulations médiatiques utilisées par les pouvoirs qui sont en place, qu'ils soient politiques, économiques ou sociaux. On nous divertit, désinforme et infantilise pour nous détourner des vrais problèmes et de la vérité.

Les lobbies, étroitement intégrés au processus de décisions politiques, poursuivent comme objectif la maximisation du profit, peu importe la qualité des produits, le sens moral ou l'impact sur la planète. L'illusion consiste à croire que nous avançons tous ensemble pour bâtir un monde meilleur alors que les inégalités entre les riches et les pauvres, qui résultent des choix politiques, se creusent. L'illusion continue son expansion car nous croyons que ces produits vont améliorer la qualité de notre vie. Nous ne savons pas toujours que c'est l'énergie qui vit en nous qui a besoin d'équilibre et se soigne par l'esprit.

En médecine, on soigne avec la chimiothérapie tout en détruisant le système immunitaire, laissant la porte ouverte à l'expansion de la maladie, à l'apparition de nouvelles maladies ou en créant de lourds effets secondaires. Il existe des médecines alternatives qui stimulent les défenses immunitaires. Il est important de noter qu'une approche psycho émotionnelle, spirituelle et énergétique est efficace en accompagnement des traitements conventionnels. L'esprit et le corps vont de pair et l'esprit est souvent oublié en cas de maladie grave. L'illusion consiste encore à nous faire croire que l'on peut soigner le corps sans prendre soin de l'esprit.

On essaie de se battre pour protéger l'environnement mais la plupart des êtres humains sur la planète travaillent pour produire des biens de consommation. À la fois acteurs et victimes, la lutte sociale s'imbrique dans celle du combat environnemental. En Occident, nous fermons les yeux et nous profitons de tous ces biens à petits prix au détriment des plus démunis et aux dépens de la nature. L'illusion est de croire que l'on peut continuer à vivre de cette manière. Nous avons besoin d'un changement radical basé sur une vision plus juste de la réalité.

On essaie encore de se battre pour la protection de la planète mais la pêche intensive demeure plus destructrice que la quantité de plastiques charriés dans les fleuves et les océans. Beaucoup de personnes ne savent pas que les espaces d'eau (rivières, fleuves, mers, océans) sont les véritables poumons de la planète. C'est là que vit le phytoplancton ou plancton végétal, formé de minuscules algues et premier producteur d'oxygène et recycleur de dioxyde de carbone.

On octroie aux industriels des labels de pêche durable qui n'apportent aucune garantie quand au respect de la surexploitation des ressources. L'illusion consiste à nous faire croire que ces labels sont vérifiables. Ils ne servent que d'outil marketing et d'instrumentalisation pour nous inciter à consommer sans que personne ne sache si le poisson dans l'assiette a réellement été pêché légalement.

Nous tentons tous d'améliorer nos conditions de vie. Nous aspirons à un logement plus confortable, un meilleur pouvoir d'achat, un travail en adéquation avec nos aspirations, plus de vacances, une forme physique optimale. On nous promet l'abondance matérielle en échange de notre rentabilité et de notre ignorance. Les banques nous prêtent même de l'argent qui n'a aucune existence réelle.

On nous fait croire qu'un homme habillé d'une soutane blanche cousue de pierres précieuses et de fil d'or demeure Le représentant de Dieu alors qu'il protège d'autres représentants de Dieu pédophiles. Ce n'est pas un fait nouveau et les mesures destinées à prévenir les risques sont quasiment inexistantes.

La manipulation dans les réseaux sociaux ou les médias a pour but de nous endormir et de réduire notre sens critique. On nous sert l'information sur un plateau comme une vérité inéluctable. Des mensonges ou semi-vérités, des labels inexploitables et de nouvelles émotionnelles qui ne démontrent rien. Des récits qui attribuent des intentions pernicieuses à certaines personnes, certains groupes ou certaines actions, des oublis et de la désinformation volontaire visés.

Le grand public ne cherche pas à discuter le contenu des affirmations publiées car il fait confiance à ces informations. La manipulation est facile à mettre en place grâce notamment aux réseaux sociaux. Il suffit d'ébranler ici ou là des suppositions, hypothèses ou rumeurs selon le pouvoir mis en place et cela se propage comme une véritable traînée de poudre.

Nous vivons dans l'illusion car elle nous réconforte et nous apaise mais elle nous rend aussi fragiles et impuissants. La vérité n'est pas toujours belle à voir. On préfère se bercer d'illusions plutôt que de se confronter à l'épreuve du doute fondée par René Descartes.

Ce que je crois c'est qu'il nous faut appréhender le monde à un niveau plus élevé. Seule une humanité consciente sera capable de s'autoriser à découvrir de nouvelles solutions qui seront profitables pour tous. Et non seulement pour les politiques, les lobbies les plus puissants ou celles et ceux qui tirent les ficelles dans leurs propres intérêts. Je pense que nous devons passer par une réelle prise de conscience qui place la vie au-dessus de l'argent et du pouvoir. Seule une humanité consciente est capable de transformer notre manière de voir le monde.

Mais… qu'est-ce la conscience ?

Chapitre 5

La Conscience

« Ce n'est pas en regardant la lumière qu'on devient lumineux, mais en plongeant dans son obscurité. Mais ce travail est souvent désagréable, donc impopulaire ».

Carl Gustav Jung

Dans ce chapitre, je m'intéresse essentiellement à un mot que l'on emploie souvent dans le langage courant, c'est la conscience.

Intuitivement, je comprends ce mot. Quand j'ai conscience de quelque chose, je pense, je sens et je sais que je pense et que je sens car je fais état de moi-même et je me projette dans le monde. À travers ma propre expérience, tous deux deviennent objets de connaissances.

Au sens large du terme, la conscience est l'ensemble des perceptions générées et appréhendées par mon esprit qui me permettent d'avoir connaissance de moi-même, des autres et du milieu dans lequel j'évolue. Ces perceptions passent par des abstractions, des représentations d'images ou encore des sensations.

Si l'on se réfère à la science, la question de la conscience est radicalement différente de toute autre question scientifique car il est impossible de l'observer. Elle existe uniquement à travers le ressenti immédiat de nos expériences et sensations.

Lorsqu'il s'agit d'étudier son concept, la neurologie, la psychologie et la neuropsychiatrie s'y intéressent depuis de nombreuses années car la conscience serait liée à notre système nerveux et à notre mode de fonctionnement ou de dysfonctionnement. Mais le plus souvent, afin d'élucider quelques-uns de ses mystères, c'est la philosophie ou la spiritualité qui sont les plus concernées.

Sans la conscience, rien n'est connaissable car je ne peux pas savoir quelque chose si je n'en ai pas conscience, n'est-ce pas ? Elle définit ainsi la connaissance à l'origine de toutes mes vérités. Je suis un sujet pensant et ma conscience est la connaissance qui modèle mon esprit et établit ma vérité.

Sa raison d'être est d'être elle-même sans demi-mesure. Je ne peux pas être consciente en étant demi-inconsciente car c'est en totale contradiction.

À l'opposé de la conscience, il y a l'inconscience qui est une absence de conscience. En psychologie, l'inconscience est la propriété des phénomènes inaccessibles, par nature, au champ de la conscience. En règle générale, l'inconscience englobe tout ce qui n'est pas conscient et dont je n'ai pas connaissance dans l'immédiat. Elle se situe au-delà de la ma perception consciente.

Le conscient et l'inconscient (ou subconscient)

Selon les experts, le conscient et l'inconscient (ou subconscient) sont deux notions distinctes et abstraites qui possèdent chacune leur propre existence, bien qu'elles soient reliées entre elles et rassemblées dans une seule et même entité, l'esprit.

Dans l'esprit, le conscient est sans nul doute le niveau avec lequel nous sommes le plus familier car il s'agit de la partie perceptible de la pensée. Il permet de penser de manière rationnelle, d'analyser et de prendre des décisions. C'est le centre de traitement des informations connecté au moment présent.

Le conscient comme son nom l'indique commande les activités conscientes. Il se tourne vers le monde extérieur et je l'expérimente avec mes sens. Ses capacités principales sont la réflexion, la logique et l'analyse. Il gère langage, le calcul et la pensée dite cartésienne. C'est grâce à lui que je peux choisir mes activités, faire des comparaisons, établir des critiques ou des suppositions et opter pour des préférences. Je l'utilise pour toutes mes tâches quotidiennes et c'est dans le conscient que je fixe le choix de mes décisions.

C'est à travers le libre arbitre que je peux faire des choix. Le libre arbitre est synonyme de liberté mais il n'est pas illimité comme on peut parfois le croire. Je suis libre d'une certaine manière car je suis à l'origine de mes propres choix. Mais je ne suis pas libre complètement car j'agis dans le cadre de certaines limites imposées par la liberté des autres, la société (lois juridiques), la nature (lois immuables du cosmos) ou encore conditionnées par mon subconscient.

Pour la petite histoire, les scientifiques s'accordent à dire que nous n'utilisons que dix pour cent de notre potentiel mental. Les quatre-vingt-dix pour cent restants sont emmagasinés dans une partie de nous-mêmes qui n'a pas accès à notre conscient.

Il s'agit de l'inconscient ou du subconscient, deux mots qui, selon moi, s'interprètent de manière identique. Ils ont été utilisés à différentes époques en fonction des tendances à la mode. Par exemple, Freud avait choisi le mot « inconscient » mais dans d'autres pays c'est le mot « subconscient » qui était plus à la mode, notamment aux États-Unis avec la méthode Coué fondée sur l'autosuggestion. Bien qu'Émile Coué fût un psychologue et pharmacien français, c'est dans la culture américaine que sa méthode fut la mieux reçue. Pour ma part, je préfère utiliser le mot «subconscient» pour tout ce qui a trait au développement personnel et «inconscient» pour tous les processus psychiques qui nous échappent. C'est un choix personnel car le subconscient a pour moi une connotation plus positive. Cela est peut-être dû au fait que j'ai lu beaucoup de livres d'auteurs anglophones qui se référaient au subconscient pour énoncer cette partie inconsciente.

Le subconscient est la partie de l'esprit avec laquelle je suis le moins familière car il ne fait pas appel à mes sens. Il est complètement tourné vers le monde intérieur. Il englobe tout ce qui n'est pas conscient et relève d'automatismes comme par exemple marcher, pédaler sur un vélo ou conduire une voiture. Il gouverne de la même manière dans la conduite de mes actions car je fais souvent des choses sans avoir besoin d'y penser, qu'elles soient bonnes ou mauvaises.

Il gère la régulation des fonctions biologiques telles que la respiration, la digestion, la miction, la transpiration, le rythme cardiaque et le système immunitaire. Il sert aussi à me protéger d'un danger extérieur grâce aux mouvements réflexes nécessaires à la survie. Le subconscient reste le siège de l'intuition qui est une forme d'intelligence immédiate et indémontrable.

Le subconscient ne dort jamais et travaille sans relâche. Tous les concepts possibles sont emmagasinés dans le subconscient à travers mes pensées, mes émotions, mes expériences, mes rêves, mes souvenirs et mon imagination. C'est un centre de traitement d'informations reprogrammé régulièrement à partir de tout ce qu'il emmagasine au fil du temps. Il classe ces informations et les organise selon un ordre qui lui appartient. Toutes ces concepts regroupés déterminent mon comportement et composent les facettes de ma personnalité à mon insu. Le paradoxe est bien là. Quatre-vingt-dix pour cent de tout ce je perçois, de tout ce que je fais et la manière dont je me comporte s'exprime de manière inconsciente. Cela signifie que le subconscient renferme le potentiel dissimulé au-delà de tout ce qui est conscient. Il s'agit d'un potentiel dont le plus souvent j'ignore son pouvoir car je n'en ai pas conscience.

Tout ce que j'expérimente se consolide dans le subconscient sous forme de croyances, qu'elles soient conscientes ou inconscientes. Ces croyances définissent ma personnalité la plus profonde et la mémoire vive de mon existence. Une fois que ces croyances sont bien ancrées, il est difficile de m'en défaire car elles ont créé ce que je crois être vrai à propos de moi-même et du monde.

En réalité, le subconscient ne raisonne pas et ne juge pas. Il est détaché de la réalité objective. Il est neutre et accepte pour vrai ce que je crois être vrai. Il ignore le bien et le mal qui sont des concepts humains. À la fin du XVIe siècle, Shakespeare a écrit dans sa pièce Hamlet que « rien n'est en soi bon ou mauvais, la pensée le rend tel ». Je n'ai aucune objection.

Le conscient entretient une relation intime avec le subconscient mais ils ne parlent pas le même langage et ne fonctionnent pas de la même manière. Le conscient pense, s'exprime et agit dans le langage humain sur un plan purement mental. Le subconscient utilise un langage immatériel sur un plan astral que le conscient a du mal à comprendre. Il passe librement d'une idée à une autre, d'une image à une autre, s'appuie sur des ressemblances phonétiques et associe des concepts qui sont sans sens apparent pour l'esprit rationnel. Cependant, c'est grâce à ce dernier, le seul que je contrôle que je peux glisser dans mon monde intérieur et atteindre la chambre obscure du subconscient.

Il existe des méthodes pour cultiver la relation conscient-subconscient. On peut par exemple citer la respiration holotropique, l'autosuggestion, l'écriture automatique, la musique subliminale, la méditation, l'hypnose ericksonienne ou l'autohypnose. Toutes ces méthodes servent à porter notre attention sur cette partie sombre et souvent inexploitée de nous-mêmes dans le but d'expérimenter une autre réalité. Elles permettent de s'alléger des problèmes pour que le corps soit calme, l'esprit silencieux et laissent ainsi libre cours à nos pensées les plus profondes. En d'autres mots, cet état d'être permet de réduire l'activité consciente et objective pour laisser plus de place à l'expression de l'activité subconsciente et subjective. C'est aussi un moyen de vivre l'instant présent et parvenir ainsi à un état de plénitude.

Nous savons aujourd'hui que toutes les idées sont générées par l'esprit conscient et transmises au subconscient par les croyances. Une fois consolidées dans le subconscient, elles créent la réalité dans laquelle nous vivons. Si nous désirons expérimenter une nouvelle réalité, la plupart des spécialistes s'accordent à dire que les idées générées par le conscient ne sont transmises au subconscient que par un seul moyen, c'est l'émotion ou le sentiment.

En d'autres mots, aucune idée ne peut être acceptée par le subconscient comme une réalité si elle n'a pas été ressentie.

Entre parenthèses, je ne fais pas toujours de réelle distinction entre le sentiment et l'émotion car je pense qu'ils sont intimement rattachés l'un à l'autre. Le sentiment fait ressurgir l'émotion et l'émotion peut générer des sentiments. Cependant, le sentiment apparaît moins fugace qu'une émotion car il peut durer dans le temps. L'émotion semble plus mobile et transitoire. Par exemple, l'émotion de la joie lors des retrouvailles alimente le sentiment d'amour. Au même titre, l'émotion de la colère que l'on ressasse sans cesse nourrit le sentiment de haine. Mais on peut ressentir une émotion de colère passagère qui avive le sentiment d'amour lorsque par exemple ma fille traverse la rue sans regarder au moment où une voiture se précipite sur elle.

La Conscience

Je pense que tout ce qui provient de ma conscience émane d'une conscience plus vaste et s'exprime par différents états de conscience. D'après moi, le conscient et le subconscient sont les portions d'un tout qui se nomme la Conscience.

J'écris ce mot en majuscule lorsqu'il représente ce tout. Ce tout contient la réalité du monde tel que je le perçois ou plutôt l'idée du monde tel que je me le représente, rassemblant ainsi ma conscience objective et subjective (conscient et subconscient).

C'est ainsi que tout existe dans la Conscience, même ce qui ne peut être démontré car Elle contient la totalité de tous les possibles. C'est à travers Elle que je peux rendre mon existence et le monde qui m'entoure réels et donner corps à Dieu et à tout ce que je crois.

L'évolution de la Conscience semble consignée dans le développement de notre propre conscience. Elle se façonne et progresse au fur et à mesure que nous évoluons au sein du vivant universel. Elle se construit de toutes les abstractions, représentations d'images et sensations accumulées au cours du temps et constitue de fait le réservoir universel de tous ces concepts en tous genres. Depuis le début de la création; de la bactérie, au poisson, au reptile, au mammifère, nous avons, tous ensemble, développé, intensifié cette Conscience.

Aujourd'hui, on ne peut isoler la Conscience du reste de l'Univers car nous vivons dans cette Conscience omniprésente et intemporelle. Elle apparaît comme un monde libre par essence de toute définition, de toute description et de toute représentation qui n'a ni de temps ni d'espace. C'est à partir d'Elle-même qu'elle crée et manifeste tout ce qui subsiste. Et c'est à travers Elle que je me perçois et que j'appréhende le monde dans une réalité plus subjective qu'objective.

La Conscience demeure la sphère de tous les possibles où tous les concepts en tous genres se propagent bien au-delà de notre cerveau. Comment le savons-nous ? Car dans l'Univers, il n'y a pas un élément qui n'émette une fréquence, tout est vibrations. Et qu'est-ce qui permet les vibrations ? C'est l'énergie. L'idée d'énergie vibratoire et des fréquences en lien avec cette énergie est aujourd'hui validée par la science. La biologie, la physique classique et la mécanique quantique reconnaissent que toute chose qu'elle soit vivante ou inanimée possède une énergie invisible et mesurable. Que ce soit un objet, un animal, une plante, un être humain, un virus ou une bactérie. Tout est énergie, y compris la croyance, l'émotion ou une simple pensée. Et tout est lié à tout grâce à un champ unifié d'énergie. Chaque concept émet des vibrations qui interagissent avec d'autres vibrations. Cela signifie que tout interagit sur tout dans cet espace infini et se propage ainsi à l'extérieur de notre cerveau. Nous verrons plus en détail quelques exemples un peu plus loin.

La réalité du monde

J'ai appris par Descartes que je vis dans une réalité subjective car je perçois et interprète le monde de manière personnelle.

Pour mieux comprendre cette réalité subjective qui crée la réalité de mon monde, je peux devenir l'observatrice qui regarde à l'intérieur d'elle-même, devenant ainsi la spectatrice de tout mon univers.

Mais la conscience de soi s'applique-t-elle à la connaissance de soi ?

La conscience de soi apparaît comme une conscience individuelle et séparée des autres. Déjà, le bébé dans toutes les cultures du monde manifeste très tôt le sens d'un soi différencié des autres et de son environnement. Cela signifie que la conscience de soi est avant tout universelle car elle s'applique à tous les êtres humains.

Mais savoir que j'existe ne me dit pas qui je suis. Savoir que j'existe ne me dit pas pourquoi je fais parfois des mauvais choix ou pourquoi j'agis de telle ou telle manière pour ensuite le regretter. Savoir que j'existe ne donne aucun sens à ma vie. La conscience de soi n'est que la première condition pour la connaissance de soi.

La connaissance de soi est la réalité interne du «je» qui se pense et le noyau de toute connaissance, même partielle. C'est un aspect très peu exploré car il ne fait pas appel à mes sens.

En règle générale, apprendre à se connaître s'avère une entreprise difficile car ce que nous essayons de rendre objectif est purement subjectif.

Cependant, c'est une démarche essentielle si nous souhaitons évoluer dans le sens désiré. Lorsque personnellement, je tente de mieux me connaître, je prends conscience de certaines choses qui m'échappaient par le passé. Je parviens également à mettre de la distance entre moi et mes idées, mes désirs, mes croyances et mes peurs. C'est le travail de toute une vie et un passage obligé pour celui qui se cherche et désire prendre en main son destin. Ce n'est que par l'expérience que nous nous autorisons à évoluer et à découvrir de nouvelles vérités.

Quelquefois, une idée ou une sensation subite m'impose une certitude instantanée et absolue. C'est le langage de l'intuition, l'expression d'une conscience supérieure reliée au monde de l'irrationnel. Je ne peux l'expliquer avec ma logique car sa manifestation se révèle à travers mes perceptions et mes émotions.

« Le mental intuitif est un don sacré et le mental rationnel est un serviteur fidèle. Nous avons créé une société qui honore le serviteur et a oublié le don. »

Albert Einstein

L'intuition émane du subconscient mais il convient de ne pas la confondre avec certaines peurs dictées par mon égo. La voix de l'égo reste attachée au mental et se justifie à travers tout ce qui est rationnel. Sa priorité réside dans la survie, son pouvoir dans le contrôle.

Mon égo représente ma voix purement mentale. Elle est utile en cas de menace imminente mais pas toujours bénéfique dans ce que j'entreprends. Avec lui, il m'arrive souvent d'être sur la défensive pour me protéger alors qu'il n'y a aucun danger réel.

La voix de l'intuition ne peut être acheminée que par le cœur car elle n'a pas de justification intellectuelle. En l'accueillant, elle s'attend à être acceptée et reconnue comme une vérité. Dans la mesure où je la considère comme une vérité, le débat devient inutile, même avec moi-même.

> *« C'est parce que l'intuition est surhumaine qu'il faut la croire; c'est parce qu'elle est mystérieuse qu'il faut l'écouter; c'est parce qu'elle semble obscure qu'elle est lumineuse. »*
>
> Victor Hugo.

Le pouvoir du cœur est immense et souvent, je le sous-estime car il ne s'exprime pas avec des mots mais par les émotions. Pourtant si je lui porte toute mon attention, il me guide dans une confiance sans faille et sait me guérir dans l'amour le plus pur. Il me relie à moi-même, à l'autre, à la terre et à la vie. C'est la raison pour laquelle le vouloir du cœur demeure un guide précieux. Grâce à lui, je me connecte à tout ce qui existe et je m'éveille à la véritable connaissance de ce que je suis, c'est-à-dire à ma propre conscience ou la réalité de mon monde.

J'accepte de ne pas être la meilleure dans tout ce que je fais. J'accepte de ne pas toujours avoir raison. J'accepte aussi de me faire confiance, de faire confiance à l'autre et aux mystères de la vie. J'accepte encore de vivre dans une nouvelle énergie qui me nourrit de l'intérieur. C'est difficile car bien souvent, il faut lâcher les rênes du contrôle alimentées par mon égo.

Les valeurs universelles

La nature profonde de l'humanité repose sur des valeurs propres à notre espèce. Ces valeurs reposent sur la bonté, l'empathie, la compassion, le respect et l'amour et créent des liens profonds entre tous les êtres vivants. Le meilleur de nous-mêmes s'appuie sur ces valeurs auxquelles nous adhérons parce que nous y croyons.

Ce sont des valeurs perçues et embrassées par l'humanité tout entière, quelle que soit notre éducation, notre religion, notre culture ou notre histoire personnelle.

Lorsque ces valeurs sont écartées, je condamne le lien fondamental qui m'unit à moi-même et à tout ce qui existe. Je deviens de la même manière un être distinct et séparé du reste, vivant constamment dans l'instinct de survie. Mon égo, quelquefois démesuré, me rappelle régulièrement qu'il est là et qu'il veut régner en maître absolu sur ma vie.

Si notre monde perdait ses valeurs, notre civilisation entière serait en danger. Et c'est sans doute déjà le cas. Référons-nous à la situation économique mondiale dont une poignée de privilégiés profite toujours plus des richesses produites par les masses laborieuses, travaillant comme des fourmis. *Business is business* comme on le dit bien souvent.

Aujourd'hui cependant, des millions de personnes se mobilisent pour réclamer un monde meilleur. Les gens participent aux « marches pour le climat » et certains, harassés par les inactions des gouvernements, passent à la désobéissance civile. Mais même ainsi, il semblerait que seul compte le *Business as usual*. On produit, on consomme et on détruit sans relâche. Et pourtant, l'effondrement a commencé depuis bien trop longtemps.

J'ai bien conscience qu'il n'est pas facile d'inverser cette spirale descendante car ce système n'a pas d'états d'âme. Mais je pense sincèrement que si les chefs d'entreprises et nos gouvernants s'inspiraient de nos valeurs universelles qui font de nous des êtres humains, il n'y aurait pas autant de misère. C'est dans leur libre arbitre que réside leur humanité. Bien sûr, on me dira d'entrée que tout ce que je dis à ce sujet n'est qu'une déclaration naïve. Mais je pense que la pire des naïvetés est de croire qu'on n'a pas d'impact sur le monde. Notre devoir en tant que citoyen de la planète Terre est d'activer les leviers du changement et de choisir nos actions. Ce devoir appartient à chacun, y compris pour les pouvoirs qui dirigent notre monde. Les valeurs communes placent l'humain au cœur de l'action et se justifient par le respect et la sauvegarde des relations que nous entretenons avec nous-mêmes, avec nos semblables et envers toute forme de vie. Et même si nous naviguons sur des bateaux différents, nous partageons tous les mêmes océans.

Les relations humaines sont primordiales. Une étude originale sur le bonheur des adultes a été menée aux États-Unis par Robert Waldinger, célèbre psychiatre et psychothérapeute. Il est le quatrième responsable de recherche à poursuivre cette étude, qui a démarré avant la Seconde Guerre mondiale et demeure toujours en cours aujourd'hui.

Son travail consiste à démontrer que les relations humaines impactent fortement notre santé et notre bonheur. Plus elles sont saines et de qualité, plus nous sommes heureux et en bonne santé. Le contraire est par définition valable aussi. Plus nos relations sont hostiles, voire absentes, plus nous sommes malades et malheureux.

Si comme moi, vous avez vu le film « Seul au Monde » réalisé par Robert Zemeckis avec Tom Hanks, on comprend mieux l'impact du manque total de relations humaines. Chuck, le personnage joué par Tom Hanks, se retrouve seul sur une île déserte à la suite d'un accident d'avion. Dans les débris, il trouve un ballon de volley qu'il appellera Wilson. Avoir un nom est porteur de sens car il donne une identité. Doté d'une âme, Wilson deviendra au fil du temps un compagnon attachant et inestimable. Il permettra à Chuck de rester en vie sans sombrer dans la folie grâce à ce lien social indispensable à son propre équilibre psychologique.

Ainsi, grâce à nos valeurs et à nos relations, nous nous rapprochons de nous-mêmes, de nos semblables et de la nature, tout en nous incitant à devenir meilleurs. Ces valeurs vivent en nous et s'enracinent dans une quête de sens qui accroît la valeur de la vie elle-même. Plus nous accomplissons des actes justes auxquels nous croyons, plus nous nous rapprochons de notre propre humanité qui n'est autre que notre nature profonde. Tout commence toujours par soi car qu'on le veuille ou non, les autres sont déjà pris.

Les valeurs personnelles

Mes valeurs personnelles sont des croyances issues de ma personnalité. Une partie de cette personnalité a été définie à ma naissance et m'attribue tout ce qui est inné, c'est-à-dire lié à mon patrimoine génétique.

L'autre partie par opposition est ce qui est acquis. L'acquis se forge avec le temps et compose le bagage obtenu par l'éducation, les connaissances, l'expérience et l'influence du monde qui m'entoure.

L'inné et l'acquis modèlent mes structures psychologiques, la façon de me comporter et de réagir face à mon environnement. Ils établissent ainsi mon système de croyances et façonnent ma personnalité.

Toute cette diversité rend chacun de nous unique. Même si nous avons une multitude de points communs avec nos semblables, nous sommes uniques sur le plan génétique, uniques sur le plan intellectuel, uniques sur le plan émotionnel et uniques sur le plan spirituel.

Nous empruntons des routes qui nous sont propres en fonction de tout ce que nous avons emmagasiné à l'intérieur de nous-mêmes. Personne n'a jamais eu le même parcours, même pas les vrais jumeaux qui ont souvent vécu dans un environnement similaire et se ressemblent au point de ne pouvoir les différencier.

Ils ont le même groupe sanguin, les mêmes tissus organiques, partagent les mêmes maladies génétiques car ils possèdent un patrimoine génétique identique. L'inné est pratiquement équivalent mais l'acquis peut varier considérablement car tout dépend de l'interprétation de cet acquis.

C'est ainsi que je me souviens d'un débat à la télévision que je vis lorsque j'étais enfant sur les vrais jumeaux ou jumeaux monozygotes. À titre indicatif, les vrais jumeaux résultent de la division d'un ovule fécondé par un seul spermatozoïde.

Ces jumeaux avaient un père au chômage, violent et porté par l'alcool, et une mère qui brillait par son absence. Les deux furent placés ensemble dans les mêmes familles d'accueil. L'un d'eux devint comme son père, violent et alcoolique. Il ne fit pas d'études et se contenta de petits boulots où il ne restait jamais longtemps. Le second fit des études et devint avocat. Il consacra sa vie à la défense des affaires de violence psychologique. Pourquoi ?

Ils avaient un acquis qui a évolué différemment au fil du temps. Le premier s'est laissé submerger par des émotions dévastatrices, le second les a canalisées pour en faire son cheval de bataille et donner du sens à sa vie.

« Le cœur a ses raisons que la raison ignore. »
Pascal.

Si l'unicité fait que je suis unique, en quoi suis-je différente des autres ?

Pour le savoir, je porte à ma conscience la relation que j'entretiens avec moi-même, c'est-à-dire qui je suis dans ce qui m'identifie ou me différencie de mes semblables. C'est un exercice difficile car si je me restreins à rester dans un état de conscience objectif et analytique, je ne peux connaître qu'une petite partie de moi-même, celle qui fait preuve de raison. Pour aller un peu plus loin, je dois porter mon attention à la conscience subjective ou mon subconscient. C'est là que je découvre la magie d'une nouvelle réalité car c'est la sphère où je commence à modifier le rapport que j'ai avec moi-même.

L'unicité constitue la singularité et l'originalité de la personnalité de chacun. Nous pourrions tous apporter quelque chose de spécifique au monde.

Il nous arrive souvent, moi la première, de faire des choses, de façon automatique, sans prendre le temps de s'assurer que ce que nous faisons est en accord avec nos valeurs. Nos actions sont souvent conditionnées par des habitudes totalement intégrées au sein de notre subconscient qui joue le rôle de pilote automatique et nous enferme dans la routine. Pourtant, il me semble plus logique que pour « faire », il faut commencer par « être ». Le mode « être » est un mode de fonctionnement dans lequel nous prenons en compte notre monde émotionnel pour appréhender la vie plus sereinement et donner du sens à nos actions.

« Faire » est une fonction du corps, « être » est une fonction de l'esprit. Elle renvoie à la liberté d'être soi-même pour faire germer les idées qui nous ressemblent. En tant qu'êtres humains, nous faisons souvent le contraire. La plupart du temps, nous exerçons un travail pénible que nous n'aimons pas et pour lequel la seule justification à son existence est de remplir a minima notre survie matérielle. La situation est similaire dans la vie de couple. Quelquefois nous faisons tout pour rester ensemble sans chercher à comprendre si l'autre nous convient. Nous nous accrochons à lui (ou à elle) car nous avons peur de perdre au change, peur de la solitude et peur de l'inconnu.

L'idée d'être avant de faire est merveilleusement belle mais n'est pas facile à mettre en place dans une société où règnent une féroce concurrence et un stress omniprésent. En outre, si « être » est une fonction de l'esprit, nous semblons néanmoins nous fermer à tout ce qui a trait à notre véritable nature. Nous restons, pour la plupart, en manque d'intérêt, voire insensibles pour les sujets spirituels. Nous préférons passer notre temps à faire quelque chose d'immédiat et de plus matérialiste plutôt que de chercher à « être ». Nous avons oublié la valeur de l'essentiel.

J'entends souvent des choses comme : « Je n'ai pas le temps, cela ne m'apporte rien, c'est drop dur de se poser des questions profondes. Tu me parles de spiritualité ? Pardon, il faut que j'aille faire quelques emplettes pour l'anniversaire de Léa ».

D'autant plus que lorsqu'on s'intéresse à la spiritualité, au début nous rencontrons de nombreux obstacles car plus nous plongeons à l'intérieur de nous-mêmes, moins nous avons l'impression de savoir.

La citation « Tout ce que je sais, c'est que je ne sais rien » est attribuée à Socrate, un des plus grands philosophes de notre Histoire. Bien qu'il n'ait jamais écrit une seule ligne, c'est son disciple Platon qui la rapporte. Pour Socrate, l'illusion du savoir est la plus grande des entraves au savoir. Il nous invite à prendre la mesure de notre ignorance lorsque nous partons à la recherche de réponses à nos interrogations les plus profondes. À un moment ou un autre, nous serons confrontés à quelque chose qui nous dépasse. C'est un processus inéluctable. Si nous refusons d'y faire face, nous vivrons dans une ignorance qui ferme les yeux sur elle-même et nous croirons aux réponses toutes faites établies par nos semblables. Nous finirons par nous nier nous-mêmes car sans chercher de réponses personnelles, nous accepterons l'expérience des autres comme notre propre vérité.

Carl Gustav Jung

Arrêtons-nous un instant à Carl Gustav Jung. Disciple de Freud pendant une période importante de sa vie, le médecin, psychiatre et psychologue Jung a étudié les souffrances psychiques, les troubles du comportement, l'anxiété, les dépendances et les problèmes relationnels.

Mais il s'intéresse également à tous les courants de pensées occidentales, les sciences naturelles, l'anthropologie, l'alchimie, les rêves, la mythologie, la religion et la philosophie.

J'ai choisi de me pencher sur Jung à la suite de Descartes car avec ce dernier la coupure est nette entre la nature et l'esprit car la raison prédomine. Jung accorde une grande importance au lien profond que l'être humain entretient avec lui-même et la nature. Il propose un chemin plus positif et plus harmonieux où l'esprit dispose d'un réel pouvoir de transformation.

Jung devient un pionnier des psychologies des profondeurs initiées par Freud dont le but est d'explorer le psychisme, théâtre des processus inconscients.

Mais il se situe à l'opposé du pessimisme de Freud qui pense que tout être humain est soumis à un déchirement intérieur permanent.

Jung est souvent présenté comme le précurseur de l'écopsychologie, champ de recherche ou de médiation qui étudie le lien émotionnel et les interactions entre les êtres humains et la nature. Son but est de concevoir un mode de vie durable et de protéger la Terre de son déséquilibre dont l'être humain est seul responsable.

Sa réflexion s'appuie sur l'étude du comportement humain souvent fondée sur l'individualisme et le nationalisme qui conduisent l'homme à vivre séparé de la nature.

Il écrit *Entretiens* avec C.G. Jung, Evans :

> «À mesure que la connaissance scientifique progressait, le monde s'est déshumanisé. L'homme se sent isolé dans le cosmos, car il n'est plus engagé dans la nature et a perdu sa participation affective inconsciente avec ses phénomènes. Et les phénomènes naturels ont lentement perdu leurs implications symboliques. Le tonnerre n'est plus la voix irritée d'un dieu ni l'éclair son projectile vengeur. La rivière n'abrite plus d'esprits, l'arbre n'est plus le principe de vie d'un homme, et les cavernes ne sont plus habitées par des démons. Les pierres, les plantes, les animaux ne parlent plus à l'homme, et l'homme ne s'adresse plus à eux en croyant qu'ils peuvent l'entendre. Son contact avec la nature a été rompu, et avec lui a disparu l'énergie affective profonde qu'engendraient ces relations symboliques...
> Notre vie présente est dominée par la déesse Raison qui est notre illusion la plus grande et la plus tragique. C'est grâce à elle que nous avons vaincu la nature...»

La civilisation nourrie de Raison semble avoir vaincu la nature alors que nous devions la protéger car elle subvenait à tous nos besoins qu'ils soient matériels ou psychiques. Avec cette nature, nous entretenions des liens privilégiés avant le siècle de la Raison. Cette «déesse» de la Raison qu'il décrit comme une illusion s'établit dans la volonté systématique de chercher à vouloir tout expliquer de manière universelle et analytique.

On examine la nature depuis un angle extérieur et on essaie de l'expliquer par des concepts linéaires et mathématiques qui nous en éloignent. Jung ne parle pas que de la nature que nous voyons et qui est extérieure à nous. Il parle aussi de celle qui est à l'intérieur de notre être.

C'est ainsi que l'Occident vit jusqu'au XIXe siècle, avec la certitude que la conscience de la raison constitue la pierre angulaire de notre existence grâce au célèbre «je pense donc je suis» de Descartes. Mais Jung va démarrer une nouvelle analyse où le «je suis» devient le centre d'une nouvelle idée : si je suis, qui suis-je ?

Selon Jung, l'homme dans sa quête d'humanité, traverse quatre étapes au cours de sa vie.

La première est l'étape de l'athlète. Elle se base sur l'importance de notre corps, notre apparence et nos capacités physiques. Nous sommes uniquement ce corps.

La seconde étape est celle de l'aventurier. Notre attention se porte au-delà de nos apparences physiques afin de conquérir le monde pour obtenir plus de choses et nous sentir meilleurs grâce à tout ce que nous possédons. Nous avons la capacité de passer rapidement à l'action et mettons beaucoup d'effort à la réalisation de nos objectifs matériels.

La troisième étape est celle de la sagesse. L'homme réalise que tout ce qu'il a fait jusque là ne suffit plus à le satisfaire. Il se détache de l'idée de devoir faire ses preuves. Il met l'accent sur sa propre vie et s'efforce d'être plus sage en reléguant au second plan la poursuite des possessions matérielles. Il se concentre sur son utilité dans la communauté. Son idée principale consiste à donner à celles et ceux qui sont dans le besoin afin quitter ce monde meilleur que lorsqu'on y est entré.

La quatrième et dernière étape est l'étape spirituelle où nous sommes plus que notre corps. Nous nous dirigeons au-delà du plan physique, du besoin d'aventures et de possessions. Nous réalisons qu'aucune des trois étapes précédentes ne répond réellement à la question de ce que nous sommes bien que la troisième commence à nous mettre sur la voie. C'est dans cette dernière étape que nous sentons le besoin de pénétrer la partie invisible de notre être.

Selon Jung, c'est à ce stade que l'on devient un individu complet car nous sommes capables de nous voir tels que nous sommes et ainsi légitimer notre véritable nature. Cette justesse de notre connaissance personnelle profonde augmente notre désir de nous relier à tout ce qui existe. Nous développons ainsi une cohésion affective plus grande avec nous-mêmes tout en établissant un lien intime avec la nature et l'Univers.

Il a écrit : « Nul ne peut avoir de lien avec son prochain s'il ne l'a d'abord avec lui-même »

Malheureusement, au fur et à mesure que la conscience de la raison se développe, elle perd de plus en plus contact avec une partie de l'énergie primitive qu'il nomme « inconscient ». On néglige le rôle de l'âme et de l'esprit. Tout s'intellectualise dans un monde cartésien qui plonge l'homme dans les ténèbres car la lumière de la raison n'est plus suffisante pour l'éclairer.

Le monde de la raison est dominé par les sciences où l'objet extérieur devient puissant au mépris de la connaissance de soi. L'inconscient ne peut suivre car il est relayé au second plan. Il se cloître en position de défense, attendant qu'on le libère.

Pour l'équilibre, la raison seule reste impuissante. L'inconscient résiste et tente d'affaiblir la raison en essayant de rétablir l'équilibre perdu.

D'autre part, le matérialisme croissant dévie l'homme de ce qu'il est réellement. Plus il cherche du bien-être extérieur, plus il fait taire la voix intérieure de son âme qui réclame elle aussi sa contribution car elle veut elle aussi se réaliser. Cette dualité fait que l'homme se déséquilibre encore un peu plus au profit des biens matériels et en dépit de ses besoins psychiques. Le progrès, bien qu'utile, arrache l'homme à ses racines et met son âme à genoux.

C'est ainsi que le monde de la raison et le matérialisme croissant s'opposent à l'inconscient, scindant l'homme en deux car il est toujours à la recherche de réponses extérieures et d'illusions matérielles.

Pour Jung, le remède c'est l'individuation. C'est le processus qui se rapporte à la réalisation de soi par la prise de conscience graduelle des éléments contradictoires et dissonants qui forment la totalité psychique, consciente et inconsciente de l'individu. Le but consiste à devenir le plus conscient possible pour faire ressortir notre unicité en tenant compte des deux portions qui forment l'esprit. Une seconde naissance, en quelque sorte.

L'individuation n'exclut personne. Elle fait partie d'un tout universel. L'homme est tenu d'y forger ses propres valeurs, le rendant unique tout en se rapprochant des autres et de la nature.

« Tu n'y verras clair qu'en regardant en toi. Qui regarde l'extérieur rêve. Qui regarde en lui-même s'éveille ».

Jung

Jung développe également l'idée d'une « âme collective » qu'il appellera « inconscient collectif ». Selon lui, les énergies qui agissent au sein du psychisme peuvent être communes à l'ensemble de l'humanité. Cet inconscient collectif définit le fonctionnement des êtres humains lié à tout ce qui est imaginaire, quels que soient les époques et les lieux. Cet imaginaire a le pouvoir d'influencer et de conditionner les représentations individuelles et collectives. Jung parvient à la conclusion que les rêves et les fantasmes renferment des concepts qui n'appartiennent pas à la mémoire individuelle mais à l'humanité toute entière et depuis toujours. Cette humanité est reliée de l'intérieur par ce qu'il appelle des archétypes communs à tous.

Il s'inspire des travaux sur la loi des séries du biologiste Paul Kammerer qui développe le principe de sérialité, indépendante de la causalité et fondée sur l'observation de coïncidences survenues au cours de sa vie.

Kammerer considère que les phénomènes de coïncidences isolés ou en série sont généralement la manifestation d'un principe universel de la nature. Il cherche à établir une loi universelle qui œuvre dans ce que nous dénommons des hasards. Pour lui, le hasard n'existe pas. C'est un élément qui se déclenche dans l'Univers pour joindre dans le quotidien des combinaisons qui s'accordent entre elles. Selon lui, l'Univers nous livre une chose après l'autre dans un enchaînement parfait car tout arrive pour une raison.

Cette théorie de sérialité préfigure l'idée de synchronicité dont Carl Jung se réfère dans ses écrits. Jung définit la synchronicité comme «l'occurrence simultanée de deux évènements liés non par la cause, mais par le sens». En d'autres mots, il s'agit des mystérieuses coïncidences liant au moins deux évènements entre eux sans rapport de causalité ni sens commun mais riches de signification pour la personne qui les perçoit. Dans la réalité concrète, il s'agit d'évènements qui font partie d'un même schéma et qui s'enchaînent pour établir un lien automatique avec d'autres évènements de notre vie.

Certain (e) s interprètent la synchronicité comme un clin d'œil de l'Univers, quelque chose de magique, d'inexpliqué et d'inhabituel, nullement lié au hasard.

Elle ne peut être mise sous forme d'équation ni être interprétée de manière mathématique ou scientifique. Elle est impossible à reproduire par les chercheurs. Elle est au-delà de la pensée scientifique rationnelle car elle fait partie du monde subjectif et intuitif.

Il suffit de prêter attention au monde qui nous entoure, de l'interpréter de façon intuitive et de donner du sens à ce que l'on expérimente. On y amène le sens que l'on veut trouver et qui semble nous accommoder. La magie de la synchronicité c'est qu'elle œuvre pour le meilleur de nos croyances. Même si elle peut surprendre, elle séduit les individus qui se laissent guider par les sentiments qu'elle leur inspire.

« La synchronicité est une réalité présente pour ceux qui ont des yeux pour voir. »

Jung.

Le voyage vers soi

Comme Descartes ou Socrate avant lui, Jung nous invite au voyage, le voyage vers soi. Il nous convie à nous analyser depuis notre source interne afin de développer une cohésion affective plus grande avec notre nature profonde. Il affirme que notre propre évolution ne pourra s'amorcer qu'à partir du moment où nous changerons la perception que nous avons de nous-mêmes.

La Raison, que je laisse ici volontairement avec une majuscule, a pris une place trop importante dans nos vies. Selon Jung, elle doit être relayée au second plan pour nous ouvrir à une perception du monde moins matérialiste et plus intuitive, même si elle nous dépasse par l'incompréhension.

Pour lui, une vie réussie repose sur une nourriture spirituelle qui subvient aux besoins du cœur et de l'esprit tout en entretenant une relation avec les mystères de la vie inaccessibles par la Raison.

Selon lui, l'intuition est tout aussi influente que la pensée rationnelle. Et pourtant la plupart du temps, nous avons beaucoup de mal à lui faire confiance car nous plaçons la raison au premier plan.

Le voyage spirituel en vue d'une transformation de l'être commence toujours à l'intérieur de nous-mêmes. Pour vivre plus heureux, l'éveil spirituel doit reprendre sa place. C'est selon moi, apprendre une nouvelle façon d'être.

Mais comment faire pour «être»?

J'ai fait beaucoup de recherches et j'ai lu quelques livres écrits notamment par Wayne Dyer, un de mes maîtres spirituels aujourd'hui disparus. Tout ce que j'y lisais résonnait en moi comme une partition musicale bien connue. J'avais le sentiment qu'avec son enseignement, tout sonnait juste en moi et me paraissait familier.

Dyer énonce qu'à l'intérieur de chaque être humain, il existe une partie incorporelle qui constitue le siège de notre véritable identité. C'est cette part en nous plus aimante, plus noble et harmonieuse qui nous apprend à nous faire confiance et à nous aimer nous-mêmes. Elle n'apparaît pas instantanément, il faut creuser en soi et l'explorer.

Il explique que le «je» que nous utilisons pour nous nommer depuis notre plus tendre enfance est le même «je» que nous utilisons à l'âge adulte. Notre corps se modifie par une intelligence mystérieuse et indépendante qui organise nos milliards de cellules, se débarrasse des anciennes et en produit de nouvelles. Pourtant, nous n'avons plus les mêmes cellules biologiques de notre enfance car elles ont toutes été renouvelées. En d'autres mots, tous ces petits éléments composant notre organisme d'antan n'existent plus. Pourtant le «je» réside toujours. Nous changeons sans devenir autre, comme un fruit qui mûrit et s'enrichit à l'intérieur de lui-même.

Tout ce que désire ce «je» incorporel c'est-à-dire la partie la plus élevée de nous-mêmes c'est «être». Son but est de nous amener à vivre en accord avec tout ce que nous sentons vrai à l'intérieur de nous-mêmes. En d'autres termes, ce «je» incorporel et spirituel cherche à ce que nous nous accomplissions en éveillant et élevant notre propre conscience pour nous rapprocher le plus possible de notre nature profonde, synonyme de réelle identité.

Si notre nature profonde était un lieu, il serait immergé dans les abysses de notre conscience. Comme la lumière ne filtre pas, il faudrait allumer une chandelle symbolique. À l'image de la petite sardine, elle doit glisser en profondeur à l'intérieur d'elle-même pour trouver la lumière qui n'est autre que l'amour.

Mais si notre nature profonde perdure, cela voudrait-il dire qu'elle échappe au temps et demeure éternelle ?

Dans les trois religions du Livre qui sont le christianisme, l'islam et le judaïsme, « Dieu a créé l'homme à son image ». Pour moi, c'est déjà une partie de réponse, acceptée par le plus grand nombre.

On attribue à la plupart des religions, une âme éternelle après la mort. La mort serait une transition, un passage vers un autre état, un autre monde et un autre mode de vie. La mort est intégrée à la vie de telle sorte qu'il y a une continuation après notre mort physique, soit en la résurrection, soit en la réincarnation pour les religions ou philosophies orientales.

Personnellement, je crois en la perpétuité de la vie et à l'existence d'une Conscience universelle qui maintient l'équilibre dans le cosmos et donne vie à tout ce qui existe, du plus petit atome à la plus grande des galaxies.

Qu'est-ce qui me donne cette foi spirituelle mais non religieuse ?

Si j'observe l'ordre de la nature, je constate qu'il est équilibré et reflète beaucoup d'amour. Tout ce qui existe dans la nature exprime à travers son organisation même, une intention créatrice fondamentalement riche et abondante qui s'apparente à des lois naturelles. Les lois de la nature sont des vérités immuables.

Les lois régies par les êtres humains sont en constante mutation. La politique n'est qu'un accord qui ne dure jamais longtemps. D'un gouvernement à un autre dans chaque pays, on construit, on modifie, on démolit. Il n'y a qu'à regarder les processus politiques, économiques, écologiques et sanitaires en action dans les grands bouleversements planétaires. Les lois humaines ne sont que des changements provisoires qui s'effectuent au gré des différentes conceptions de la justice.

De plus, les lois de la science essaient de façonner une image objective de la réalité alors que la science elle-même est une création du savoir-faire humain. L'image objective est aujourd'hui impossible car la complexité de tout ce qui existe est bien trop vaste pour tenter de répondre et d'expliquer tous les phénomènes naturels de l'Univers.

Les lois humaines sont nécessaires pour vivre en société et les lois de la science sont utiles pour comprendre le fonctionnement de notre monde. Mais je refuse de croire que l'origine de la vie et la complexité de l'Univers soient le fruit du hasard. C'est avec fascination que les scientifiques ont découvert à quel point tout dans l'Univers est ordonné, millimétré et tourne à une certaine cadence mesurable.

Les lois définies par la nature et le cosmos se gouvernent seules grâce à une énergie cosmique qui possède sa propre intelligence. C'est la raison pour laquelle j'ai la foi en cette Conscience universelle.

D'ailleurs Einstein a dit un jour : « Le hasard c'est Dieu qui se promène incognito » reconnaissant ainsi un pouvoir supérieur à la création de l'Univers.

Expérience personnelle du voyage vers soi

Dans un premier temps, je m'approprie le « je pense donc je suis » de Descartes et ce « je pense » devient le point de départ de ce voyage fabuleux. Petit à petit, le « je pense » se dynamise en un « je suis » plus profond. C'est là que la magie de la vie opère car je suis consciente d'aller à la rencontre de moi-même bien au-delà des apparences. Le « je suis » devient une présence, une affirmation de mon nouvel état d'être. Par exemple, si je dis en toute conscience : je suis sereine, je suis forte, je suis libre, je ressens toute la force de cette affirmation et je finis par réellement me sentir sereine, forte et libre.

Mais comment voyager dans mon monde intérieur ?

Si je pose mon regard en toute intimité dans mon monde intérieur, je me rends compte au début que la confusion s'immisce à cette perception et tout peut me sembler chaotique.

C'est comme si j'étais sur un pont au-dessus d'une autoroute et que je regardais passer les voitures dans les deux sens avant un long week-end ou lors des chassés-croisés des touristes de l'été.

J'ai dû mal à fixer mon regard sur un véhicule car il est en mouvement jusqu'à disparaître de ma vue. J'essaie avec un autre mais le même scénario se produit. C'est seulement lorsque le trafic est arrêté que je parviens à observer chaque automobile. C'est pareil dans mon esprit. La confusion est une dimension de la véritable compréhension et le calme est nécessaire pour pallier l'éparpillement et dépasser la confusion.

Je m'invite à la méditation car je réalise que cette nature intérieure n'est pas accessible à ma compréhension immédiate. Mon travail lors de la méditation n'est pas de faire quoi que ce soit mais d'être dans un état de présence. Ce n'est pas une expérience anodine. Elle laisse des traces profondes qui modifient la perception que j'ai de moi-même et ma vision du monde.

La clé de l'évolution sur le chemin de l'éveil spirituel c'est l'engagement et la persévérance comme tout art qui se pratique. À l'image d'une personne désireuse de jouer du piano, si elle se place devant le clavier sans aucun apprentissage, elle produira des sons aléatoires. Si elle apprend à jouer avec engagement et persévérance, elle développera une musique harmonieuse capable de transmettre le meilleur d'elle-même.

Le but de la méditation c'est un retour vers soi en vue d'une transformation profonde de l'être. Petit à petit, je découvre qui je suis car je laisse la place à ma véritable nature pour s'exprimer.

Selon moi, le premier pas vers l'éveil spirituel est d'apprendre intimement à se connaître.

Lorsque nous savons qui nous sommes loin de toutes nos croyances erronées, nous nous transformons de l'intérieur et nous commençons à comprendre notre unicité et tout que nous pouvons apporter aux autres.

Nous sommes tous des petits grains de sable sur l'immense plage qui s'appelle la Terre. Pour modifier la structure du sable, chaque petit grain de sable doit prendre conscience qu'il doit d'abord se transformer lui-même pour transformer le monde qui l'entoure. Beaucoup de personnes en parlent déjà, ce sont des modèles pour les autres. Plus on en parlera, plus cette idée se propagera à travers la planète.

De plus, les bienfaits de la méditation sont nombreux, autant au niveau de la santé physique que mentale. Des études effectuées sur des personnes qui méditent de manière régulière démontrent un renforcement du système immunitaire, une hausse des anticorps et des cellules souches dans le corps, une réduction du taux de cholestérol dans le sang, une baisse de la tension artérielle et une diminution du stress. Ces personnes sont plus sociables, plus soucieuses des autres et plus épanouies.

Personnellement avec du temps, de l'engagement et de la persévérance, je parviens à me détendre et à ressentir un équilibre et une paix qui exercent une attraction mystérieuse. C'est dans cet état de quiétude que la peur se dissout et que je trouve la force qui agit à travers moi. Lorsque ma conscience est nettoyée de tout ce que je ne veux pas, il ne reste plus qu'un sentiment qui m'anime, pur et puissant. J'expérimente le sentiment d'amour. Lorsque l'amour dévoile sa lumière invisible et un sentiment de paix infini, une force active créatrice de vie et de sens apparaît. La méditation fait transparaître ma nature véritable qui s'élève de plus en plus pour être ce que je suis portée à être.

Dans la vie concrète, la méditation me mène dans un monde de compassion, de beauté, de bonté, d'amour et de paix. Dans un premier temps, elle crée un nouvel élan qui se centre sur moi-même dans tout ce que je sens vrai à l'intérieur. Dans un second temps, la sensibilité augmente et déclenche un désir altruiste de liens profonds avec tout ce qui vit. J'ai alors le sentiment d'appartenir à cette Conscience infinie. C'est lors de la méditation que je me connecte à tout ce qui me dépasse et au beau côté de la vie. Je cultive ces émotions spirituelles pour devenir le témoin et un outil à l'expression de cette Conscience.

Nous aimons tous ce qui est beau n'est-ce pas ? Pourtant le sens de la beauté est un acte conscient qui dépasse la connaissance. Lorsque par exemple je pose consciemment mes sens sur la beauté du lilas, je perçois le mystère qui s'en dégage car je regarde avec le cœur. Cela peut paraître bien étrange mais la beauté qui nous inspire, reflète ce qui vit en nous tout en faisant abstraction de la pure connaissance. Le lilas est terne si je suis incapable d'observer au-delà de l'apparence. Il resplendit quand sa forme m'invite à faire un retour conscient sur moi-même. Leur langage commun ne peut être que l'amour.

Je suis persuadée que notre conscience est un outil précieux pour nous aider à remettre en cause nos croyances erronées. Nous sommes bien plus que ce que nous croyons et nous pouvons devenir autres tout en restant nous-mêmes plus que jamais par le passé.

Pendant de nombreuses années, j'avais négligé cette autre part de moi-même bien plus importante et spirituelle. Petite fille, je ne m'étais sentie ni accueillie, ni aimée, ni sécurisée. À cause de cela, jamais je n'avais offert mon hospitalité au meilleur pensant que je ne méritais rien.

J'ai repoussé des gens qui m'aimaient par peur de les perdre et j'ai noyé ma colère, ma tristesse et ma rancœur dans l'alcool, persuadée que la vie ne valait rien. J'avais aussi privilégié le monde matériel pensant qu'il n'y avait que ça. Je suis restée longtemps sans comprendre, à vivre le reflet de moi-même, faute d'avoir gratté la surface en profondeur.

Aujourd'hui, je réalise qu'un retour sur soi exerce une influence bénéfique dans ma vie de tous les jours. Cette nature intérieure m'encourage à aller à la recherche de ma propre grandeur en m'accordant plus de confiance et plus d'amour. Le sentiment de peur diminue car je lâche les rênes du contrôle pour oser aller là où je ne suis jamais allée.

Je résiste à la raison et je favorise l'écoute intérieure. C'est un apprentissage qui invite à l'émergence d'une intelligence émotionnelle qui sommeille dans le cœur de tous les êtres humains.

J'ai coupé les ponts avec mon ancienne existence et j'ai voulu changer pour donner à ma vie la forme que je désire. J'ai arrêté de croire que le bonheur se vend et s'achète. Le monde moderne tente de nous faire croire qu'il nous manque toujours quelque chose et tout ce qui se vend et s'achète en lieu et place du bonheur, c'est une ligne d'arrivée inexistante. Des études récentes ont démontré qu'en règle générale malgré les progrès qui nous garantissent un confort matériel évident, nous ne sommes pas plus heureux qu'auparavant. Bien au contraire.

Aujourd'hui, j'apprécie toujours les plaisirs sensoriels mais mon besoin d'obtenir satisfaction à tous mes désirs matériels n'occupent qu'une part infinie de l'équation.

D'une certaine façon, je me sens libre d'être moi-même. J'ai fait face à mes souffrances, soigné mes blessures, modifié mes croyances et je continue de le faire sans me juger.

Aujourd'hui, je me sens vivante et totalement présente. Si quelquefois, j'ai une baisse de moral, je sens cette force en moi qui m'encourage à lui faire confiance. J'apprends à rebondir pour tirer une leçon des évènements difficiles et aborder la vie plus sereinement grâce à ce lien spirituel. J'accepte plus facilement ce qui est tel qu'il est sans me comporter en victime et j'en apprends davantage sur moi.

Je ne regarde plus une fleur de la même manière qu'avant, ni un arbre, ni un insecte ou un animal familier. Ni un être humain. Je m'identifie à tout ce que je vois me sentant étroitement liée par un fil invisible. Ce fil ne semble venir de nulle part et de partout à la fois. Il est ce qui unit dans la Conscience, tout ce qui est.

Mon comportement aussi évolue. Je sens une présence harmonieuse qui s'installe paisiblement quoi qu'il se passe à l'extérieur. Je ne vois plus le monde de la même manière et pourtant je n'ai pas changé de planète. Je me sens plus optimiste et je m'investis avec enthousiasme dans tout ce que je fais. Mon désir le plus profond est de vivre en harmonie avec ces deux natures divinement présentes. Il s'agit de celle que je vois et celle qui vit en moi, pour donner à mon tour, le meilleur de moi-même.

Je me suis aperçue grâce à Carl Gustav Jung que le mode de vie que nous avons majoritairement emprunté nous a éloignés de la source même de la vie, moi la première. Pendant des années, je me suis sentie accaparée par une foule d'occupations et de préoccupations dans un quotidien qui se répétait sans cesse. Je fabriquais mes propres routines pour rester maître de ma vie. Tout cela me rassurait. Je cherchais à contrôler ma vie personnelle, professionnelle et familiale, mes émotions, mon corps, mes relations et même des évènements extérieurs sur lesquels je n'avais aucune prise. Le moindre imprévu suscitait un sentiment de panique bien connu qui me faisait vivre dans un stress permanent.

Je me suis lassée de laisser s'évanouir ma vie de cette manière. D'autant plus si le destin frappe une première, une seconde et une centième fois. Tout cela crée de la souffrance. Lorsque la vie que l'on mène fait de plus en plus mal, soit on continue, soit on change. J'ai opté pour le changement. La seule chose à faire était de me changer moi-même.

Dans ce processus de transformation, plus j'apprends à me connaître, plus je découvre l'équilibre en moi et entre tout ce qui existe. Je garde les pieds sur terre mais la tête enfouie dans le ciel car je suis un être rationnel tout en étant un esprit qui se permet de rêver d'un monde plus stable et désirable.

Je prends régulièrement le temps de m'accorder une pause pour contempler la beauté infinie de la nature et vivre consciemment le moment présent, sans téléphone portable ou autres outils technologiques à portée de main. J'y vois la magie de la vie qui me raconte des histoires aux mille couleurs et aux plus belles sensations.

Je regarde un bourgeon qui pousse, une fleur qui se transforme en fruit, le dessin de l'écorce sur un arbre, la balade des insectes sur le sol ou dans les airs, les collines boisées, les plaines environnantes ou l'immensité du ciel.

Je regarde le soleil se lever ou se coucher et les nuages aux formes originales qui se promènent dans le ciel.

J'écoute la mélodie des insectes, celle du silence, le gazouillis des oiseaux, le murmure des feuilles bercées par le vent. Quand j'en ai l'occasion, j'accueille la poésie de la mer et le bruit des vagues qui frappent sur les rochers.

Je sens les rayons du soleil, le vent souffler son énergie et éveiller mes sens. Je sens l'herbe sous mes pieds nus quelquefois et j'ai le sentiment que l'énergie de la terre vient revitaliser mon corps tout entier.

Au contact de la nature, je sens le calme m'apaiser, le bien-être s'installer, le contentement d'être en vie me submerger. Dans cet état de béatitude, moins j'ai conscience de savoir, plus j'ai envie d'exister.

Je regarde la nature, je l'écoute, je la sens. Elle m'imprègne de tout ce qu'elle a à partager. Elle est toujours disponible et m'accueille avec espoir. Elle m'invite à la découverte, à la détente et à l'harmonie afin de m'unir à elle dans un poème de beauté éternelle. Tout cela éveille l'imagination et donne à la vie un sens plus profond.

La conscience végétale et animale

Personnellement, je me range du côté des gens qui pensent que tous les êtres vivants ont une conscience. Une conscience individuelle qui se développe quelquefois au sein d'une conscience collective.

Si l'on prend l'exemple des plantes en observant leur comportement, nous voyons qu'elles peuvent s'adapter à leur environnement avec l'intention de survivre, d'évoluer et se reproduire. Cette intention n'est pas mentale mais inscrite dans leur ADN. On constate qu'elles peuvent pousser plus vite lorsqu'il y a compétition et mettre en place des pièges pour se nourrir lorsque la terre est pauvre en nutriments. Beaucoup de plantes ont leurs propres astuces pour se protéger des prédateurs.

Par exemple, les plantes carnivores ont mis en place un système sophistiqué pour attirer les insectes avec leur nectar afin de les capturer pour s'en nourrir. Les cactus dans le désert disposent d'épines acérées pour se protéger de la soif des animaux.

L'acacia, cet arbre typique de la savane africaine, met en place un système de communication élaboré lui permettant de prévenir les autres acacias en cas de danger imminent. Il émet un signal sous forme de gaz éthylène qui rayonne dans un rayon de six mètres, se dépose sur les feuilles voisines et déclenche la sécrétion de tanins chez les acacias récepteurs qui réagissent en secrétant un poison capable d'atteindre des doses létales.

Toutes les plantes développent une panoplie de stratégies pour capter, à travers leurs feuilles, un maximum de lumière. Elles peuvent ainsi extraire par photosynthèse l'énergie dont elles ont besoin. Elles poussent du bas vers le haut, trouvant ainsi le chemin de la lumière.

Certaines d'entre elles collaborent avec d'autres organismes vivants. Elles travaillent en symbiose avec des champignons, des bactéries ou d'autres formes de micro-organismes pour se compléter dans la recherche de nourriture ou se rendre des services mutuels.

Nous sommes d'accord, elles n'ont ni cerveau ni système nerveux mais une certaine forme de conscience intelligente existe et c'est l'adaptation à leur environnement qui en fournit les meilleures preuves.

En ce qui concerne les animaux, même s'il existe une différence entre instinct, intelligence et conscience, personne n'a pu à ce jour démontrer que les animaux n'ont pas de conscience.

Charles Darwin, ce célèbre naturaliste et paléontologue anglais du XIXe siècle en parlait déjà dans ses travaux sur l'évolution des espèces vivantes qui ont révolutionné la biologie. Ses découvertes ont été acceptées par la communauté scientifique et par le grand public. Il a écrit que les animaux présentent des formes de conscience plus ou moins développées. Il considère la conscience animale de même nature que celle de l'être humain et que seul le degré varie. Il souligne que les animaux font preuve d'un apprentissage et d'une capacité d'adaptation qui attestent de l'existence de phénomènes relevant de l'intelligence, de l'affectivité et de la volonté.

De plus, depuis une vingtaine d'années, nous savons que les animaux ont des émotions et des processus cognitifs qui ressemblent à ceux des êtres humains.

La nuance de conscience entre l'être humain et l'animal se situe à une échelle de degrés. Ces différences ont été créées en fonction de nos propres caractéristiques humaines et notre propre hiérarchie telle que nous la concevons. Cependant, ce que l'on peut affirmer c'est que l'être humain et l'animal raisonnent et perçoivent les choses à leur manière et à leur niveau.

Malheureusement, nous avons pris les animaux sauvages en otage pour assouvir nos besoins de confort, de richesse et d'espace. Nous les stockons dans des réserves naturelles protégées de plus en plus restreintes. Qui dit réserve naturelle, dit abondance. Cette abondance mène au pillage et au braconnage qui serait le quatrième trafic le plus important au monde. Plus les espèces animales sont rares, plus elles sont convoitées par l'homme, accentuant ainsi, dans un rouage sans fin, leur probable extinction.

Nous plaçons certains animaux dans des cirques ou des zoos où nous modifions leurs conditions de vie et réduisons leurs relations sociales. On les prive de leur milieu naturel sans possibilité d'exprimer leurs comportements innés. L'éléphant balance la tête dans une grande tristesse, l'ours tourne en rond, le tigre sillonne sans fin sa cage, le singe se dodeline de manière frénétique et les oiseaux s'arrachent les plumes. Ils répètent le même mouvement d'ennui et de désarroi.

Petit à petit, on prend conscience de la situation mais l'exploitation est toujours visible où que nos yeux se tournent sur la planète.

Mahatma Gandhi a écrit un jour : « J'estime que moins une créature peut se défendre, plus elle a droit à la protection de l'homme contre la cruauté humaine ».

Tous les êtres vivants disposent du même droit pour habiter la Terre. Ce n'est pas parce que nous n'avons pas le même langage, le même niveau de conscience ou le même mode de vie que nous devons nous permettre d'être irrespectueux, que ce soit dans le but de les humilier ou de les exploiter.

Il existe des animaux comme les singes, les fourmis ou les abeilles qui vivent en société selon une organisation sociale complexe et profitable. Plus l'observation de la nature se précise, plus elle démontre que beaucoup d'animaux ont une vie sociale, affective et organisée. Ces caractéristiques pourraient s'apparenter à une conscience car ces animaux s'adaptent à leur environnement et font preuve d'intelligence intuitive.

Les scientifiques ont pu démontrer que les instincts individuels des animaux s'associent entre eux pour créer un instinct collectif. Je pense par exemple aux lions, aux loups et aux orques qui attaquent leurs proies en équipe et apprennent aux nouvelles générations la technique du groupe, afin de garantir leur survie.

Beaucoup d'entre eux ont également la conscience de l'autre car ils savent communiquer entre eux, protéger leur progéniture et créer une réelle cohésion de groupe.

Voici quelques exemples. Les suricates, également appelés sentinelles du désert, forment des groupes sociaux de 20 à 30 individus qui se toilettent régulièrement entre eux pour tisser des liens sociaux. Ils sont altruistes et enseignent à leurs petits leurs techniques de chasse. Au sein du groupe, un ou plusieurs d'entre eux surveillent comme des sentinelles sur les deux pattes arrière. Si un danger se présente, l'alerte est donnée et tous se précipitent dans leurs terriers étalés sur tout leur territoire. Ils ont également des nounous qui s'occupent des jeunes dans les tanières et dans le cas d'une attaque, la désignée nounou qui peut être une femelle ou un mâle, se met au-dessus des petits pour les protéger, au péril de sa vie.

Les oiseaux migrateurs parcourent de très longues distances dans des conditions souvent difficiles et retrouvent toujours leur chemin avec un sens de l'orientation fantastique. On pense qu'ils utilisent l'orientation astronomique pour se diriger avec le soleil et les étoiles du soir. Peut-être réagissent-ils aussi au champ magnétique terrestre. Ce qui semble certain, c'est qu'ils ont la mémoire des lieux topographiques comme les montagnes, les vallées les étangs, les fleuves ou les rivières.

Pour optimiser l'énergie, les oiseaux migrateurs volent en V pour étendre leurs distances de vol. Cette façon de voler est très efficace car elle permet de maintenir le contact visuel mais elle est aussi payante d'un point de vue aérodynamique car seul le premier oiseau du groupe ressent la résistance du vent. Cela constitue une économie d'énergie non négligeable.

Chaque individu du groupe bénéficie des courants d'air de l'individu qui le précède dans un phénomène d'aspiration créé par le battement des ailes. Ils réussissent à accorder leur rythme de vol, coordonner leurs mouvements et rester à la bonne distance les uns des autres. Bien entendu, les oiseaux se relaient en tête du peloton pour répartir l'effort sur tout le groupe.

Si je me penche un moment sur la vie des orques, ces élégants prédateurs noirs et blancs que l'on trouve dans tous les océans de notre planète, je constate que ces animaux ont des liens familiaux puissants, une communication vocale sophistiquée et des techniques de chasse coopératives.

La nature très soudée de leurs réseaux sociaux et leur intelligence leur permettent de varier leurs méthodes de chasse en élaborant de nouvelles stratégies. Cela demande un grand pouvoir d'anticipation peu répandu dans le monde animal. Elles émettent des sifflements pour communiquer entre elles à l'approche des proies et servent à la coordination collective de leurs attaques.

Il leur arrive de chasser en utilisant la technique d'échouage volontaire sur le rivage pour saisir leurs proies, ou de renverser un animal marin sur un radeau de fortune. Elles forment des vagues pour déstabiliser le bloc de glace et faire tomber l'animal dans l'eau.

Ces techniques sont enseignées de génération en génération et l'apprentissage peut durer jusqu'à vingt ans.

D'après les experts, les êtres vivants, à l'exception des humains, n'ont aucune notion du passé ou du futur. Ils font ce qu'ils ont à faire et ce qu'il se passera dans la minute ou l'année suivante n'existe tout simplement pas pour eux. Le passé sert uniquement à en tirer de l'expérience et le futur est absent de leurs intentions à long terme. Leur état de conscience est toujours le moment présent. Nous devrions peut-être nous calquer sur eux pour savourer plus intensément le seul moment que nous vivons.

Nous avons encore une longue marche à faire avant de comprendre le langage des animaux et la conscience animale qui n'ont pas encore dévoilés tous leurs secrets. L'erreur de la conscience animale a peut-être été de laisser ce domaine aux mains des philosophes. Aujourd'hui cependant, des biologistes s'intéressent à la question.

La différence fondamentale outre le degré de conscience entre l'être humain et l'animal repose sur le fait que l'homo sapiens est doté du langage. Ce langage demeure l'expression de la pensée et de la communication de l'espèce humaine.

Le langage humain est basé sur un concept abstrait et un système linguistique basés sur des signes pour pouvoir échanger. Le support physique de l'information comprend le langage vocal et gestuel, l'écriture, les dessins, les codes ou encore, les systèmes de communication artificiels utilisés dans les programmes informatiques.

Il est plus que probable que le langage ait démarré progressivement avec les premiers hominidés, les ancêtres de la lignée humaine, en apprenant à vivre dans des groupes de plus en plus grands et complexes.

Mais le langage, avant d'être de nature vocale, s'incorpore à d'autres domaines pour devenir la symbolique du langage. Il s'exprime par l'art figuratif de représentations animales, la morphologie humaine, des systèmes de figures graphiques. Il ne s'agit pas uniquement d'une forme d'art sans signification particulière. Quelquefois, cet art s'adresse à des divinités ou des esprits. Nos ancêtres se distinguent déjà des autres espèces par leurs aptitudes cognitives liées à l'abstraction, l'introspection et la spiritualité.

Le langage inné qui manifeste les besoins et les émotions s'est agrandi en un langage articulé créant ainsi l'invention du langage vocal. On pouvait ainsi chasser ensemble profitablement grâce à la collaboration, construire des abris sûrs, se défendre, instruire les membres du groupe dans le façonnage des outils, la maîtrise du feu, la domestication de certaines espèces végétales et animales et se protéger. Ce langage a évolué au fil du temps et est devenu plus sophistiqué. Il suppose la capacité d'analyse et d'interprétation afin de raisonner, d'expliquer et de convaincre.

Les premières sociétés se créent et avec elles le lien d'appartenance qui lie les individus entre eux dans des intentions communes. L'homme moderne ou homo sapiens se pose des questions, analyse et interprète même ce qu'il ne voit pas. Grâce à son imagination, il crée des divinités abstraites et parfaites dans lesquelles il se reconnaît et pour lesquelles il voue un véritable culte. C'est ainsi qu'il développe de nouvelles croyances au fil du temps. De là, un nouvel attrait spirituel commence à émerger, à la manière d'un pont plus dégagé entre le conscient et le subconscient.

Déjà à l'époque, notre ancêtre s'interroge sur sa place dans l'Univers et la signification de la vie. Il refuse de croire en la mort comme une fin en soi. Il s'imagine poursuivre la vie dans l'au-delà et met en place des rites funéraires où il offre des objets comme offrandes. Il peut s'agir d'os d'animaux, d'outils, de bijoux, de plantes à fleurs dont on a découvert le pollen autour des corps dans les sépultures. Ou encore, des bois de cerf, symbole de résurrection.

Enterrer ses morts est un indicateur essentiel d'humanité et une prise de conscience de sa propre existence. C'est un merveilleux penseur qui explore la terre et part à la conquête tant du monde visible qu'invisible. Il va habiter la planète entière et ses nombreuses conquêtes vont donner naissance à la création de mythes et de nouvelles croyances au cours du temps.

Ces croyances évolutives vont imposer de nouvelles règles, de nouvelles habitudes morales et pratiques, de nouvelles coutumes ou encore, des religions.

Cette quête de sens fait apparaître l'émergence du phénomène de la conscience qui, grâce au langage, va se développer et s'étendre progressivement.

L'homo sapiens cherchait et cherche encore aujourd'hui, au-delà des apparences, quelque chose qui donne une signification à sa vie.

C'est grâce à notre prise de conscience que nous sommes reliés aux notions d'existence, de connaissances, de pensées, de croyances, d'émotions, de subjectivité et d'intuition. Elle représente le support qui sert de base à la substance de notre réalité profonde.

La conscience collective et le pouvoir des émotions

Des études ont démontré qu'il existe une conscience collective, documentée par la science. Il semblerait que les vibrations qui s'en dégagent soient nourries essentiellement par des émotions.

La conscience collective est constituée de la conscience de plusieurs individus qui partagent des pensées, des croyances et des émotions communes. Elle se rapporte à la relation d'un groupe de personnes par rapport aux autres. Elle peut n'englober que quelques individus ou se répandre sur la planète entière. En d'autres mots, la conscience collective demeure un phénomène psychique qui se déroule lors de rassemblements d'individus qui adhèrent aux mêmes idées et qui semblent appartenir à une entité séparée des autres.

Ils sont solidaires des mêmes croyances, des mêmes pensées ou émotions globales. La conscience collective éprouve l'unicité lors d'une manifestation. Il s'agit d'une expression unique dont tous les participants prennent part, de manière consciente ou inconsciente. C'est ce qui arrive par exemple lors d'un match de football, un concert musical ou une cérémonie religieuse.

Avant de rentrer plus en détail dans certaines découvertes de la conscience collective, j'aimerais partager une autre expérience réalisée avec des poussins. Cette étude démontre que dans l'absolu, le psychisme de tout être vivant agit sur le monde extérieur physique et peut donc influencer la matière. Comment ? Par le pouvoir de sa conscience qui englobe l'intention, le désir ou la volonté, qu'elle soit délibérée ou mécanique.

Cette expérience réalisée par le docteur René Peoc'h a été présentée dans sa thèse de doctorat de médecine. Le but du scientifique est de démontrer si la conscience d'un poussin peut influencer le comportement d'une machine.

Son étude dure quatre ans et s'effectue avec 2500 poussins. Pour être validés scientifiquement, les résultats doivent être reproduits selon les principes logiques de déduction de la méthode scientifique.

Toutefois cette expérience n'a jamais été reproduite alors qu'il s'agit d'une des rares recherches expérimentales à avoir été réalisée par des scientifiques français hors du cadre de la psychologie classique. Pourtant, nous avons besoin de personnes qui font avancer la recherche. La science doit être au service du progrès et de notre propre évolution et pas seulement en soutien aux lobbies des industries, quelles qu'elles soient.

Voici ses observations. À la naissance, les poussins s'attachent à la première chose qu'ils voient, que ce soit leur mère poule ou un objet en mouvement. L'expérience consiste à conditionner un poussin pour qu'il adopte comme sa mère un petit robot qui effectue des tracés aléatoires. Privé de sa mère poule dès la naissance, le poussin développe une affection particulière pour le robot.

On isole ensuite le poussin dans une petite cage à proximité du robot.

Le robot semble réagir aux piaillements du poussin. Pendant un temps il se déplace vers le poussin comme pour répondre à son appel. En moyenne, le robot se dirige 2,5 fois plus souvent vers la cage que s'il se mouvait sans la présence du poussin. L'expérience démontre que la conscience du poussin à l'appel de sa mère adoptive, change le tracé aléatoire du robot qui se dirige plus souvent vers le poussin.

On peut en déduire d'après cette expérimentation que la conscience (intention, désir ou volonté) du poussin rompt la loi anarchique du hasard. L'esprit influencerait les règles du hasard et aurait, de fait, une influence sur la matière, sans qu'aucune loi physique ne puisse l'expliquer.

Quant à la conscience collective chez l'être humain, elle apparaît comme un phénomène qui ouvre des perspectives nouvelles quant au pouvoir de la conscience. Lorsqu'une croyance partagée émerge au cœur des individus, il se crée une interdépendance, une ouverture magique qui semble se diluer dans une conscience unique.

Les êtres et les choses dans l'Univers apparaissent interconnectés les uns aux autres et de nombreuses expériences scientifiques en apportent les preuves.

Dans le milieu des années 1980, un scientifique du nom de Roger Nelson découvre un phénomène étrange rapporté par d'autres chercheurs sur les générateurs de nombres aléatoires.

Les générateurs de nombres aléatoires que l'on nomme communément GNA sont des lanceurs de pièces électroniques. Au lieu de déterminer pile ou face, ils choisissent un 1 ou un 0, le résultat étant le fruit du hasard ou des probabilités. Le score présente en moyenne un 50 % de 0 et un 50 % de 1 et se base sur l'indéterminisme quantique.

Le scientifique s'aperçoit que le résultat produit par ces appareils électroniques est influencé par la présence de personnes installées à côté de ces machines. Si ces personnes concentrent leurs pensées et leurs émotions sur ces appareils, le résultat se modifie. Cette expérience dure plusieurs années et démontre que la conscience humaine peut modifier le comportement des GNA de manière significative.

Mai si les pensées et émotions d'une seule ou quelques personnes peuvent modifier le résultat de ces appareils, les pensées et émotions d'individus de villes entières pourraient-elles en faire de même ?

Pourrait-on mettre en place des GNA pour suivre l'état émotionnel de millions d'individus ?

Dean Radi, docteur en psychologie et un des spécialistes mondiaux dans le domaine de la parapsychologie expérimentale, dirige un nouveau projet scientifique basé sur cette hypothèse.

L'idée est de placer des GNA près des grandes villes afin de vérifier l'état de conscience émotionnel collectif.

À la fin des années 1990, les experts mettent en place des GNA à plusieurs endroits stratégiques de la planète. C'est la naissance du « Projet Conscience Globale ». Il fonctionne 24 heures sur 24, 7 jours sur 7 et 365 jours par an. Il a pour but de collecter les informations de tous ces générateurs et de les envoyer au laboratoire principal qui les analyse en temps réel. Ce projet durera près de 18 ans.

À chaque évènement important sur la planète, Dean Radi vérifie si son réseau dévie de la normale.

Lors des funérailles de la princesse de Galles, Lady Di, à l'abbaye de Westminster le 6 septembre 1997, trois millions de personnes sont rassemblées à Londres et les funérailles sont retransmises dans de nombreux pays du globe. Les GNA installés sur les continents où passe l'information enregistrent une variation sur les résultats habituels.

Chaque année, la célébration du Burning Man littéralement « L'Homme qui Brûle » réunit plus de cinquante mille personnes dans le cœur du désert de Black Rock dans le Nevada, aux États-Unis. Une nouvelle occasion pour les chercheurs de s'intéresser aux variations du champ de conscience collective provoquées par ce rassemblement.

Lieu fantasque où les participants bénévoles et pluridisciplinaires font partie intégrante du festival, les activités originales durent une semaine. Ils y découvrent toutes sortes d'art et finissent pour les plus chanceux à se découvrir eux-mêmes en pratiquant le lâcher-prise.

Le dernier jour s'achève en apothéose par le bûcher de l'homme de bois.

Le GNA situé à proximité du Burning Man enregistre en 2012 et 2013 des pics dans les nombres produits par les générateurs lors de l'embrasement de l'effigie humaine.

Le réseau montre également une grande déviation en 2008 lors de l'élection présidentielle où Barack Obama fut élu président des États-Unis.

Mais encore plus surprenant, les données obtenues par ces générateurs lors des attentats du 11 septembre 2001 sur les tours jumelles à New York. Les résultats graphiques montrent une grande activité de cette conscience collective.

Nous savons que le premier avion a percuté la première tour à 8 h 46 heure locale. Mais le plus paradoxal c'est que la courbe observée décolle de manière très significative et montre une aberration dans la marche normale de son fonctionnement non pas à 8 h 46 mais dès 4 h 30 du matin de ce 11 septembre 2001, un peu plus de quatre heures avant l'impact du premier avion.

De même en 2004, les générateurs enregistrent un emballement dans cette conscience collective vingt-quatre heures avant le violent séisme qui provoqua le tsunami en Asie du Sud le 26 décembre 2004 et coûta la vie à 220000 personnes.

Le « Projet Conscience Globale » semble être capable de détecter un évènement majeur mondial avant qu'il ne se produise mais sans qu'il puisse le définir. Cela ressemble à une prévision d'évènements catastrophiques.

Avons-nous le pouvoir collectif inconscient de percevoir le futur ? Illusion ou véritable émergence ?

Les sceptiques et scientifiques inflexibles qui pour leur part, ont des croyances très personnelles n'y croient pas car cela ne rentre pas dans les cases rigides des lois de la science. Alors que l'opinion majoritaire accepte ces idées qui relient la science à la parapsychologie ou à la spiritualité.

Pourtant, ces expériences scientifiques montrent à l'évidence que l'ensemble des émotions similaires partagées collectivement peuvent influencer le tirage des nombres aléatoires. Elles démontrent que la conscience est puissante et s'étale en dehors du corps physique. À l'évidence, le monde physique et l'esprit sont intimement liés par une relation à ce jour inconnue. Il s'agit d'un nouveau territoire prometteur sur la conscience humaine.

Non seulement la conscience émotionnelle globale ou conscience collective réagit à un évènement majeur mais elle fait partie de cet évènement. C'est comme si elle avait une âme qui parvient à « ressentir » une anomalie dans le déroulement normal des évènements, avant que cette anomalie ne se produise. Aucune explication scientifique n'a pu être apportée à ce jour quant à la nature de cette connexion. Mais ce n'est pas parce que c'est inexplicable que ce n'est pas réel.

Nos croyances dans cette conscience collective

Nous croyons tous en certaines choses et ces croyances, qu'elles soient teintées d'abondance ou génératrices de restrictions, nourrissent le champ de la conscience collective. C'est à partir de là que nous créons le monde et quelquefois déformons la vie.

Si la plupart des êtres humains pensent que le monde est cruel et qu'il n'y a pas de solution, que la vie est triste, nourrie de colère, de haine ou d'individualisme, il en sera ainsi car la loi du nombre prévaut. Cela continuera à nourrir un monde de violence, de famine, de conflits et de guerres. Et comme dans une courbe sans fin, les gens continueront à croire qu'ils ont raison en alimentant davantage leurs croyances issues du monde de la peur.

Il est de notoriété publique que plus on entretient la haine, plus on la nourrit. La guerre contient la même énergie qui engendre plus de guerres. Mère Teresa qui avait été invitée pour assister à une manifestation contre la guerre a déclaré un jour : « Je n'irai pas à une manifestation contre la guerre, mais si vous faites une manifestation pour la paix, invitez-moi ! »

Elle voulait militer pour la paix et non contre la guerre. Car la paix ce n'est pas toujours une absence de guerres mais plutôt un état d'esprit, une aptitude à maintenir la sécurité, la confiance et l'intégrité de chaque être vivant.

Si au contraire de nourrir la peur, la majorité des personnes s'oriente vers des croyances de prospérité, de joie, d'harmonie, de paix et d'unité, obligatoirement le monde évoluera vers plus de prospérité, de joie, d'harmonie, de paix et d'unité. C'est ma conviction.

Même un long voyage commence toujours par un premier pas. Et nous sommes là pour apprendre, pour évoluer et donner à la vie le sens qu'elle mérite.

Ce que je trouve fantastique chez l'être humain, c'est que nous sommes la seule espèce connue jusqu'à aujourd'hui (du moins dans notre monde), à être capable d'observer l'Univers pour découvrir ses origines et son fonctionnement. Nous sommes habiles aussi pour nous poser des questions en lien avec notre propre existence.

Mais pourquoi nous posons-nous autant de questions?

J'imagine que nous souhaitons tous découvrir la vérité et une raison valable à notre propre histoire. Je pense que nous sommes ici pour grandir par l'expérience grâce au pouvoir de notre conscience. C'est la seule réponse qui me convient. Nous appartenons à cette Conscience qui englobe tout ce qui existe. Si nous la laissons s'épanouir en nous et autour de nous, elle deviendra une œuvre d'art vivante et majestueuse à l'image de la nature.

Aujourd'hui, nous avons de nouvelles ambitions et voulons pour la plupart, trouver un sens plus profond à la vie et nous sentir utiles pour nos semblables. Nous cherchons une réalité plus axée sur nos valeurs. En d'autres mots, nous sommes en quête d'authenticité. Nous voulons vivre, en priorité, pour ce que nous sommes. Pas seulement pour ce que nous faisons.

Être soi-même est une qualité qui peut infiniment se développer jusqu'à devenir ce que nous avons toujours été. Au fond de nous-mêmes, nous savons que nous sommes des êtres d'amour et nous cherchons à vivre heureux à travers lui. La nature et l'Univers nous aiment et la moindre de nos cellules vibre au son de cet amour, que souvent nous ignorons ou défigurons, par absence de connaissance.

Dans la mesure où nous créons notre réalité, nous pourrions dire que l'Univers répond à notre manière de penser, ressentir et d'agir. Il nous donne la forme, la couleur, les sons, les odeurs et le goût qui sont la perception de tout ce que nous expérimentons grâce à notre propre conscience. Rappelons-nous, sans notre conscience, rien n'est connaissable. Si l'Univers témoigne de tout ce qui vit en moi, je peux transformer ce qui réside en moi pour manifester une nouvelle réalité.

Qu'est-ce que tout cela m'apprend ?

Il est difficile de résister à l'éveil de la spiritualité et à l'évolution de sa conscience lorsqu'on saisit, du moins en partie, la beauté, la justesse et l'intelligence de toute la création. Comment ne pas être humble et curieux d'en découvrir davantage devant la complexité et la perfection de la vie elle-même ?

Lorsque je me connecte à ma nature intérieure, je me relie à l'essence même de la vie. Il s'agit d'une relation qui génère la cohésion totale de mon être. Lorsque je prends conscience qu'il existe une Conscience bien plus vaste et infinie, je réalise que je fais moi aussi partie de cette Conscience que l'on nomme universelle. Mon corps devient son support de communication et un outil qui s'exprime à travers Elle. Pour moi, cette Conscience Universelle désire voir la plus belle de nos valeurs en action. Elle souhaite voir l'amour dans ce monde à travers nous.

Personnellement par cette prise de conscience, j'ai été de plus en plus affectée par la souffrance du monde. C'est profondément humain mais pourquoi aujourd'hui plus qu'hier ?

Pourquoi tant d'innocents souffrent-ils de la misère, de la faim, de la guerre, d'abus et de manque d'amour? Pourquoi les injustices sociales, économiques ou raciales? Pourquoi détruisons-nous la terre au détriment de la vie?

Existe-t-il une vérité quelconque qui explique pourquoi nous expérimentons autant la souffrance? Existe-t-il des réponses dans le domaine de la religion, de la science ou de la spiritualité?

La réponse de la religion sera «telle est la volonté de Dieu». C'est une question de foi.

La réponse scientifique sera que la souffrance provient d'une force indépendante qui dépend de différents facteurs et de certaines circonstances. On parlera également de preuve ou d'absence de preuve. C'est une question d'instruction.

Si je demande à mon voisin, il me dira peut-être qu'il n'a pas le temps d'y réfléchir et qu'il y a des gens qui le font déjà. De plus, il est relativement occupé par d'autres tâches plus importantes; ses problèmes personnels ou financiers, un travail éreintant, des adolescents difficiles, un divorce ou un déménagement. C'est une question d'indifférence car nous avons d'autres priorités. Nous n'avons pas le temps et chercher des réponses nous inquiète. Nous préférons ne pas nous y attarder.

Où est la vérité? Est-ce une question spirituelle? Et si la vérité de la souffrance n'avait qu'une seule origine? Et s'il ne s'agissait que de l'égo?

Le rôle de l'égo accapare notre instinct de survie. Il ne s'engage qu'avec lui-même et veut perpétuer son existence aussi longtemps que possible. Il se nourrit des expériences passées qui constituent la somme de toutes les expériences humaines emmagasinées dans la Conscience. L'égo se nourrit également de la peur de l'avenir de telle sorte que nous nous protégeons constamment par la méfiance et l'hostilité. Nous finissons même par douter de nous-mêmes tellement nous avons peu de confiance en nous et redoutons l'échec.

Ces expériences passées négatives, la crainte d'un avenir qui reste incertain et le manque de confiance nous conduisent dans un monde individualiste où gouverne l'égo.

L'égo aime se déguiser dans le but de ne pas être démasqué. Il prend forme avec la méfiance, la contrariété, la jalousie, la honte, l'orgueil, l'égocentrisme, la domination de l'autre, la rancune, la colère, la haine. Et toutes ces émotions manifestent la peur.

L'égo se sert du mental qui utilise la souffrance pour régner en maître dans notre monde. Il n'a nullement l'intention d'évoluer et se délecte à nourrir notre souffrance pour exister.

Nous ne savons pas toujours que l'égo n'est qu'une construction mentale qui crée de nombreux conflits intérieurs. Une construction mentale n'existe pas en soi, elle n'est qu'une bulle de savon qui apparaît, continue sa route ou éclate sous le poids d'une nouvelle représentation plus positive. Si le conflit intérieur diminue, une partie de l'égo s'évapore en même temps.

Si je crois que la souffrance fait partie de ma nature, je peux difficilement m'en libérer. Je m'identifie à cette souffrance car des évènements du passé font que je maintiens vivante cette émotion qui apparaît chaque fois que je ressasse des souvenirs en rapport avec ces évènements. Je la nourris tout autant quand ma conception du monde actuel et ma vision de l'avenir m'effrayent. Si je ressens de la souffrance, je deviens cette souffrance car je m'identifie à elle.

Pour ne plus ressentir la souffrance causée par mon égo qui n'est qu'une construction de l'esprit, je peux si je le souhaite démanteler une partie de cet égo. Seuls l'engagement et la persévérance dans mes désirs de changement auront le pouvoir de modifier mes croyances. Je peux transformer mes pensées et mes émotions négatives en pensées et émotions plus constructives par le pouvoir de mon conscient et transformer ainsi mes croyances. Toutes les pensées et émotions positives sont générées par l'amour et appartiennent aux valeurs universelles accrochées au mot « Humanité ».

Il semble y avoir si peu de place pour l'amour dans notre monde. Aujourd'hui, notre civilisation toute entière est encore assujettie à l'égo car le nombre prévaut. La somme de toutes les constructions mentales individuelles et négatives de tous les individus de notre planète nous conduit vers un monde déstructuré et individualiste.

Mais il y a de l'espoir. Du moins, je le crois.

Nous pouvons progresser et accorder sa véritable place à l'amour en tenant compte de tout ce que nous sentons vrai et harmonieux à l'intérieur de nous-mêmes. Si la majorité s'inverse, la somme de toutes les constructions mentales individuelles et positives métamorphosera notre monde pour le meilleur devenir de nos enfants et de la vie sur notre petite planète bleue.

Nous sommes cette Conscience intelligente et nous faisons partie de la nature qui se construit sur la transmission du savoir et répond à des intentions qui garantissent l'essor des espèces. Le savoir suppose la mémoire et l'intention implique une raison.

Par exemple si je plante une graine dans le sol, son intention sera de pousser, de survivre et de se reproduire, même si l'intention n'est pas mentale mais inscrite dans son ADN. C'est la nature qui répond à l'intention.

Notre planète incarne une vaste organisation vivante où jaillit de partout, le pouvoir de l'intention. L'intention humaine ouvre la porte au champ des possibles et cette puissance créatrice vit en chacun de nous, comme elle vit dans la nature.

La Conscience universelle reflète le cœur pensant et bienveillant de l'Univers. Le plus extraordinaire c'est que nous participons tous au déroulement et à l'évolution de cette Conscience. Nous baignons dedans et nous dansons avec Elle au quotidien, le plus souvent sans le savoir.

Cette Conscience aime le silence. Le cosmos aime le silence. La nature aime le silence. Mon monde intérieur aime le silence. Leur langage commun c'est l'amour. Et ici encore, tout se tient dans une harmonie parfaite.

Conclusion

Je suis persuadée que ma conscience a le pouvoir de me transformer de l'intérieur pour être ce que je suis portée à être et me faire voir qu'un monde plus beau et stable est envisageable. Prendre contact avec ma partie incorporelle c'est utiliser son pouvoir comme allié pour incarner la plus belle version de moi-même en allant chercher le potentiel dissimulé à l'intérieur.

Cette transformation ne peut se développer qu'avec de l'engagement et de la persévérance car elle demande un peu d'effort. Elle m'engage dans l'émergence du changement dont nous avons tant besoin.

Aujourd'hui plus que jamais, nous ne sommes pas seulement mis en présence d'une crise mondiale économique, sociale, écologique et même sanitaire à l'heure où j'écris ces lignes. Mais nous sommes confrontés à une crise de conscience où il faut remettre en cause notre rapport au vivant.

Dans mon imagination, deux camps s'affrontent sur un même champ de bataille. Mais ce n'est pas une guerre, c'est une partie d'échecs qui oppose les guerriers du profit aux aventuriers de la nature. Vous qui me lisez, vous êtes cette Conscience et vous l'alimentez tout autant que moi. Alors, guerriers ou aventuriers ? Prenez ma main et allons vers notre avenir. Pas celui dont tout le monde parle mais celui que nous créerons tous ensemble par le pouvoir de notre propre conscience.

La paix et l'harmonie du monde commencent par la paix et l'harmonie individuelle. Nous sommes tous responsables, chacun individuellement de ce que nous faisons, consommons ou transmettons comme messages à nos enfants, nos voisins, nos amis ou nos ennemis. Nous pouvons tous ensemble transformer la société à l'image des valeurs qui nous représentent. À chacun de se chercher pour se retrouver et apporter du sens à sa vie et sa contribution à la planète. Chacun de nous est un grain de sable et l'accumulation de grains de sable crée une plage qui peut devenir un havre de paix. Chacun de nous est une goutte d'eau dans un vaste espace maritime. Les gouttes se lient entre elles et créent l'éternité des océans.

Peut-être qu'une fois éveillés à notre propre conscience, nous pourrions travailler tous ensemble pour nous focaliser sur des objectifs communs qui amélioreront la vie de millions d'individus comme la santé, l'environnement, l'abondance alimentaire et l'éveil spirituel afin que tout le monde puisse jouir d'une vie digne et prospère.

Nous pourrions nous investir dans des causes qui nous tiennent à cœur comme les droits de l'enfant, le soutien aux personnes en difficulté, la défense des animaux, la protection de la nature, le développement durable, la disparition des espèces.

Nous avons déjà nos précurseurs mais mettons tous le pied à l'étrier pour soutenir le changement. Ne fermons pas les yeux sur ce pouvoir qui nous a été donné.

« Quoi que tu rêves d'entreprendre, commence-le. L'audace a du génie, du pouvoir, de la magie ».

Johann Wolfgang von Goethe

Chapitre 6

L'Imagination

« Changez votre conception de vous-même et vous changerez automatiquement le monde dans lequel vous vivez. N'essayez pas de changer les gens, ce ne sont que des messagers qui vous disent qui vous êtes. Réévaluez-vous et ils confirmeront le changement ».

Neville Goddard

« Nous vieillissons lorsque nous cessons de nous intéresser à la vie, quand nous n'avons plus faim de nouvelles vérités, quand nous ne rêvons plus et ne cherchons plus à conquérir de nouveaux mondes »

Joseph Murphy

Comme expliqué précédemment, nous savons aujourd'hui que le cerveau humain est la plus extraordinaire des machines qui existent sur terre. C'est l'organe le plus élaboré du corps humain et un merveilleux don de la nature. Un de ses fabuleux pouvoirs est de nous faire interpréter le monde grâce à de nos propres perceptions. Il mémorise à l'image d'un ordinateur et trie automatiquement l'information, souvent de manière inconsciente.

Nous savons aussi que le cerveau est constitué de deux hémisphères, le droit et le gauche. L'hémisphère gauche assume, entre autres, le langage verbal, l'écriture, les chiffres, la logique et l'analyse. Il relie un concept après l'autre comme on construit une phrase, mot après mot. L'hémisphère droit perçoit la notion d'espace et se charge d'identifier dans une vue d'ensemble des structures complexes grâce à l'usage de la créativité et de l'imagination. Au contraire de l'hémisphère gauche, il est irrationnel. C'est le siège des rêves, de l'intelligence émotionnelle et de l'intuition.

Dans mon cerveau, toutes mes expériences vécues s'intègrent à mes acquis et à mes comportements. Mais rien n'est jamais figé. Mon savoir et mon apprentissage qu'ils soient physiques, émotionnels, intellectuels ou spirituels impactent mon réseau de neurones et le remodèlent en permanence. Des études récentes réalisées dans le domaine des neurosciences démontrent que le cerveau est qualifié de « plastique », ce qui signifie qu'il est malléable, quel que soit mon âge.

Comme la notion de subconscient constitue un point important dans ce chapitre, je rappelle que le subconscient contrôle tous les processus vitaux qui permettent à mon corps de remplir sa fonction. La respiration, les battements du cœur, la digestion ne s'arrêtent jamais sauf lors de la mort. Spontanément, je transpire de manière naturelle pour réguler la température de mon corps. Constamment, mes ongles et mes cheveux continuent de pousser et, si j'ai une blessure légère, elle se referme petit à petit et mon corps recrée une nouvelle peau En cas de danger imminent, automatiquement le corps se prépare à la riposte. Il n'y a aucune interaction de mon conscient. Tout se fait à mon insu comme si le subconscient obéissait à sa propre loi.

Mais le subconscient fait plus encore. Il conditionne considérablement mes choix, mes attitudes et mon comportement. Lorsque je suis confrontée à un choix, mon conscient est assujetti à la suggestion de mon subconscient qui puise dans son répertoire des choix similaires qui me conduisent vers un type de comportement défini. Rien n'échappe au subconscient et tout se fait automatiquement. Par exemple, si je souffre d'arachnophobie, j'ai peur des araignées et il suffit que j'en voies une suspendue à son fil ou nichée dans un coin de la maison pour que la panique s'installe. Et même quelquefois, à la moindre évocation du mot ou à la vue d'une image dans un magazine, mon système de défense généré par le subconscient s'active comme en cas de danger immédiat. L'idée de l'araignée déclenche en moi une réaction spontanée et automatique même si cette menace n'est ni réelle ni rationnelle.

Le subconscient rassemble toutes mes pensées, mes émotions, les évènements de ma vie passée, mes opinions, mes jugements, mes perceptions, mes désirs et les concepts en tout genre. Une fois rassemblés, il les trie et le tout se consolide sous forme de croyances. Ce sont ces croyances qui déterminent les attitudes et le comportement à l'origine de ma personnalité.

Le subconscient prend tellement de place dans ma manière d'être ou de faire les choses que mon bien-être ou mon mal-être dépendent en grande partie de ce qui ne peut être saisi par l'esprit rationnel. Le subconscient se cache secrètement dans l'ombre qui m'habite et travaille sans cesse jour et nuit sans que je m'en aperçoive.

C'est William James (1842-1910), acteur déterminant dans la psychologie du subconscient qui a été le premier à constater que généralement les individus n'utilisent que dix pour cent de leur potentiel mental. Cela sous-entend bien entendu que quatre-vingt-dix pour cent de nos ressources sont inexploitées. Il a affirmé que la plus grande découverte du XIXe siècle n'a pas été faite dans le domaine des sciences physiques mais dans celui de la puissance du subconscient.

Il a écrit: « Si vous voulez une qualité, agissez comme si vous la possédiez déjà ».

Nous nous en rendons pas réellement compte mais notre espèce a reçu de nombreux dons parmi lesquels la logique, la mémoire, la possibilité de faire des choix, la conscience de soi, l'intelligence et l'imagination.

L'imagination mérite toute mon attention. Elle est propre à l'âme humaine car à la différence des animaux qui vivent constamment dans le présent, l'être humain est capable de se projeter dans le passé ou le futur grâce à elle. Même si les souvenirs semblent être des faits incontestables, il y a toujours une part d'imagination qui vient quelquefois les embellir ou les déformer. Quant à l'avenir, nous avançons à tâtons car ce n'est pas une aventure déterminée à l'avance. Là encore, l'imagination a un grand rôle à jouer.

L'imagination demeure une activité consciente. Elle m'est indispensable pour façonner mes idées, établir de nouvelles questions à résoudre, élaborer mes réussites et donner naissance à mes désirs. Que serais-je sans elle? L'imagination semble éveiller le sentiment de liberté et ramener à la vie le potentiel en tout être humain.

Le manque d'imagination est l'unique barrière qui m'interdit d'anticiper ce qui pourrait être différent. Il m'empêche de me projeter dans un avenir plus prometteur car tout en m'adaptant aux exigences de rentabilité et de productivité de la société, j'ai oublié la plupart de mes rêves.

Mais quel lien y a-t-il entre l'imagination et le subconscient?

Si le subconscient est le réservoir infini de mes expériences, de ma personnalité et de mes ressources potentielles, seule l'imagination semble avoir le pouvoir de façonner le subconscient. Mais comment?

L'imagination reste une faculté mentale mais pas n'importe laquelle puisqu'elle donne accès à une nouvelle réalité qui libère la créativité. Sa nature est d'être un outil puissant pour influencer les croyances gravées dans le subconscient. Son rôle est de former de nouvelles images et de créer de nouvelles formes à partir du néant. C'est à travers elle que je peux ancrer de nouvelles croyances dans mon subconscient, sous forme d'idées ou d'images mentales. Les images mentales ne sont pas que des formes et des couleurs. Elles peuvent contenir des sons, des odeurs, le goût et le sens du toucher.

Par exemple, imaginons les yeux fermés la vision d'une belle pomme verte bien mûre. Je vois sa jolie robe printanière qui la lie au monde végétal. Si je la prends dans la main, je sens son poids, sa texture douce et satinée. En mordant dans la pomme, je peux me représenter sa chair croquante et parfumée et son goût acidulé envahir toutes mes papilles.

L'utilisation de l'imagerie mentale donne l'illusion de la réalité. Le subconscient accepte pour vrai la vision que je lui présente et influence mon corps en fonction de cette image créée par mon esprit rationnel. Esprit et corps sont ainsi intimement liés.

La pensée rationnelle est à l'origine de l'imagination mais c'est l'imagination qui permet la diffusion de ces données imaginaires dans le subconscient qui les interprète comme des réalités. Le subconscient ne fait pas de différence entre ce qui est réel et ce que je crois réel. Il ne fait pas de différence non plus entre ce qui est mal ou ce qui est bien. Tout dans le subconscient est transmis par la croyance, il accepte toujours pour vrai ce que je crois être vrai.

Pour changer notre réalité, l'imagination créatrice ou éveillée constitue une faculté importante de notre nature profonde et reste un des meilleurs moyens de communication avec le subconscient. J'ai bien dit communication.

La répétition permet l'installation, la modification ou l'élimination de certaines croyances communément appelées des « programmes » dans le subconscient. L'imagination semble être la clé du changement car elle a le pouvoir de modifier les automatismes du subconscient.

Par exemple, des actions comme marcher, parler, lire, écrire, se servir des toilettes, conduire une voiture ou faire du patinage sur glace ont nécessité un grand nombre d'efforts conscients avant d'être automatisées par le subconscient en actions courantes et spontanées. Cependant, il arrive quelquefois que des croyances improductives se soient installées, et que l'on dise : je n'y arriverai pas, c'est trop difficile, ce n'est vraiment pas pour moi…

Néanmoins, persévérer dans l'apprentissage, croire en soi et imaginer régulièrement le résultat que l'on souhaite obtenir, modifie ces croyances. C'est pourquoi nous parvenons à rendre fluide l'apprentissage jusqu'à ce que l'action devienne parfaitement naturelle. Pour ne citer que les exemples sur la conduite ou le patinage, je me retrouve avec un permis de conduire en poche ou de jolis patins à glace, pour exercer ces nouvelles aptitudes acquises.

Le fait est que beaucoup de personnes pensent que l'imagination c'est quelque chose qui n'a pas de réalité tangible. Pour celui qui s'attache à la connaissance du réel, l'imagination apparaît comme une source d'illusions. Cependant, rien n'existerait sans elle. Peut-il y avoir de nouvelles idées, des inventions, des révolutions informatiques, des créations artistiques ou scientifiques sans l'imagination ?

Mais quand même, mon imagination est-elle un concept purement abstrait ?

Je sais que la réalité dans laquelle je vis est perçue par mes sens. Ce sont des images sensorielles qui arrivent à mon cerveau et je les interprète en fonction de mon histoire personnelle. En d'autres mots, mon cerveau choisit les interprétations liées à mon environnement et m'aide à construire ma propre vision du monde. Bien sûr, il y a les faits qui semblent irréfutables mais la lecture d'un fait montre à quel point il y a de nombreuses interprétations, qui vont quelquefois se contredire. Par exemple, si je suis le témoin d'un accident de la route au milieu d'une foule de quinze personnes et que nous faisons tous une déposition, chaque témoignage sera différent au regard des perceptions et interprétations de chacun.

Les images et les signes que je reçois sont-ils réels sachant que c'est ma perception qui interprète cette réalité ? Lorsque je perçois le réel, c'est en fait mon imagination qui se met à l'œuvre et qui certifie ou met en doute ce que j'appréhende avec mes sens.

Quelquefois, il suffit de mettre un peu de couleur sur un paysage gris pour égayer ma journée et donner une nouvelle dynamique à ce jour qui se lève. Car oui, je peux enclencher le bouton « imagination » et y mettre les couleurs que je désire pour transformer ce gris en couleurs éclatantes. Le réel se vit dans mon esprit car tout n'est question que d'interprétations, n'est-ce pas ?

D'autres fois, il suffit de s'ouvrir les bras à soi-même et d'être sensible à cette part invisible qui fait écho en nous dans le monde du subconscient. L'imagination se dévoile comme un outil magique car elle ouvre la porte de mon monde intérieur afin d'y découvrir, si je le souhaite, l'idéal que je me fais de la vie.

Je peux utiliser mon imagination autant pour de bonnes que pour de mauvaises raisons. Mais si j'utilise mon imagination à mauvais escient dans ma vie quotidienne, l'ennui c'est que je transforme mon monde extérieur de la même manière.

Par exemple, si je passe ma vie à me nourrir de mauvaises nouvelles de par le monde, je nourris une certaine addiction à la peur car je ne me sens plus en sécurité nulle part. J'ai peur d'être victime d'un attentat terroriste, la proie d'une catastrophe naturelle, agressée sexuellement et même assassinée. Cette peur se transmet à mon entourage et j'ai peur pour mes enfants et mes proches à qui je dis souvent de faire attention, d'être prudents, de ne pas sortir tard la nuit et de surveiller leurs fréquentations. À leur tour, ils ressentent cette peur que je leur communique et qui confirme que la peur se nourrit de la peur elle-même.

Ce comportement entraîne un climat anxiogène car j'ai continuellement peur d'être au mauvais endroit au mauvais moment. De plus la plupart des chaînes télévisées qui diffusent de l'information en continu, utilisent des bandeaux diffusant d'autres annonces en même temps que le bulletin d'informations. Le tout créant une situation d'urgence me rendant complètement hypnotique. Si, si parce que «cela aurait pu m'arriver, cela aurait pu t'arriver». C'est exactement le but recherché de ces chaînes, me garder le plus longtemps possible devant mon écran et entretenir ma curiosité naturelle tout autant que mes angoisses.

Alors que faire dans ce cas? J'ai le droit d'être informée mais si cela impacte fortement ma façon de voir la vie, le mieux est de prendre le recul nécessaire et de garder une information de qualité plutôt que de quantité. Lorsque je ne suis pas noyée sous une montagne de nouvelles alarmantes, j'ai le pouvoir de réfléchir et d'agir pour d'autres causes.

L'imagination, qu'elle soit bénéfique ou néfaste, semble inscrite au cœur de mon quotidien. Malheureusement, je l'utilise souvent pour créer des images négatives à propos de moi-même et du monde. Je laisse peu de place à mon pouvoir imaginaire créatif comme je le faisais lorsque j'étais enfant.

Pourtant, beaucoup prétendent qu'il existe une loi extraordinaire que peu de personnes mettent en application. La raison demeure simple car la plupart des êtres humains restent hermétiques à la puissance de l'esprit subconscient et au pouvoir de leur imagination.

Beaucoup de personnes se sentent déconnectées d'une vérité qu'ils ignorent. Elles se fuient elles-mêmes en se faisant distraire par une multitude d'activités éphémères. Certes, ces activités font du bien mais si on ne se sent ni heureux ni en harmonie avec soi-même, c'est qu'il faut s'abandonner à quelque chose de plus grand. La société de consommation dans laquelle nous vivons ne favorise pas l'introspection nécessaire à la connaissance de soi. Et pour cause, elle n'a rien à y gagner. Son objectif est de maintenir éveillé notre désir permanent de nouveaux jouets matériels dans la plus grande des insouciances mais dans la dépendance la plus totale.

Le monde nous paraît si abrupt et si stressant que nous restons paralysés au niveau du conscient et de ce que nous dictent nos sens. Nous vivons aussi une époque où l'impatience et le stress sont devenus des habitudes de vie chroniques. Nous ne savons pas toujours que ces mauvaises habitudes s'implantent dans le subconscient, recréant sans cesse les mêmes habitudes, le même comportement et un schéma qui se répète. Nous créons ainsi un aujourd'hui qui ressemble à la veille.

Le subconscient et l'imagination sont les coulisses de notre théâtre personnel. Je joue le rôle que je choisis de manière consciente ou inconsciente. Si je suis consciente de cette situation, je peux recourir à l'imagination et me servir du subconscient sans avoir besoin de comprendre ce qu'il se passe derrière le rideau. La magie semble résider dans la persévérance et le véritable désir de changement. Suis-je prête pour la transformation intérieure ?

La transformation personnelle prend naissance dans la connaissance de soi en profondeur. C'est en faisant un travail sur moi-même que je peux savoir qui je suis et quelles sont les croyances auxquelles j'adhère et les valeurs auxquelles je crois.

C'est par l'introspection que s'ouvre le portail du monde invisible et de tous ses mystères que ma raison ne peut comprendre. Me connaître, c'est trouver la voie en harmonie avec ce que je suis. Me connaître, c'est me défaire de ce que je ne veux plus être et dire oui à ce que je désire être, sans dissonance ni contradictions. Me connaître c'est encore laisser libre cours à mon imagination, ce don qui m'a été donné pour découvrir les profonds désirs qui vivent en moi.

Personnellement, je trouve les avancées en neurosciences fantastiques. Elles viennent agrémenter l'idée qu'un retour sur soi produit des transformations visibles à l'origine d'un changement de personnalité. Le docteur Joe Dispenza, célèbre docteur spécialisé en neurosciences et dans le développement personnel, affirme qu'un changement d'habitudes amène de nouveaux comportements. Un changement de comportement est un changement de personnalité. Quand nous changeons notre personnalité, nous changeons ce que nous étions pour devenir ce que nous sommes. Il est important de bien comprendre que la personnalité n'est pas une structure immobile. Elle est malléable et s'adapte à nos croyances. Nous avons tous le pouvoir de cultiver notre propre jardin qui demeure à l'origine de ce que nous sommes réellement. Ce pouvoir s'exerce par l'imagination.

Mais comment?

L'idée directrice réside dans la pensée et dans la croyance en général. Je les ai développées dans les chapitres précédents. Nous sommes ce que nous croyons être. Lorsque je dis: «Je n'y peux rien, je suis comme ça. Je n'ai pas confiance en moi. Je me sens incapable de faire telle ou telle chose. Je ne changerai plus, c'est génétique», toutes ces affirmations sont des pensées à propos de moi-même qui créent la croyance derrière ces pensées. Cela semble tellement vrai que je me sens impuissante de lutter contre ces idées car je les accepte comme des vérités.

Généralement, la souffrance psychologique est devenue une compagne familière. Inconsciemment, j'ai développé la peur en moi et établi la vision d'un monde qui correspond à mes croyances négatives. La peur paralyse la raison, affaiblit la confiance et discrédite le pouvoir de l'imagination. Pourtant, la peur n'est qu'une émotion, un état d'esprit qu'il faut apprendre à comprendre, à contrôler et à diriger.

Albert Einstein a dit un jour : « La décision la plus importante que nous prenons est de qualifier l'univers dans lequel nous vivons d'amical ou d'hostile, en pensant l'univers hostile, nous en ferons l'expérience ».

Dans le livre *Sapiens, une brève Histoire de l'Humanité* de Yuval Noah Harari, l'auteur cite : « Il n'y a pas de dieux dans l'univers, pas de nations, pas d'argent, pas de droits de l'homme, ni lois ni justice hors de l'imagination commune des êtres humains. »

Tout prend naissance dans l'imagination. C'est pour cette raison que la plupart du temps, je peux si je le souhaite amener de nouvelles pensées à propos de moi-même. Si je suis triste, pourquoi ne pas m'imaginer plus gaie ? Si je suis en colère, pourquoi ne pas me voir plus sereine ? Si je suis découragée, pourquoi ne pas visualiser une image de moi plus confiante ? Si je me sens misérable, pourquoi ne pas me dire : et si j'étais prospère ?

Le bien-être constitue notre état naturel et la souffrance psychologique représente notre état antinaturel qui va par définition, à l'encontre de l'état naturel.

Des pensées négatives m'enferment dans un état de conscience confus et désordonné. Je suis craintive, méfiante et défaitiste. Mais si régulièrement, j'ai de nouvelles pensées plus optimistes, elles iront s'implanter dans le subconscient modelant ainsi ma personnalité. Des pensées plus constructives et positives me maintiennent dans un état de conscience plus élevé et plus présent. Je deviens ainsi plus gaie, plus sereine, plus confiante et plus prospère. Et aussi plus authentique car je m'approche de plus en plus de mon état naturel de bien-être. Comme un miroir, ces pensées positives se reflèteront sur le visage d'un autre car je le verrai avec la nouvelle conception que j'ai de moi-même.

Lors d'un voyage, une de mes filles a rencontré un sans-abri dans une gare avec lequel elle a fait la conversation. Elle se sentait triste et déprimée considérant que la vie se montrait difficile sous bien des aspects. Cet homme lui a dit que la vie était belle et lui a souhaité du courage, du bonheur et de la santé. Et pourtant, elle ne lui a pas donné d'argent car elle n'en avait pas sur elle.

La question que j'amène ici est la suivante : si un homme qui a tout perdu se sent heureux, que puis-je faire pour voir la vie avec ses yeux ?

Pour commencer, il suffirait que je me concentre sur des pensées positives qui me font du bien, comme l'espoir, la joie, l'enthousiasme, la paix et les désirs qui vivent en moi. Non, ce n'est pas si difficile, il suffit de le décider car j'ai toujours le choix. Il n'est pas nécessaire de connaître les pensées négatives car en se concentrant sur des pensées positives, le changement est possible, de manière naturelle. Les pensées négatives et positives ne peuvent pas occuper l'esprit au même moment. Je ne peux pas être triste et gaie à la fois, ni en colère et sereine en même temps, ni encore découragée et confiante par la même occasion. C'est contraire au bon sens et inenvisageable dans la gestion de notre propre équilibre. L'idée des pensées positives consiste à mettre de la lumière dans cette part sombre de nous-mêmes pour faire transparaître notre nature véritable, celle où le bien-être occupe une place prépondérante.

Des études scientifiques démontrent que le cerveau et le cœur communiquent entre eux au moyen d'impulsions nerveuses et d'échanges biochimiques. Il semblerait même que le cœur envoie plus de signaux qu'il n'en reçoit, ce qui influencerait la perception que nous avons de la réalité. Lorsque les pensées sont positives, le cœur produit certaines hormones envoyées au cerveau qui réduisent la production de cortisol, l'hormone du stress et révèlent les hormones du bien-être comme la sérotonine et la dopamine, que l'on appelle aussi les hormones du bonheur.

Une fois que les pensées positives du cœur sont activées, le cerveau traite les informations de manière plus intuitive. Il se sent stimulé grâce aux signaux envoyés par le cœur qui les amplifie.

Imaginons un compositeur qui a du mal à trouver l'inspiration. Il sait pertinemment que l'inspiration ne provient pas de son intellect mais de quelque part au fond de lui-même. C'est uniquement lorsqu'il aura atteint ce qu'il ressent réellement qu'il réussira à trouver les messages qu'il veut transmettre par sa musique. En se sentant inspiré par ses pensées, il éprouvera des émotions et trouvera les notes que son esprit interprétera comme celles qu'il attendait.

La combinaison de l'esprit et du cœur crée la magie indispensable à toute création. L'imagination constitue la base de la créativité. Elle façonne les images sensorielles, émotionnelles et affectives qui alimentent ma manière de concevoir la vie.

Chaque fois que je m'autorise à imaginer un avenir différent de ce que mes sens me dictent, les croyances ancrées dans mon subconscient se modifient car mes pensées se modifient. Lorsque je change mes pensées, je transforme mes croyances, mon comportement se modifie et je fais naître une nouvelle réalité dans ma vie.

L'idée de ce chapitre est d'expliquer et de tirer profit de ce que l'imagination créatrice peut apporter à ma vie. Mon désir consiste à découvrir cette capacité du mental pour savoir si je peux la guider. Mon objectif final repose sur l'idée de m'ouvrir à de nouveaux horizons plus attrayants, plus prometteurs et plus engageants. Je sais déjà que c'est à travers mon imagination que je peux communiquer et imprimer, grâce à la répétition, de nouvelles croyances dans la chambre secrète du subconscient.

Puis-je par l'imagination et la répétition modifier mes habitudes et mon comportement pour devenir la personne que je souhaite devenir ?

Les spécialistes s'accordent sur l'idée que le subconscient pourrait se comparer à une formidable banque de données où tout ce que nous pensons, croyons, percevons, interprétons et ressentons depuis notre conception y est emmagasiné. Le subconscient ne fait pas de différence entre un « bon » ou un « mauvais » programme mais il influence considérablement notre comportement.

L'imagination dispose du pouvoir d'imprimer de nouveaux programmes dans le subconscient sous forme d'images mentales. Le subconscient interprète toutes mes images mentales comme de nouvelles réalités si elles sont régulièrement répétées. Il considère toujours mes croyances comme des vérités.

Par exemple, il ne s'agit pas de vouloir ceci ou cela mais de s'imaginer être ou avoir ceci ou cela. Ce que nous plantons dans notre subconscient associé à une imagination créatrice et de l'autosuggestion permet de rendre le cerveau plus créatif. Nous sommes tous les créateurs de notre réalité. Même si c'est difficile à accepter pour un esprit cartésien, il existe des forces immuables et fabuleuses dont nous ignorons encore leur portée.

Pourquoi y a-t-il des êtres confiants en la vie et d'autres, anxieux et défaitistes ? Pourquoi celui-ci connaît-il le succès et cet autre l'échec absolu ? Pourquoi certains travaillent-ils durement toute leur vie alors que d'autres réussissent parfaitement sans efforts dans la même profession ? Pourquoi certains guérissent-ils de maladies incurables alors que d'autres meurent des mêmes maladies ? Pourquoi certains sont heureux en couple et d'autres de continuels insatisfaits ?

Quelle est cette puissance extraordinaire qui fait que certains ont tout ce qu'ils souhaitent et d'autres pas ?

Ces questions ont été relevées par le docteur Joseph Murphy, auteur et ardent défenseur du pouvoir du subconscient par les moyens de l'autosuggestion. Il a écrit de nombreux livres dont La Puissance du Subconscient qui s'éveille par le pouvoir de l'imagination contrôlée.

Dans son livre, Joseph Murphy explique qu'il y a deux types d'individus. Il y a celui qui est plein de confiance et de foi. Il sait qu'il est né pour gagner et réussir. Et il y a l'autre, celui qui est plein de crainte et de doute. Des occasions se présentent à lui mais ayant peur de l'échec ou du jugement des autres, il ne saisira pas ce qui se présente à lui.

Il explique que notre conscient (esprit objectif et éveillé) et notre subconscient (esprit subjectif et endormi) sont à l'image d'un jardin. Notre conscient plante ses graines dans le subconscient et ces graines grandissent en fonction de nos états d'esprit. Lorsque les pensées et les émotions sont positives et constructives, le subconscient crée les conditions factuelles pour répondre à ces pensées et à ces émotions.

Le contraire est également vrai. Si je ne cesse de ruminer, ressasser des pensées négatives dans un cercle infini, je finis par perdre confiance en moi et en la vie. Je me juge et je juge mes semblables et de nouvelles pensées négatives font irruption pour me nourrir de la peur, de la tristesse ou de la colère. Ces pensées négatives produisent des émotions négatives qui se répètent encore et encore comme une courbe qui tourne autour de son centre. Elles fertilisent mon subconscient de tout ce que je ne veux pas et confirment ainsi ma croyance. J'ai raison de ruminer et de me faire du mal. Et tout cela ne m'apaise pas.

Joseph Murphy affirme que la majorité des êtres humains ne vit que dans le monde extérieur qui est le monde des sens. Cependant, il atteste que seul le monde intérieur (pensées, sentiments, images) crée le monde extérieur et devient ainsi la seule puissance créatrice, qu'elle soit consciente ou inconsciente.

Le conscient et le subconscient font partie de mon esprit, ils sont indissociables. Mais le conscient est personnel et sélectif alors que le subconscient est impersonnel et universel. En d'autres mots, le conscient m'appartient, le subconscient est un phénomène que l'on peut qualifier de cosmique et reste au service de tout un chacun. Le conscient commande à l'image d'un capitaine de navire.

Le subconscient obéit aux injonctions du capitaine c'est-à-dire aux suggestions du conscient.

Par exemple, si je pense que boire du café l'après-midi me réveille la nuit, le subconscient répondra aux injonctions du capitaine et je me réveillerai la nuit pensant que c'est le café. Mais est-ce vraiment le café ou la croyance derrière ma pensée ?

Comment fonctionne le processus subconscient ?

Toutes mes pensées et tous les concepts en tous genres s'impriment dans mon subconscient qui agit selon la nature de mes croyances. Souvent, tout se passe de manière inconsciente. Mais l'interprétation que j'accorde à ces pensées ou concepts en tous genres va influencer ce que je sens dans le moment présent et se traduit par des émotions.

Le triangle « pensées-croyances-émotions » a un grand pouvoir sur mon comportement. Par exemple, et c'est une expérience vécue, je trouve un nouveau job et dans les confidences des premiers jours autour de la machine à café, on me présente mon responsable hiérarchique comme antipathique et déplaisant. On me dit qu'il est hargneux et désagréable à mourir et qu'il vaut mieux s'en méfier. Je vais assimiler cette information de telle sorte que je vais modifier mon comportement en prenant mes distances par rapport à lui. Rien ne garantit que cette personne soit ce qu'on m'a dit mais dans la plupart des cas, je vais accepter cette croyance comme une réalité et rester continuellement sur la défensive. D'autant plus qu'une relation « dominé-dominant » entre un employé et son supérieur hiérarchique est déjà établie sur une base inégale. Je ne suis pas dans une situation d'égal à égal et je vais nourrir ma nouvelle croyance d'inconfort à chaque frustration si je ne prends pas le recul nécessaire pour nommer ce qui ne va pas et identifier les différentes options dont je dispose pour améliorer la situation. Si rien ne change, le triangle « pensées-croyances-émotions » finira par mettre une étiquette, peut-être à vie, sur cette personne. C'est ce que j'ai fait plus d'une fois au cours de mon parcours professionnel.

Murphy nous enseigne que dès que le subconscient accepte une idée que le conscient croit être vraie, il la met à exécution sans la discuter, comme le ferait un officier de marine. Le subconscient répond à la nature de mes pensées, de mes émotions et de mes suggestions. Il agit selon mes croyances. Il ne raisonne pas, il exécute ce qui lui a été imprimé.

Depuis que nous sommes enfants, des impressions ont laissé des empreintes dans le subconscient. L'autosuggestion est un moyen de nous libérer de tout le négatif que nous croyons à propos de nous-mêmes. Combien de fois avons-nous entendu « tu n'y arriveras pas. Sois réaliste. Ne fais pas ça, c'est pour ton bien. Écoute-moi, j'ai plus d'expérience que toi » ? Les suggestions des autres ont le pouvoir qu'on leur accorde mais nous avons le choix. Soit de les garder, soit d'en choisir de plus propices à notre état naturel de bien-être.

Cet état de bien-être se présente à moi comme une boussole intérieure guidée par le cœur ou comme un messager qui me conseille au moyen des émotions qui vivent en moi. C'est à travers l'émotion que je sais ce qui est bon ou mauvais pour moi. Mais ce n'est pas parce que je ressens une émotion négative que c'est mauvais pour moi. C'est uniquement un message qu'il faut apprendre à écouter et à comprendre afin d'éviter que l'émotion que je ne désire pas s'installe durablement.

Un des moyens pour neutraliser une pensée, une croyance ou une émotion que l'on ne désire pas est donc la suggestion. C'est d'ailleurs le moyen utilisé en hypnothérapie pour aider les personnes à trouver des solutions à leurs problèmes ou des réponses à leurs questionnements plus profonds.

Le professeur Murphy parle dans son livre La Puissance du Subconscient d'un chirurgien écossais qui travaillait au Bengale en Inde et qui vécut au XIXe siècle. Il opérait ses patients sous hypnose. Il réalisa près de 400 opérations importantes de toutes sortes. La mortalité avait été très basse, de l'ordre de 2 ou 3 %. Les malades ne ressentaient aucune douleur et aucun patient ne décéda sur la table d'opération. Au moyen de l'hypnose, ce chirurgien suggérait au subconscient que nulle infection ou septicémie ne se produirait. À cette époque, on ne connaissait pas encore l'anesthésie moderne ni l'origine des bactéries et les causes d'infections dues à l'absence de stérilisation. On ne connaissait pas non plus l'extrême virulence des microbes et des virus. 97 à 98 % de ses patients se rétablirent rapidement grâce au travail d'hypnose de ce chirurgien.

Le pouvoir curatif constitue l'état d'esprit par lequel ce pouvoir curatif est accepté par celui qui croit. Une attente confiante dans la guérison fait ce qu'aucun traitement médical ne peut accomplir.

Depuis la nuit des temps jusqu'à nos jours, Murphy nous explique que des thérapeutes de toutes les civilisations appelés guérisseurs ou sorciers, exercent leur habilité à guérir leurs semblables par le pouvoir de la suggestion. Là où la médecine classique échoue, les croyances du malade dans le pouvoir de guérison du guérisseur ou du sorcier sont si fortes qu'elles libèrent la puissance thérapeutique du subconscient.

L'exemple du chirurgien et des vrais guérisseurs démontre que le succès dépend de la manière dont cette croyance est acceptée. Plus la foi est forte, plus la réalisation devient objective dans le monde des sens.

Comment faire travailler le subconscient à mon profit ?

L'idée de Murphy est d'occuper le conscient dans l'attente du meilleur et non du pire. Je parlerai encore ici des pensées positives régulières car penser au beau et à l'agréable est le meilleur moyen pour prospérer. L'esprit subconscient manifeste toujours ce qui est conforme à notre mode habituel, à notre état d'esprit présent.

Murphy raconte dans son livre une expérience de sa propre histoire. Son père atteint de tuberculose vivait en Australie et il décida de l'aider à guérir. Il dit à son père qu'il avait rencontré un moine qui venait d'une chapelle en Europe où se produisaient des guérisons. Ce moine lui vendit un petit morceau de la croix où Jésus-Christ fut crucifié. Mais en vérité, ce jeune moine avait tout simplement ramassé un bout de bois qu'un bijoutier fit sertir sur une bague.

Cependant, il dit à son père que beaucoup de personnes avaient été guéries en touchant simplement le petit bout de bois. Cela attisa l'imagination de son père qui lui arracha la bague des mains et la posa sur sa poitrine. Il pria silencieusement et s'endormit. Le lendemain matin, il était guéri. Les examens cliniques le confirmèrent.

Le père de Joseph Murphy ne connut jamais la véritable histoire du petit bout de bois. Il mourut 15 ans plus tard à l'âge de 89 ans.

Il semble qu'il y ait un dénominateur commun à tous ces miracles de guérison : le pouvoir de la suggestion. Le subconscient accepte pour vrai ce que je crois être vrai et manifeste dans le monde extérieur ce en quoi j'ai réellement foi. La foi est une acceptation consciente d'une vérité. Sans la foi, ce processus ne fonctionne pas.

C'est de cette manière que je peux assumer une nouvelle vérité même si elle est niée par mes sens. Je proclame que cela est vrai, créant ainsi ma nouvelle croyance et la conviction profonde en cette nouvelle vérité. Le subconscient répond toujours à mes croyances conscientes et inconscientes dans la manifestation objective.

Les principales causes de l'échec sont le manque de confiance et l'excès d'effort. Selon Murphy, lorsque l'on sait comment l'esprit fonctionne, on acquiert une confiance absolue. Le subconscient met en œuvre ses puissantes ressources et l'on obtient les directives, la paix de l'esprit et la liberté dont nous avons besoin pour réaliser nos désirs.

En pratique et dans la phase de reprogrammation, le corps a besoin de se détendre tout comme l'esprit conscient. L'idée consiste à faire accepter notre requête au subconscient en ressentant la réalité dans le moment présent comme un fait accompli. Ce qui est ressenti au moment où j'imagine mon désir réalisé à l'instant même s'avère d'une importance capitale car l'émotion émet une puissante vibration.

L'imagination demeure un acte créatif à l'intérieur de l'esprit subconscient. L'imagination disciplinée reste le meilleur moyen de créer mon idéal de vie en imaginant le résultat à son terme. Le travail que j'effectue en toute conscience consiste à imaginer une scène où mon désir est déjà réalisé. Le subconscient ne répond pas à la pression mentale, il répond à la foi, à l'acceptation consciente d'une nouvelle vérité. Selon Murphy, le processus se déroule plus facilement lorsque le corps est complètement détendu et que toutes les pensées contradictoires ou conflictuelles sont réduites au minimum.

Rappelons-nous lorsque nous étions enfants, nous croyions à la légende du Père-Noël, à l'existence de ses rennes, sa tanière en Laponie et au travail de sa ribambelle de petits lutins prêts à en découdre pour réaliser nos rêves d'enfants. Nous étions émerveillés par toute cette magie et nous entretenions son mystère par le pouvoir de notre imagination.

L'imagination disciplinée ou contrôlée se réfère à cette imagination où nous avons la conviction que nos désirs sont déjà une réalité. Il n'y a aucune volonté dans ce processus imaginatif. Si la raison frappe à la porte et persiste, il convient de se maintenir dans la croyance profonde de l'accomplissement comme l'enfant qui rêve des merveilles du Père-Noël.

Bien sûr, j'en entends plus d'un qui dira que tout cela n'est pas réel et que c'est une supercherie qui fait vendre. D'autres me diront que l'on n'est pas tout puissant pour pouvoir réaliser ses rêves. D'autres encore proclameront haut et fort que ce sont des contes de fées pour enfants qui ne mènent nulle part et que tout cela relève de la folie.

Mais mon but n'est pas de vendre. Mon but est de comprendre et d'expérimenter ce que d'autres avant moi ont avancé et mis à l'épreuve dans leur propre vie.

Selon moi, la plupart des personnes ne s'attaquent pas au fond du problème. Les personnes qui ont essayé et échoué se sont contentées d'une petite modification de surface, alors que cela relève d'un véritable travail sur soi, comme je l'ai dit à de nombreuses reprises. Nous sommes le résultat de nos croyances conscientes et inconscientes pour la plupart. Notre être tout entier est porté par nos croyances et le pire dans tout ça, c'est que beaucoup d'entre elles nous empêchent d'accomplir ce que nous tentons d'accomplir. Car si je crois que quelque chose est trop difficile, voire impossible, vais-je tout de même essayer? Je pense que nous connaissons tous la réponse la plus répandue.

Napoléon Hill a écrit un jour: «Quand vos désirs sont suffisamment forts, vous semblez posséder des capacités de réalisation surhumaines.»

Une personne qui cherche à s'accomplir se rend compte progressivement que la vie qui l'a menée là où elle est n'est pas le fruit du hasard. Toute expérience est utile à son épanouissement personnel. Par exemple, je peux à un moment ou un autre, réaliser que le manque de confiance en moi m'a amenée à rencontrer des personnes qui ne croyaient pas en moi. J'ai eu un métier souvent dévalorisant et des relations peu enrichissantes.

Je suis persuadée qu'améliorer sa relation avec soi-même en se donnant plus de valeur, amènera des évènements différents dans notre vie. De nouvelles opportunités de travail plus favorables, des relations plus saines et une vie plus heureuse.

Le travail à réaliser est un travail de longue haleine, il ne faut pas le cacher. Mais il en vaut la peine car il apporte une transformation intérieure complète. On ne peut pas réaliser ses rêves au moyen de l'imagination contrôlée si nous n'avons pas soigné les blessures de l'âme, les croyances fausses à propos de nous-mêmes et que nous ne nous sentons pas libres de pouvoir faire nos propres choix. Le choix est un acte délibéré réalisé en toute conscience.

« Lorsqu'il y a conflit entre la volonté et l'imagination, c'est toujours l'imagination qui l'emporte. »

Étienne Coué.

Qu'est-ce que cela signifie ?

Il y a un peu plus d'un siècle, Coué, le père de l'autosuggestion, définit « la loi de l'effet inversé ». Si la volonté ou l'effort mental domine l'esprit, on finit à l'opposé de ce qui est désiré. Il a déclaré que « Chaque fois qu'il y a un conflit entre la volonté (effort conscient) et l'imagination (imagerie mentale), non seulement nous ne faisons pas ce que nous souhaitons, mais nous faisons exactement le contraire ». Cela signifie que si je souhaite réaliser quelque chose mais que j'estime ne pas pouvoir y arriver, plus j'essaie par la volonté, plus cela devient difficile de réussir. Lorsque « j'essaie », cela implique que je ne le fais pas même si cela semble défier la logique. Pendant que je suis en train d'essayer, je lutte mentalement pour y arriver et toute cette énergie se heurte à une barrière cosmique. J'obtiens ainsi le contraire de ce que je recherchais car en vérité, je ne m'attends pas réellement à réussir.

Par exemple, si je suis en surpoids et que je décide de suivre un régime alimentaire, quelle sera la solution la plus saine ? Il ne sert à rien d'annoncer « je vais essayer de maigrir» car la lutte devient plus grande de jour en jour et je finis par manger plus encore qu'auparavant. Essayer plus fort ne servira toujours à rien.

La volonté devient ainsi un obstacle à la réalisation de mes désirs car le vouloir s'adresse à la raison et le désir à l'imagination. Vouloir quelque chose constitue un effort mental qui renforce le sentiment de manque. Désirer quelque chose c'est maintenir la foi dans la croyance comme un fait accompli.

Lorsque je fais de l'autosuggestion pour satisfaire mes désirs, ce n'est pas à la raison que je m'adresse mais au réservoir illimité du subconscient. Le désir concerne l'imagination ou le pouvoir créatif, cible de mes suggestions. Dans cet exemple de surpoids, l'idéal serait de s'imaginer être la personne que l'on désire être avec le poids idéal et y croire avec toute la force des émotions qui nourrissent ce désir. Le comportement suivra en toute logique.

En cas de conflit entre deux croyances, Murphy nous enseigne que le subconscient va accepter la plus forte des deux propositions contradictoires. Si je me dis «Je veux guérir mais je n'y parviens pas. Je fais tant d'efforts. Je me force à prier et me sers de toute la puissance de volonté que je possède», l'erreur se trouve encore dans l'effort mental et l'on obtient le contraire de ce qui a été désiré. Par contre, s'imaginer en parfaite santé et maintenir la foi dans cette image mentale reste un moyen plus efficace que celui de la volonté.

C'est ainsi que l'imagination constitue la clé qui permet de reprogrammer le subconscient et d'ouvrir la porte au champ des possibles. Alors, si tout était possible, comment verrais-je ma vie?

Plus je passe du temps à rêver ma vie, plus je deviens celle que je désire devenir. Lorsque je crois au pouvoir magique de l'imagination et que j'agis comme si tout était possible, je découvre en moi de nouvelles parties qui s'éveillent et qui ouvrent la porte à un potentiel illimité. L'idée de croire en ce pouvoir est une façon de croire en soi et développe des aptitudes que l'on croyait inexistantes.

Je continue ma quête et je m'intéresse aux enseignements de Neville Goddard. Américain d'adoption, on le découvre de plus en plus en Europe aujourd'hui, près de 40 ans après sa mort. Tout son enseignement, pour la plupart en anglais, repose sur des livres mais également sur des conférences dont certains de ses étudiants ont enregistrées l'audio et sont parvenues jusqu'à nous.

Neville était un orateur populaire sur les thèmes spirituels et métaphysiques de la fin des années 1930 jusqu'à sa mort en 1972. C'était un pourvoyeur de la philosophie généralement appelée Nouvelle Pensée. Il a écrit un peu plus de dix livres sous le pseudonyme solitaire de Neville.

Voyageur spirituel d'envergure, il possédait une vision audacieuse de notre réalité individuelle fondée sur le pouvoir de l'imagination.

La réputation de Neville ne cesse de croître aujourd'hui car ses enseignements corroborent les questions clés soulevées par la physique quantique.

Neville a vécu à la même époque que Joseph Murphy et leur système de pensées et de croyances se ressemblent. Neville a tout comme ce dernier, influencé un large éventail de penseurs et d'écrivains spirituels.

Bien que l'idée que l'imagination crée la réalité d'un point de vue conceptuel n'était pas son idée car ce n'était pas nouveau à son époque. Cent cinquante ans avant Neville, William Blake s'est inspiré des visions bibliques à caractère prophétique pour peindre ses tableaux, composer des poésies ou rédiger ses écrits. Influencé par ce dernier qu'il cite à de nombreuses reprises, Neville affirme que l'essence de la conscience est un phénomène en provenance de l'imagination humaine. Tout existe dans l'imagination.

Neville s'oppose à l'Église, responsable de la mort de l'identité humaine, de son imagination et de sa créativité. Pourquoi ? Car les hommes d'Église ne veulent pas que l'être humain soit créatif. Créer c'est révéler sa véritable nature qui constitue son essence divine et le libère de l'autorité de l'Église. Neville voit dans l'être humain un espace psychique où s'affrontent les forces du bien et du mal. Pour lui, le bien et le mal ne sont que des concepts humains dont seule l'interprétation apporte une résultante positive ou négative dans la psyché humaine.

Comment est-il devenu un des plus grands mystiques du XXe siècle ? C'est en 1931 que sa vie bascule du tout au tout. À 26 ans, Neville exerce en tant que danseur de vaudeville et acteur à Broadway. Sa troupe donne des spectacles aux États-Unis et en Angleterre pendant une dizaine d'années. Mais sa vie s'avère difficile à la suite de la crise économique des années 1930 qui frappe de plein fouet les États-Unis. Il complète ses revenus en travaillant comme liftier et commis à l'expédition.

L'ambition du jeune Neville pour la scène commence à s'estomper alors qu'il rencontre un éventail séduisant d'idées spirituelles. Dans ses nombreuses conférences, Neville parle d'un enseignement reçu par un rabbin né en

Éthiopie du nom d'Abdullah qui enseigne le christianisme ésotérique. Leur première rencontre semble consignée hors du temps. Pour la retranscription de cette rencontre, j'ai écouté et compilé les conférences de Neville en anglais où il parlait fréquemment de son ami Abdullah.

Abdullah lui tend la main et lui dit: « Neville, tu as six mois de retard ».

Neville est en retard parce que celui qui lui a parlé d'Abdullah est un prêtre catholique qui n'est pas très malin. Il l'aime beaucoup, mais Neville pense que c'est un corniaud. Son père, coureur de rhum à l'époque de la prohibition, lui avait laissé deux millions de dollars qu'il a ensuite perdus à Wall Street la première année. Neville fait peu confiance à cet homme qui réalise de piètres investissements. La seule chose merveilleuse qu'il a réussi à faire a été de prendre les quinze mille dollars qui lui restaient pour les donner à une organisation catholique dans le but qu'elle s'occupe de sa mère jusqu'à la fin de sa vie. Alors, n'ayant aucun respect pour son jugement, quand il lui a parlé d'Abdullah, il a reporté sans cesse cette rencontre jusqu'au jour où il n'a trouvé aucune excuse.

Neville qui n'a jamais vu Abdullah auparavant est légèrement offusqué et rétorque: « J'ai six mois de retard? Comment me connaissez-vous? ». Abdullah répond: « Les frères m'ont dit que tu venais et tu as six mois de retard. Oh oui, mais tu as oublié. Nous étions ensemble en Chine il y a des milliers d'années, mais tu as promis de l'oublier complètement pour jouer le rôle que tu dois jouer maintenant ».

Pendant cinq ans, Neville étudie l'hébreu, les Écritures et la Kabbale, plantant ainsi de nouvelles graines dans sa philosophie et dans l'art de la créativité mentale. Il consacre une grande partie de sa vie aux questions spirituelles et mystiques ainsi qu'à l'étude des interprétations ésotériques de la Bible.

Neville déclare que sa première compréhension du pouvoir de la pensée créatrice est venue alors qu'il vivait dans une chambre louée dans l'Upper West Side de Manhattan pendant l'hiver 1933. Neville était déprimé car sa carrière théâtrale était au point mort et ses poches totalement vides. Il se considérait comme un échec à ses propres yeux. Il révèle lors d'une de ses conférences bien plus tard : « J'étais au théâtre et l'argent que j'ai gagné pendant un an, je l'ai dépensé le mois suivant ».

En 1933, Neville alors âgé de 28 ans se sent submergé par l'envie de passer Noël avec sa famille à la Barbade d'où il est originaire. Seulement, il n'a pas les moyens financiers pour faire ce voyage. Il en parle à son ami Abdullah.

« Vis comme si tu y étais », lui dit Abdullah, « et tu y seras ». Neville quitte son ami dans un état de stupeur. « Je suis à la Barbade. Je n'ai aucun argent, je n'ai aucun travail, je ne suis même pas bien habillé et pourtant je suis à la Barbade ». Errant dans les rues de New York, Neville réfléchit à son objectif et adopta le sentiment qu'il est vraiment chez lui sur son île natale.

Deux semaines plus tard, il n'est pas plus proche de son but. Il dit à son ami : « Ab, j'ai confiance en vous implicitement, mais je n'arrive pas à comprendre comment ça va marcher. Je n'ai pas un penny pour mon voyage, et... » Abdullah se lève de sa chaise et va dans son bureau en claquant la porte, ce qui n'est pas une invitation à le suivre. En passant la porte il lui dit «j'ai dit tout ce que j'avais à dire».

Le 3 décembre, Neville n'est toujours pas plus proche de son voyage mais Abdullah ne fait qu'une seule déclaration : «Tu es à la Barbade».

Le 6 décembre, le bateau Nérissa quittera New York pour la Barbade à midi précises. C'est le dernier bateau qui arrivera pour Noël sur l'île.

Le matin du 4 décembre, n'ayant pas de travail, n'ayant aucun endroit où aller, Neville fait la grasse matinée. En se levant, il trouve une lettre de la poste aérienne de la Barbade sous sa porte. En ouvrant la lettre, un petit morceau de papier tombe sur le plancher. C'est une lettre de change pour cinquante dollars.

La lettre provient de son frère Victor et dit, «je ne te demande pas de venir, Neville, ceci est un ordre. Nous n'avons jamais eu de Noël où tous les membres de notre famille étaient présents en même temps. Ce Noël, ça pourrait se réaliser si tu viens. Tu ne travailles pas, je sais qu'il n'y a aucune raison pour laquelle tu ne pourrais pas venir, donc tu dois être ici avant Noël. Les cinquante dollars sont destinés à t'acheter quelques chemises ou une paire de chaussures dont tu pourrais avoir besoin pour le voyage. Tu n'auras pas besoin d'argent à bord; utilise le bar si tu bois. Je serai là à l'arrivée du bateau et je paierai tous tes pourboires et dépenses encourues. J'ai envoyé un message au Furness, Withy and Co. à New York et leur ai dit d'émettre un billet à ton nom quand tu te rendras à leur bureau...».

La compagnie de transport maritime a bien reçu le message du frère de Neville mais il ne reste que des places en troisième classe. Neville prend sa place, satisfait d'avoir la possibilité de revoir sa famille.

L'après-midi du 4 décembre, il retourne voir son ami Abdullah et lui raconte ce qui lui est arrivé. « Ça a marché comme dans un rêve. » Mais Abdullah lui répond « Qui t'a dit que tu y allais en troisième classe ? Est-ce que je t'ai vu à la Barbade, l'homme que tu es, y aller en troisième classe ? Tu es à la Barbade et tu y es allé en première classe ».

Prêt à embarquer le 6 décembre, l'agent responsable de la vérification des billets lui dit : « Nous avons de bonnes nouvelles pour vous, Monsieur Goddard. Il y a eu une annulation et vous voyagerez en première classe. »

Il dira lors d'une de ses conférences : « Abdullah m'a appris l'importance de rester fidèle à une idée et de ne pas faire de compromis ». « J'ai hésité, mais il est resté fidèle à l'idée que j'étais à la Barbade et que j'avais voyagé en première classe ».

C'est ainsi que Neville découvre ce qui finalement devient la marque de sa philosophie qui consiste à assumer le sentiment que l'objectif désiré est déjà atteint. « Ce n'est pas ce que vous voulez que vous attirez », écrit-il. « Vous attirez ce que vous croyez être vrai ». La magie semble opérer dans le pouvoir du sentiment ressenti dans le moment présent.

Lors de ses débats publics, Neville a souvent raconté son histoire à l'armée. Il est entré dans l'armée le 12 novembre 1942, obligé de servir pendant toute la durée de la guerre. Mais les archives militaires montrent que quatre mois plus tard, en mars 1943, le mystique a été « démis de ses fonctions pour accepter un emploi dans une industrie essentielle de guerre ».

On ne sait pas pourquoi Neville, un homme jeune et en parfaite santé, aurait été libéré de l'armée au plus fort de la guerre. Neville a repris son travail « essentiel de guerre » en tant que conférencier métaphysique à Greenwich Village à New York. Il a utilisé des visualisations pour être dispensé de l'armée de manière honorable. Ce que tout le monde croyait impossible s'est produit.

Neville a également fait des déclarations audacieuses sur l'essor éventuel et très prospère des entreprises de restauration et de vente au détail de sa famille à la Barbade. Ces revendications sont conformes à la réalité.

> *« L'imagination est plus importante que la connaissance car la connaissance est limitée tandis que l'imagination englobe le monde entier ».*
>
> Albert Einstein

> *« L'imagination n'est pas un état; c'est l'existence humaine tout entière ».*
>
> William Blake.

Pour le premier l'imagination est illimitée et pour le second, elle englobe l'existence dans son entièreté. Tout ce que j'expérimente constitue le résultat de mes propres pensées et états émotionnels et crée ma réalité. C'est ainsi que je découvre que je suis une branche endormie de l'arbre de la création et je suis aux commandes de possibilités infinies grâce au pouvoir de mon imagination.

Mais sur quoi s'appuie Neville pour affirmer que l'imagination crée la réalité ? Neville s'appuie sur la Bible. Il envisage la Bible comme une parabole de la psyché humaine plutôt que comme un récit d'évènements historiques. Il étudie tous les personnages bibliques et les considère comme les différentes facettes de notre propre conscience dans le moment présent. De cette manière, la Bible devient un drame psychologique qui se joue dans la conscience humaine de chaque être humain. Tous les personnages décrits font partie de notre propre conscience.

Il étudie la Bible et donne une nouvelle interprétation à chaque épisode des Écritures qui s'assimile à la parabole psychologique d'une vérité factuelle. Dans cette vision, tout dans les Écritures est un modèle pour l'évolution de l'être humain.

Il déclare en public que « La Bible ne fait aucune référence à des personnes qui aient jamais existé ni à aucun évènement qui ait jamais eu lieu sur terre ». « Toutes les histoires de la Bible se déroulent dans l'esprit de chaque homme ». Personnellement, je peux comprendre que cela puisse choquer certaines personnes mais allons un peu plus loin dans son raisonnement.

Pour donner un exemple de ce qu'il affirme, je citerai le livre 2 des *Rois de l'Ancien Testament* chapitre 2, versets 1-6 qui dit :

> « 1 Et une femme parmi les femmes des fils des prophètes cria vers Élisée, en disant : "Ton serviteur, mon mari, est mort et tu sais que ton serviteur craignait l'Éternel. Et le créancier est venu pour prendre mes deux enfants, afin qu'ils soient ses esclaves."

> 2 Et Élisée lui dit : "Que ferai-je pour toi ? Dis-moi ce que tu as à la maison." Et elle dit : "Ta servante n'a rien du tout dans la maison, si ce n'est un flacon d'huile."
>
> 3 Et il dit : "Va, demande pour toi, au-dehors, des récipients à tous tes voisins, des récipients vides – n'en demande pas peu ! –
>
> 4 et rentre, et ferme la porte sur toi et sur tes fils, et verse [l'huile] dans tous ces récipients, et mets de côté ceux qui seront remplis."
>
> 5 Et elle s'en alla d'auprès de lui, et elle ferma la porte sur elle et sur ses fils. Ceux-ci lui apportaient [les récipients] et elle versait.
>
> 6 Et il arriva, quand les récipients furent remplis, qu'elle dit à son fils : "Apporte-moi encore un récipient." Mais il lui dit : "Il n'y a plus de récipients." Et l'huile s'arrêta ».

Cette allégorie permet de comprendre autre chose que ce que l'on croit. Pour Neville, ce drame psychologique se produit dans la conscience humaine.

Au sens psychologique, la veuve, ça peut être moi car je n'ai pas de mari, c'est-à-dire les moyens pour me rendre « fertile », synonyme de prospère.

Élisée est ma conscience, ma petite voix intérieure.

Au lieu d'admettre un état de manque ou de vide, je reconnais que j'ai déjà quelque chose. La petite fiole d'huile est à prendre au sens figuré et correspond à la prospérité. Ma conscience me dit de rentrer et de fermer la porte, ce qui signifie fermer la porte de mes sens qui rappellent les manques, les dettes et les problèmes. Lorsque j'ai la conviction d'avoir éliminé le doute et la peur, je remplis les récipients vides. Ce qui sous-entend que je réalise mes propres désirs de prospérité. Ma vie physique devient abondance car le vide n'existe plus dans mon esprit. La cause est dans l'esprit ou la conscience, l'effet se produit dans la manifestation physique.

Dans son livre *A vos ordres!* d'où j'ai extrait cet exemple, Neville ne parle pas du rôle des enfants dans cette allégorie. Je pense qu'il serait d'accord avec moi si je disais que les enfants sont ceux qui vont nous aider à remplir nos récipients, que ce soit de manière consciente ou inconsciente. Il s'agit de celles et ceux qui d'une manière ou d'une autre peuvent apparaître pour soutenir nos désirs.

Est-ce vraiment une utopie? La physique quantique vient agrémenter l'idée que nous faisons partie d'un Tout et que dans ce Tout les êtres et les choses sont interconnectés. C'est ainsi que tout ce que je rencontre fait partie de moi-même car je suis reliée à ce Tout. Ce dont nous sommes conscients est créé à partir de ce qui est non conscient. La création sommeille au plus profond de l'être humain et c'est par son imagination que cette création s'éveille. Lorsque l'imagination éveillée se met en place dans la foi de l'accomplissement, l'Univers utilise les moyens nécessaires, y compris nos semblables pour répondre à la vision de notre idéal.

Neville était persuadé que lorsqu'un désir s'installe durablement dans notre esprit et qu'on le fait vivre par l'imagination avec le sentiment du désir déjà accompli, ce désir devait se manifester dans le monde de notre réalité physique.

Comme mentionné plus haut, pour Neville, les personnages bibliques ne sont pas des personnes physiques mais des états de conscience que nous devons faire émerger de nous-mêmes. Certains affirment que Jésus Christ découvrit cette vérité et déclara être Un avec Dieu mais pas avec un dieu fabriqué par l'homme.

Le Dieu décrit par Neville n'est pas le même que celui évoqué par l'Église. Neville ne croyait pas en un Dieu extérieur qui répond aux prières, mais plutôt que tout être humain est créateur de sa propre réalité par le pouvoir de son imagination éveillée. Si Dieu n'est pas à l'extérieur de nous, il ne peut être qu'à l'intérieur de chaque être vivant. Il est notre propre conscience d'être qui se nourrit par l'imagination.

Pour Neville, une prière ce n'était ni demander ni supplier, c'était remercier pour avoir déjà reçu ce que l'on désire. Il appelait cette imagination éveillée « La Loi ». Selon lui, des millions de prières ne sont pas exaucées car les êtres humains prient un dieu qui n'existe pas. Il explique par exemple qu'être conscient d'être pauvre et prier pour obtenir la richesse c'est être exaucé pour ce dont on est conscient d'être, c'est-à-dire la pauvreté.

Si je transforme sa vision en un langage plus simple et plus moderne, cela signifie que si j'ai conscience d'être quelque chose, je deviens ce quelque chose. Mon imagination est l'instrument qui fait conscientiser ce que je suis. Si j'affirme par l'autosuggestion que je suis prospère, en santé ou encore que je suis heureuse et satisfaite, je crée un état d'esprit plus positif et un nouveau mode de pensée qui deviendra habituel et naturel avec du temps. Le subconscient répondra à ce nouveau mode de pensées.

La conscience d'être est la conscience du «Je suis», qui correspond au nom de Dieu, et donnée à Moïse par Dieu lui-même sur le mont Sinaï.

Qu'est-ce que ce «Je suis» signifie?

Le «Je suis» est une présence qui crée la réalité dans laquelle je vis. Lorsque je m'écoute et que j'entends «je suis nulle, je suis faible, je suis malade, je suis pauvre», l'Univers me donne ce que j'affirme avec foi: l'incapacité, la faiblesse, la maladie, la pauvreté.

Neville nous invite à continuer à imaginer la meilleure version de nous-mêmes.

«Il a plu à Dieu de révéler son Fils en moi».
Galates 1 : 15,16

Pour Neville, le test suprême de filiation au Christ réside dans le pardon des péchés. Pécher pour lui ce n'est dans la perspective religieuse judéo-chrétienne qui considère le péché comme une offense ou une désobéissance faites à Dieu. Pécher pour Neville c'est rester en deçà de son idéal, ne pas atteindre son but. Le pardon des péchés signifie l'identification de l'être humain avec son idéal ou son but dans la vie. Telle est l'œuvre de l'imagination éveillée, l'œuvre suprême.

«... Que l'homme faible dise, je suis fort».
Joël 3 : 10

Neville est convaincu que les présomptions, bien que fausses, si elles sont maintenues malgré tout, vont devenir des faits bien apparents. Si je me fie à la raison et à l'objectivité des cinq sens, cela m'empêche de toucher cette vérité. Cette nouvelle vérité dépend de l'intensité de mon imagination dans le moment présent, et non d'une quelconque influence d'évènements extérieurs. Les évènements physiques sont les effets de la cause et la cause est toujours spirituelle et émotionnelle. Les évènements qui suivent un acte d'imagination qu'il soit conscient ou inconscient sont les témoins de l'utilisation de l'imagination, qu'elle soit bonne ou mauvaise.

L'être humain a été conçu avec une imagination puissante et elle constitue la force par laquelle le monde extérieur se crée. Mon monde extérieur est la projection de mon monde intérieur et seule l'imagination le nourrit.

L'individu qui raisonne et qui n'a conscience que de ses cinq sens évolue de manière contraire à l'individu qui a une imagination éveillée et qui sait que toute manifestation physique passe par l'activité mentale de son imagination.

L'imagination humaine demeure la puissance qui crée, alimente et transforme notre réalité factuelle. C'est le pouvoir suprême rejeté par la plupart des êtres humains car nous ne croyons pas en la magie de ce pouvoir. Mais rien n'est indépendant de l'esprit qui conçoit tout ce qui se manifeste. Tout est lié. La cause est esprit et vit en nous, l'effet se manifeste à l'extérieur, dans le monde physique.

Neville a affirmé avec une extrême facilité ce que beaucoup trouveraient extravagant. L'imagination humaine est Dieu et s'assimile à notre propre conscience d'être. Nos pensées et tout ce que nous croyons vrai créent notre monde, dans le sens le plus littéral.

Neville était convaincu que les Écritures foisonnaient de l'idée que l'individu devait penser depuis la fin. Par son imagination, il se crée un scénario qui justifie la réalisation de son désir, non pas en tant que spectateur mais en tant qu'acteur de la scène imaginée.

L'être humain est ainsi capable d'atteindre n'importe quel but, à condition d'en adopter le sentiment correspondant dans le moment présent avec toute la vivacité sensorielle de la réalité. Que verrais-je, que goûterais-je, que toucherais-je, qu'entendrais-je ? Que ressentirais-je si j'y étais maintenant ?

Comme j'ai décidé d'être honnête, je dirais qu'il n'y a pas de plus grande richesse que de découvrir qui nous sommes, trouver notre chemin et connaître notre but ultime. L'imagination éveillée s'avère un outil précieux qui peut apporter de l'espoir à l'humanité. Elle nous apprend à éveiller notre créativité pour vivre une vie de santé sous toutes ses formes : physique, émotionnelle, relationnelle et financière.

Personnellement, j'ai envie de rêver et de croire qu'un monde meilleur est possible grâce à ce pouvoir qui nous a été donné mais que le plus souvent, nous ignorons. Souvent, nous ne croyons pas en notre propre capacité à construire la vie que nous rêvons et à bâtir un monde plus harmonieux.

Si la conscience d'être ou l'imagination demeure la seule réalité car tout se crée à partir du néant, elle ne peut être que la cause de tout ce qui se manifeste amenant l'effet dans le monde physique. Un changement de conscience se révèle primordial pour apporter ce changement dans la manifestation objective.

Neville rapporte une petite anecdote très intéressante quant à la façon d'imaginer. Un homme avait perdu sa femme à la date d'anniversaire de leur fils et fut élevé par la sœur de la disparue. Pendant sept années, il ne revit pas son fils qui se trouvait à l'autre bout du pays aux États-Unis, par faute de moyens financiers. Pour revoir son fils, il commença à imaginer qu'il avait un travail plus rémunérateur. Mais cela ne fonctionnait pas. Neville lui dit que s'il voulait réellement revoir son fils, il devait imaginer une scène où il était avec son fils, ressentir l'émotion de la joie dans le moment présent et faire confiance à l'Univers qui s'occuperait des moyens à mettre en œuvre.

L'homme commença à visualiser une nouvelle scène où il se voyait serrer son fils dans ses bras. L'émotion était si forte qu'il pleurait de joie. En peu de temps, il trouva un travail plus rémunérateur mais il persista dans son rêve de revoir son fils. Au bout de trois mois, il fut transféré dans la ville où habitait son fils et eut l'occasion de vivre dans le monde physique ce qu'il avait imaginé.

Selon Neville, rien n'est impossible pour celui qui croit en son propre pouvoir imaginaire. Mais la façon de visualiser représente un facteur important. La scène finale doit être parfaitement claire et définie. La répétition visuelle en état de méditation est la clé pour contacter le subconscient et y imprimer une nouvelle réalité. La foi alimente l'énergie qui vit en nous, le doute ferme la porte au pouvoir de l'imagination.

Avoir foi et confiance c'est cristalliser notre désir pour autant que nos conversations intérieures soient fidèles à cette vision. La graine a été plantée et un des meilleurs moyens de faire pousser cette graine est d'utiliser dans l'acte imaginé certains de nos sens comme la vue, l'odeur, le sens du toucher, l'ouïe ou le goût. Ils apportent un sentiment de réalité plus concret même si tout est issu de l'imagination.

Par exemple, dans le cas d'une promotion, je peux imaginer que mes amis me félicitent. Je les vois heureux pour moi et je me sens fière et soulagée d'avoir eu cette promotion méritée. Comment s'appellent-ils ? Que me disent-ils ? Qu'est-ce que je ressens à cet instant précis ? Dans mon imagination, je peux toucher le mobilier et voir ce qu'il y a derrière la fenêtre. De quelle couleur est le mobilier ? À quel étage je suis ? Qu'est-ce que je vois depuis la fenêtre ? Quels sont les sentiments les plus révélateurs ? J'utilise mes sens pour donner à cette scène un air de réalité.

Si mon désir est de rencontrer l'amour, je peux imaginer une scène où je partage mes idéaux avec cette personne. L'idéal consiste à me sentir bien et de m'aimer moi-même sans sentir le manque. Il ne faut pas attendre que le partenaire arrive pour vivre plus heureux. Il faut vivre heureux pour pouvoir l'accueillir et devenir la personne que l'on souhaite devenir avant qu'il apparaisse. Comment serais-je lorsque je serai avec cette personne ? Que lui dirais-je ? Que ferais-je ? Si les réponses me rendent confiante, aimante et détendue, je suis sur la bonne voie car je deviens déjà la personne que je souhaite devenir. Si ce n'est pas le cas, je dois revoir mes croyances à propos de moi-même et de mes attentes.

Si mon désir est d'être prospère et de disposer de suffisamment d'argent pour vivre une vie plus agréable, je peux imaginer une scène où je suis déjà ce que je désire être. L'argent est un outil qui permet d'obtenir du confort et de l'abondance matérielle. Le bien-être financier reste dans le domaine du bien-être et il n'y a rien de honteux à vouloir vivre de manière prospère.

Neville nous enseigne qu'en imagination, nous sommes dans un monde en quatre dimensions où le temps qui existe est toujours l'instant présent. L'acte créatif est instantané. Dans la réalité physique, la manifestation est plus longue car nous vivons dans un monde en trois dimensions.

Il nous explique qu'il faut rentrer dans l'acte imaginatif et se voir là où l'on veut être en tant qu'interprète de la scène. Ce n'est pas comme être devant un film où je ne suis que spectatrice. Je suis l'actrice et je vois la scène à travers elle.

Neville affirme également qu'il convient de faire du là le ici et du futur le maintenant et sentir dans son corps le sentiment du désir exaucé. À force de répéter l'expérience de l'acte imaginé et de lui rester fidèle soir après soir, il devient plus familier et finit par être complètement naturel. C'est seulement lorsque la scène nous semble parfaitement naturelle que nous en faisons l'expérience dans notre monde en trois dimensions.

Est-il bien déraisonnable de désirer ce qui semble impossible ?

Si selon Neville, Dieu est la conscience d'être, tout a été fait par elle et rien de ce qui existe n'existerait sans elle. Dans la Conscience universelle où vit notre conscience, tous les phénomènes sont formés de la même substance qui vibre à des rythmes différents. Tous les états possibles existent subjectivement et sont éveillés à leur existence objective par la croyance. Tout dans le cosmos, que ce soit la lumière, les ténèbres, le bien et le mal, est causé par cette Conscience ou l'Esprit que nous habitons tous. L'imagination créatrice est l'outil qui détermine la cause avant la manifestation objective ou l'effet visible. Chaque manifestation est déclenchée par la Conscience qui en est la cause.

Notre rôle est d'alimenter notre imagination de choses que nous désirons pour nous et pour les autres et non de choses que nous ne désirons pas. La nature de l'être humain est d'évoluer vers le bien-être et ses émotions sont le meilleur indicateur de son état d'esprit.

Dans l'imagination, il convient de passer d'un «je ne suis pas» ou «j'espère devenir» à un «je suis» et d'y ajouter les mots qui définissent ce que je crois vrai à propos de moi-même dans sa meilleure version. Même si cela peut sembler ambigu au début, l'idée est de maintenir cette présomption jusqu'à ce que l'idée que je suis déjà celle que je désire être soit acceptée par le subconscient. Il n'y a personne d'autre à changer que soi-même, comme Neville le mentionne à plusieurs reprises.

Neville affirme que si je suis dans mon lit ou sur le canapé, je sais que je suis là car c'est ma raison qui le dicte. Mais dans cet espace, je peux grâce à l'imagination rentrer dans un autre endroit que j'occupe complètement même si la raison ne l'accepte pas. L'esprit habite le corps mais il peut se déplacer et voyager où il veut par le pouvoir de l'imagination. Assumer que je suis ailleurs lorsque je suis dans mon lit ou sur le canapé, c'est me déplacer dans cet ailleurs. En rentrant dans l'image, je l'explore et elle subit un changement qui apparaît comme une réalité car je visualise ces images avec la perception de l'acteur et non du spectateur. Si la croyance s'ancre profondément dans le subconscient, Neville garantit que mon corps physique y sera à un moment ou à un autre.

Selon lui, l'intention de la Bible est d'éveiller les êtres humains à cette nouvelle réalité. L'imagination crée la réalité, et seule une foi sans faille en ce pouvoir permet d'accomplir des miracles.

Pour la plupart d'entre nous, nous aimerions être différents de ce que nous sommes. Nous aimerions grandir, être au mieux de nous-mêmes et atteindre nos objectifs, n'est-ce pas ? Nous sommes nés avec le désir de nous dépasser et sommes pour ainsi le nommer des compétiteurs nés. C'est dans notre nature. Mais il existe deux sortes de compétitions. Il y celle entendue par l'égo qui est de se faire un nom ou obtenir une place importance dans la société. Et il y a celle où la rencontre a lieu avec soi-même et qui crée la prise de conscience que seul le chemin d'évolution est intérieur. C'est à cette dernière que je me réfère. Notre futur a un bel avenir si nous parvenons à insuffler de la créativité consciencieuse dans tout ce que nous faisons. L'énergie de la vie est pure création, il suffit d'observer la nature pour s'en rendre compte. Nous sommes cette nature et l'imagination créative exprime le meilleur en tout être humain.

L'imagination rejoint notre monde intérieur des états d'être qui émergent dans le moment présent mais qui ne sont que des possibilités. Ils deviennent réels quand nous pensons à partir d'eux et que nous résidons en eux. Par l'imagination, je rejoins intérieurement l'état désiré et je maintiens cet état jusqu'à ce qu'il soit complètement naturel. Pour Neville, si je me fais une représentation vivante de l'état émotionnel désiré et puis que je rentre dans cet état et y demeure, je ne peux que le manifester.

Plus je mets de la vivacité sensorielle et du réalisme, plus je m'approche de sa réalisation.

Mais quels sont les moyens à notre disposition pour communiquer avec le subconscient ?

Pour communiquer avec le subconscient et lui imprimer de nouvelles croyances, il existe trois moyens possibles pour que le lien se crée entre le conscient et le subconscient. Il s'agit de la prière, la porte d'entrée dans le sommeil et la méditation. C'est à travers elles que la barrière entre les deux états de conscience rétrécit et laisse au subconscient la place pour s'exprimer. Lorsque le contact s'établit à l'aide de l'imagination contrôlée, les pensées et les émotions fusionnent pour donner naissance aux croyances qui s'impriment dans le subconscient et lui confient ainsi une mission.

Le conscient fait partie du processus mais il convient de le contrôler pour le diriger là où nous voulons qu'il aille afin qu'il imprime dans le subconscient les états émotionnels désirés. L'esprit conscient formule toujours l'idée, le subconscient la porte à sa réalisation dans le monde matériel. Les idées ne sont transmises au subconscient que par le ressenti, l'état dans lequel nous serions si notre vœu était déjà une réalité.

Le subconscient ne discute pas nos idées. Il ne nous dit pas ce que nous pouvons faire ou ne pas faire. Il construit notre réalité sur la base de nos propres croyances et, d'une manière ou d'une autre, tout se ficelle et s'entrelace dans le monde physique pour nous conduire à la réalisation de nos désirs.

Premier moyen : la prière.

La prière est la clé maîtresse. Cette clé ouvre toutes les portes de la psyché humaine et permet même de dénouer des situations désagréables lorsqu'en imagination nous les révisons comme nous voudrions qu'elles soient. Neville appelle ce phénomène la révision mais je ne vais pas la développer dans ce chapitre. Il existe de nombreux témoignages dans ses livres ou sur la Toile pour toutes celles et tous ceux qui seraient intéressés.

La prière modifie complètement mes présomptions ou suppositions subconscientes et un changement de présomption représente un changement d'expression ou de manifestation. Neville nous explique que l'esprit conscient raisonne de manière inductive par l'observation, l'expérience et l'éducation. Il lui est difficile de croire quelque chose démenti par les sens. Le subconscient raisonne par déduction. Il n'est jamais concerné par la véracité ou la fausseté de l'idée qui lui est présentée. Il agit en supposant que cette idée est une vérité avérée (croyance) et, rend manifeste dans le monde physique, des résultats en accord avec cette vérité. En d'autres mots, le conscient imprime et le subconscient exprime.

L'essence de la prière repose sur la foi. La prière n'est pas pour Neville, une supplication ou des mots appris par cœur sur le bout des doigts. Une prière s'effectue dans l'intimité. Elle est personnelle, confidentielle et repose sur la gratitude car elle confirme la réalisation du désir.

> *« Tout ce que vous demanderez en priant, croyez que vous l'avez reçu, et vous le verrez s'accomplir ».*
>
> Évangile selon Saint-Marc 11 : 24

Second moyen : la porte d'entrée dans le sommeil.

Le sommeil occupe un tiers de mon temps. Lorsque je dors, l'activité consciente se calme au point que je n'ai plus conscience de ce qu'il s'y passe. Elle se détourne complètement du monde des sens. C'est ainsi que le conscient ouvre la porte au subconscient pour qu'il puisse s'exprimer. L'activité subconsciente prend ainsi le relais et devient plus productive.

Les idées sont mieux suggérées lorsque l'esprit objectif est en partie subjectif, c'est-à-dire lorsque les sens sont diminués ou tenus en suspens. Il s'agit d'une rêverie contrôlée dans laquelle l'esprit conscient est calme et passif mais capable de fonctionner avec concentration sans le moindre conflit intérieur. Il permet de passer de ce qui est à ce qui devrait être en ressentant le désir accompli. Le corps reste détendu, tout comme l'esprit conscient.

Neville affirme qu'il y a une grande différence entre penser à ce que nous désirons et penser à partir de ce que nous désirons. C'est-à-dire partir de la fin, de l'aboutissement du désir. Le résultat final.

Nous pouvons ainsi communiquer avec le subconscient à travers la prière et la porte d'entrée dans le sommeil. Mais pourquoi méditer ?

La méditation peut être comparée à une illusion du sommeil car elle diminue l'influence du monde extérieur et rend l'esprit plus réceptif à la suggestion. Lorsque l'on tente pour les premières fois l'art de la méditation, il arrive fréquemment que toutes sortes de pensées tentent de nous distraire. L'idée consiste à les accepter sans les juger tout en se concentrant sur la respiration afin qu'elles deviennent plus fluides et finissent par s'évaporer comme des nuages dans un ciel ensoleillé. Lors de la méditation, la relaxation permet d'atteindre un état passif où l'on n'a plus envie de bouger, créant ainsi un équilibre harmonieux entre le corps et l'esprit.

La discipline principale de la méditation consiste à développer son attention. C'est volontairement que j'utilise le mot «discipline» car la méditation est un art qui se perfectionne avec le temps. Elle est la base d'un véritable travail de découverte de soi. C'est un acte volontaire d'ouverture et d'accueil des informations qui nous parviennent et que nous ne jugeons pas afin d'éviter qu'elles s'ancrent davantage. L'attention est tout le contraire du vagabondage mental. Elle ouvre l'esprit et permet une présence totale dans l'instant présent. Dans cet état, il est préférable de ne penser qu'aux bonnes choses ou à notre idéal le plus élevé car c'est là que la barrière entre conscient et subconscient se révèle la plus faible. C'est grâce à l'attention que nous pouvons être à l'écoute de nos aspirations les plus profondes car nous utilisons notre énergie dans une seule direction.

Quand l'esprit n'est pas encombré par toutes les pensées qui nous traversent, nous restons calmes, concentrés et attentifs. Nous découvrons une profondeur différente de celle que nous expérimentons dans des circonstances ordinaires.

Si mon désir est de modifier mes croyances, l'attention doit être maintenue sur une idée jusqu'à ce qu'elle remplisse tout l'espace et transporte toutes les autres idées hors de ma conscience. Si l'attention s'égare, je me concentre à nouveau sur l'idée que je souhaite réaliser et je le fais encore et encore jusqu'à ce que l'attention s'immobilise sans effort sur l'idée. L'idée doit réellement m'éblouir, me fasciner, car elle correspond à l'idéal que je recherche.

La méditation apporte une paix profonde nécessaire pour qu'émergent la vision et une connaissance intuitive capables de transformer un être ordinaire en être extraordinaire, dans le sens le plus noble du terme. Pratiquer quotidiennement la méditation avec curiosité, joie, et bonne humeur s'avère une expérience vivifiante que nous peaufinons au fur et à mesure que nous avançons.

L'imagination et la foi sont les seules facultés de l'esprit nécessaires pour créer des conditions objectives. La foi occupe une place purement subjective mais elle devient perceptible lorsque nous mettons fin à l'opposition de l'esprit objectif. Tout dépend de notre capacité à ressentir et à accepter pour vrai ce que nos sens nous nient. Neville affirme que l'acceptation de la fin ordonne les moyens. Cela signifie que nous nous retrouverons engagés dans une série d'évènements qui nous conduiront vers la réalisation concrète correspondant à l'état désiré et tout cela, de manière inattendue.

Ma vision.

Je pense que la difficulté c'est que les êtres humains, nous expérimentons la vie dans un monde de lois physiques et mécaniques. Même si la loi qu'énoncent Neville et Murphy prend racine dans une réalité spirituelle, nous existons à une échelle de création qui nous limite encore de certaines façons. La création nous a placés dans ce corps que nous habitons et ce corps subit des dissonances et des contradictions dans un monde à l'image de ce que nous croyons. Nous savons aussi qu'en imagination l'opération est instantanée mais ce n'est pas le cas dans notre réalité tridimensionnelle.

De plus, notre cerveau rationnel cherche sans cesse à nous protéger des dangers extérieurs. C'est son rôle. Même lorsqu'il ne détecte pas de menaces extérieures, il continue à cogiter et à chercher d'autres aspects négatifs qui pourraient éventuellement détériorer notre vie. Il utilise souvent la mémoire et l'imagination dans les expériences douloureuses du passé ou dans la vision d'un futur alarmant. C'est ainsi que nous vivons régulièrement des expériences que nous n'aimons pas et nous campons solidement dans la culpabilité, la rancœur, la détresse, la crainte et la souffrance. Tenter de faire taire notre cerveau rationnel ressemble à un parcours de combattant.

Nous sommes nés dans un monde dualiste où l'esprit est une substance distincte du corps qu'il faut accepter. Mais l'idée même d'élever nos pensées, y compris nos désirs, constitue, je pense, un moyen de vivre en harmonie avec nous-mêmes.

L'expérience m'a appris que la méditation représente un outil précieux pour éduquer la volonté lorsqu'elle rentre en conflit avec l'imagination. N'oublions pas que lorsqu'une opposition s'exerce entre la volonté et l'imagination, c'est toujours l'imagination qui l'emporte.

Je suis persuadée que la patience et la persévérance ouvrent les portes des cavernes sombres de l'esprit. Elles finissent par devenir de plus en plus lumineuses de telle sorte que la méditation devient un moment que l'on attend avec enthousiasme. Neville disait que c'est comme prendre rendez-vous avec son amant. Je n'ai aucune objection.

Si l'on s'accorde à dire que c'est l'esprit qui commande la matière, je ne peux devenir ce que j'imagine qu'en l'expérimentant d'abord dans l'esprit. Peu de gens le font par manque de foi en leur pouvoir créateur et pourtant, tout le monde peut le faire.

Si nous ne pouvons pas nous imaginer différents de ce que nous sommes en imaginant un soi plus désirable, nous ne pouvons pas nous imposer la discipline nécessaire bien que nous acceptions la discipline des autres. La créativité n'est en réalité qu'une réceptivité plus profonde de notre part. Et cette réceptivité n'est pas conquise par la force mais par le lâcher-prise du mental. Par la méditation, nous éveillons en nous ce pouvoir de création.

L'enseignement du Dr Joe Dispenza s'approche de celui de Neville Goddard et de Joseph Murphy. La différence se situe dans l'approche. Pour Neville, son enseignement est psychologique et s'appuie sur les messages métaphoriques de la Bible. Tous les personnages sont les différentes facettes de la psyché humaine dans le moment présent.

Joseph Murphy a toujours enseigné que la suggestion et l'autosuggestion constituent des leviers efficaces pour modifier ses programmes dans le subconscient et réaliser ses désirs portés par la foi en leur réalisation.

Le Docteur Dispenza rejoint les enseignements de Neville et de Murphy dans leur ensemble mais sa vision est plus scientifique. Elle prend naissance dans la théorie de la physique quantique qui appuie l'existence d'une dimension non physique dans la matière. L'immatériel échappe ainsi aux lois de l'espace-temps qui ignore les distances. Dans le champ quantique, il n'y a ni d'espace ni de temps et en même temps il y a tous les espaces et tous les temps, c'est-à-dire toutes les possibilités.

Dispenza affirme qu'en associant la charge électrique d'une intention avec la charge magnétique d'une émotion, nous créons une signature électromagnétique qui correspond à notre état d'être et qui influence chaque atome de notre monde.

Toutes les pensées, croyances et émotions sont énergie et se trouvent dans le champ quantique sous forme de vibrations. L'Univers répond à toutes les vibrations et toute potentialité dans le cosmos est une onde de probabilité qui possède un champ électromagnétique de nature énergétique. Changer sa signature électromagnétique c'est changer sa vie.

Il affirme que l'énergie va où va notre intention, de manière consciente ou inconsciente. Mais le corps suit toujours l'esprit vers le connu et non pas vers l'inconnu. Par exemple, il explique qu'en nous levant le matin, nous faisons ce que nous faisons habituellement et souvent de manière inconsciente. Nous nous étirons, allons aux toilettes, puis vers la machine à café. Ensuite habituellement, nous mangeons, nous prenons une douche et nous nous habillons pour partir travailler.

Il se demande si le corps peut suivre l'esprit vers une expérience inconnue comme il le fait avec une expérience connue. Si en imagination, nous nous investissons dans un nouveau futur, est-il possible que notre corps nous emmène jusque là ?

Il soutient l'idée que si l'on arrive à maintenir son attention sur un futur inconnu en déclarant quel sera ce futur et qu'on le combine avec les émotions qui nous feront éprouver ce futur, le corps suivra l'esprit jusqu'à ce futur. Il explique dans ces livres ou vidéos que la plupart des gens vivent leurs vies dans leur routine quotidienne. Ils exécutent les mêmes actions et vivent en fonction des mêmes émotions tout en s'attendant secrètement que leur vie change.

Notre personnalité, qui est constituée de tout ce que nous croyons, ressentons et percevons, crée notre réalité personnelle. Selon Dispenza, le modèle quantique de la réalité consiste à enseigner à notre corps, dès à présent, le comportement à adopter dans ce futur choisi avant que ce futur n'arrive. En maintenant cette idée dans notre imagination, on se laisse guider par une nouvelle façon d'être et on commence à se familiariser avec ce futur. Il finira par se transformer en état naturel et deviendra une réalité dans notre monde en trois dimensions.

Les enseignements de Neville Goddard, Joseph Murphy et du Dr Joe Dispensa sont similaires à plus d'un titre et remontent à des temps encore plus anciens. Il y a eu beaucoup d'auteurs qui ont écrit sur le sujet et qui écrivent encore de nos jours, tentant de trouver la recette miracle qui ouvre la porte à nos désirs les plus profonds.

Pour ma part, je pense qu'il existe une formule de départ qui a évolué et qui sert de base à tous les précurseurs du monde intéressés par le pouvoir du subconscient et de l'imagination. La science et la spiritualité se côtoient plus souvent qu'on ne le croit car aujourd'hui nous avons une vision scientifique de l'être humain qui se lie à une conception spirituelle.

Grâce à la physique quantique, nous découvrons l'interconnexion entre tout ce qui existe, même s'il subsiste encore de nombreuses zones d'ombres et de mystères. La théorie quantique nous montre, à l'évidence, que la réalité matérielle est bien plus caverneuse et plus complexe que tout ce que nous pouvions... imaginer.

Mais pourquoi n'arrivons-nous pas tous à réaliser nos désirs ? Il semble certain que la pierre d'achoppement soit la foi même pour les personnes qui essaient et qui échouent. Ici encore le problème est « d'essayer » tout comme notre amie qui n'arrive pas à maigrir ou celui qui ne parvient pas à se sentir mieux physiquement. Le problème c'est que nous ne croyons pas nous-mêmes à la réalisation de nos désirs. Nous ne vivons pas dans la conviction que ce que nous disons, pensons ou croyons s'avère une vérité, par rapport à nos désirs les plus chers. Nous savons que cela n'arrivera pas. Et effectivement, rien ne change par manque de foi.

Toujours sceptique ? Essayons encore un peu.

L'idée de ne pas avoir conscience de ce qui existe en nous-mêmes part de l'hypothèse qu'en réalité tout est en nous. Cela signifie que nous savons, sauf que nous ne savons pas que nous savons. Le but de se connecter à notre monde intérieur consiste à découvrir si ce n'est pas tout, du moins une partie, de ce que nous savons sans le savoir.

Le subconscient accepte ce qui est vrai pour nous et non des affirmations confuses, vagues ou mensongères. La croyance dominante est toujours acceptée entre deux croyances opposées. Le doute et l'inquiétude attirent des situations contraires au désir car le subconscient enregistre le manque et la peur.

Prenons l'exemple classique de l'argent. Qui ne voudrait pas en avoir un peu plus ou beaucoup plus ? L'argent est un symbole d'échange qui représente la sécurité, le confort et l'abondance. Ceux qui n'en ont pas suffisamment disent souvent que l'amour de l'argent est le plus grand de tous les maux. Il va de soi que faire de l'argent notre seul but, c'est faire un mauvais choix car l'amour de l'argent, à l'exception de toute autre chose, crée le déséquilibre. Il est important de satisfaire notre besoin d'harmonie, de joie, de paix mentale et de santé. L'expression parfaite de soi, c'est l'équilibre entre toutes ces choses.

L'argent est cependant indispensable à notre bien-être. On peut ne pas être d'accord avec moi mais l'argent est un outil pratique qui permet de faciliter l'échange des biens et des services contre d'autres biens et services. Il facilite la vie et contribue ainsi au bien-être. Mais si je critique l'argent, je me condamne à ne pas en avoir. Si je critique ceux qui réussissent, je censure ma propre réussite. Les croyances sur l'argent, souvent inconscientes, sont solides comme la pierre.

En conclusion de ce chapitre, il semblerait que l'art de manifester nos désirs ait été souvent décrit comme un processus mystique que seuls les ascètes ou maîtres ascensionnels soient capables de comprendre et d'accomplir. On a écrit beaucoup sur le sujet, on écrit encore et on finit par se sentir complètement perdu.

Ce que je crois c'est qu'il existe effectivement un pouvoir dans le subconscient et qu'il est absolument indispensable de se découvrir soi-même et d'apprendre à désapprendre. Cette seconde idée consiste à enrayer les pensées et les croyances fausses et négatives à propos de nous-mêmes pour en installer de nouvelles, plus en accord avec ce que nous ressentons vrai à l'intérieur de notre être.

J'ai tout de même découvert que l'imagination crée la réalité et cela constitue la base la plus importante de ce chapitre. Je m'explique. Ce que je suis est bien l'ensemble de mes pensées, de mes croyances, de mes émotions, de mes rêves, de mes peurs, de mes espoirs, de mes désirs, de mes conversations intérieures, de mes principes, de mon comportement et de ma propre perception de moi-même. Tout cela m'a amenée là où je suis, dans cet espace-temps bien défini. Si je suis toutes ces choses auxquelles je crois, c'est qu'à chaque instant de ma vie tout ce qui s'est manifesté dans le monde physique est le miroir de la conception que j'ai de toutes ces choses dans mon monde intérieur. Si je n'en ai pas conscience, c'est quand même vrai malgré tout.

De plus, il s'avère que nous vivons dans une réalité de représentations partagées par le plus grand nombre qui crée un imaginaire collectif qui n'est pas des plus glorieux, aujourd'hui.

Je suis persuadée que la force créatrice de l'Univers réside en nous, dans l'esprit subconscient. Bien que ce soit un mécanisme qui fonctionne en pilotage automatique sur base de nos propres croyances, nous pouvons modifier le fonctionnement de ce mécanisme grâce au conscient. Le mécanisme ne change pas, seules nos croyances ont le pouvoir de façonner notre monde.

En guidant mes pensées grâce à l'imagination contrôlée, je vais là où je veux aller. Et si j'y vais en toute conscience car il s'agit de mon désir, je peux ressentir les émotions bien vivantes qui s'associent à ce désir.

Dans tout ce que j'ai analysé, le seul bémol que je décèle dans les enseignements de Neville et de Murphy, c'est qu'on ne parle pas d'un élément important. Cet élément c'est l'action. Je n'ai pas pour prétention de dénigrer qui que ce soit, bien au contraire, car j'ai énormément appris grâce à eux. Peut-être y a-t-il eu de ma part un manque de compréhension. Mais, personnellement, je considère que l'action est un passage obligé pour que nos ambitions prennent forme. Elle est nécessaire pour obtenir les habilités qui nous feront devenir la personne que nous souhaitons devenir. Il existe différentes écoles de pensées mais pour moi, se maintenir uniquement dans le mental en visualisant un futur désiré ne me paraît pas suffisant. Je pense qu'il est primordial de raccorder le mental à la réalité physique dans laquelle nous évoluons par la mise en place d'actions en accord avec notre désir. Il s'agit pour ma part d'apprendre à développer les compétences et les aptitudes nécessaires pour accroître les garanties du succès. Que ce soit des habilités professionnelles, sociales, d'autoréglage mental, émotionnel ou/et corporel. Ou encore, apprendre à garder confiance en soi, faire confiance à l'Univers et nourrir son enthousiasme. Tout cela suppose des actions de notre part.

« Le vrai bonheur ne cherche pas à l'extérieur ses éléments : c'est en nous que nous le cultivons; c'est de lui-même qu'il sort tout entier. On tombe à la merci de la Fortune, dès qu'on cherche au dehors quelque part de soi ».

Lettres à Lucilius de Sénèque.

Comme Sénèque l'indique dans sa lettre, le bonheur est en chacun de nous. On peut le choisir. Il suffit de le décider. Le bonheur ce n'est pas un mirage que l'on observe de loin dans un désert. C'est un état de bien-être stable qui prend naissance dans le mental et se vit dans l'instant présent. Si je décide d'être heureuse car je fais ce choix, cela signifie, un peu par défaut, que je suis sereine et que j'ose faire confiance à la vie et aux pouvoirs mystérieux qui en découlent.

Tout dans la nature persévère sans faille pour accomplir ce qui doit être accompli. Comme je fais partie de cette nature, je ne me sens plus coupable et je me donne la permission de réussir pour accomplir ce qui doit être accompli. Chaque fois que mon attention s'écarte de cet état d'esprit qui définit mon bonheur, je la ramène sur des pensées et des émotions en accord avec cette nouvelle croyance que j'instaure en moi petit à petit. Si je suis continuellement dans un bon état d'esprit, j'éprouve de la gratitude car je me sens bien tout naturellement, quoi qu'il arrive. Et même si je traverse des épreuves difficiles, je les accepte car les épreuves font partie de la vie et m'autorisent à grandir. Je choisis de garder l'espoir, la confiance et l'enthousiasme pour mûrir et faire émerger en moi des ressources insoupçonnées.

Lorsque j'apprécie déjà ce que j'ai, j'ouvre grand la porte au sentiment de bien-être. Il y a de nombreuses douceurs dans la vie dont nous n'avons plus conscience d'avoir tant elles sont devenues pour nous des acquis. L'endroit où je vis, ce moment, le fait d'être en vie, ma famille, mes amis, l'air que je respire ou le soleil qui illumine ma journée. Mais aussi la pluie, source de vie, les bienfaits du vent ou mes divergences avec d'autres car ils m'autorisent à me remettre en question. Le simple fait d'exprimer sa gratitude donne plus de sens à la vie car elle éveille nos émotions les plus élevées et libère une énergie inépuisable.

La science s'est intéressée à ce phénomène de gratitude. Lorsqu'on l'exprime avec sincérité, le corps se relâche et le cerveau libère les hormones du bonheur telles que la sérotonine, la dopamine, l'ocytocine ou la noradrénaline.

Un changement s'effectue également dans la connexion des neurones qui s'oriente davantage sur les évènements positifs de la vie. Lorsque la gratitude s'incorpore à notre nouveau mode de vie, ce nouveau mode de vie est adopté par le subconscient et les croyances évoluent dans la plus belle des directions.

Nous sommes les seuls capables de nous secourir nous-mêmes en choisissant nos pensées de manière intentionnelle. À partir du moment où nous choisissons le bonheur comme expérience de vie et la gratitude comme outil de reconnaissance, nous nous créons une vie plus pleine, plus harmonieuse et plus sereine. Remercier tous les jours est un acte d'une puissance infinie et un antidote efficace contre la négativité.

L'appel d'une vérité fait écho en chacun de nous. Toutes celles et tous ceux qui sont à la recherche d'une vérité plus transcendante savent parfaitement qu'accorder de la valeur qu'à nos sens et la raison, n'aide pas à la compréhension de ce que nous sommes. Nous n'irons pas bien loin si nous ne croyons que ce que nous voyons.

Je pense que consciemment ou inconsciemment, nous cherchons tous une raison d'être.

Il y a un grand mystère dans tout cela. Laissons-le nous pénétrer et cherchons notre vérité en faisant l'expérience à propos du pouvoir de notre imagination créatrice ou éveillée. En réalité, je crois que nous sommes déjà ce que nous avons toujours cherché à être. Nous l'avons probablement juste oublié.

« Je suis le maître de mon destin, Je suis le capitaine de mon âme ».

William Ernest Henley.

Chapitre 7

La Peur, l'Amour, le libre Arbitre

« Tout l'univers obéit à l'Amour; Aimez, aimez, tout le reste n'est rien ».

Jean de La Fontaine

Je ne peux finir cet ouvrage sans consacrer un chapitre à un absolu qui me tient à cœur et qui s'est révélé comme une évidence lors de ce voyage spirituel fantastique que j'ai débuté il y a cinq ans. J'en ai parlé dans tous mes chapitres et il m'a servi de fil conducteur pour découvrir les réponses aux questions qui ont surgi. Tout cela m'amène à terminer cet écrit sur l'amour. À l'opposé de l'amour, il y a la peur qui suscite de la souffrance et entre les deux antipodes, il existe le libre arbitre. À bien y réfléchir, j'ai la sincère conviction que tout est toujours une question d'amour ou de peur, quoi que l'on pense ou quoi que l'on dise. Mais au fond de nous subsiste un appel qui ne cesse de murmurer comment il aimerait imaginer la vie. Entendre penser sa nature profonde, c'est faire le choix de l'amour.

Le problème c'est que souvent, nous nous contentons de vivre dans le monde du mental et de ce que dictent nos sens. Pourtant, l'amour enfoui au fond de notre être se révèle si puissant qu'il est capable de rétablir le lien à l'intérieur de nous-mêmes et de construire des ponts qui nous rapprochent de nos semblables et de la nature.

Tout au long de ce cheminement personnel, j'ai également parlé beaucoup de la peur. C'est extraordinaire comme l'amour et la peur sont reliés par de puissants liens. À l'évidence, ils sont les deux extrêmes d'un même filament émotionnel. D'un extrême à l'autre du filament, ce qui sépare l'amour de la peur se situe à une échelle de niveaux.

L'émotion de la peur englobe par extension la colère, la tristesse, la souffrance, l'échec, le manque, l'anxiété, le stress et l'individualisme. Ce sont des vibrations très basses qui bien souvent nous paralysent et nous empêchent d'aller là où l'on souhaite aller. Insidieusement, la peur construit des murs qui nous cloisonnent dans le monde du mental et nous éloignent de notre véritable nature.

L'émotion de l'amour embrasse la joie, l'espoir, la confiance, la paix, le bonheur, la prospérité, l'abondance et l'unité. Ses vibrations sont élevées et toujours en accord avec ce que nous ressentons vrai à l'intérieur de nous-mêmes. L'amour sert de passerelle pour oser aller plus loin, hors des limites que l'on s'impose. L'amour crée ainsi des ponts qui nous rapprochent de notre véritable nature.

Je passe régulièrement d'un échelon à l'autre sur l'échelle symbolique de ce filament car les émotions surgissent régulièrement et m'accompagnent lors de tous mes voyages. Quelquefois, je peux me sentir joyeuse un court instant et en l'espace de quelques minutes, je me résigne dans la tristesse, sans toujours savoir pourquoi. Ce qui produit ces variations fluctue en fonction des ressentis du moment présent. Soit ils sont en accord avec la confiance et l'assurance que je m'accorde et que je concède à la vie, soit au contraire, ils sont en désaccord.

Les émotions nourries par la peur nous conduisent dans un monde d'incertitude qui se nourrit davantage de peur. La crainte de perdre ses acquis, l'angoisse du manque, l'inquiétude d'être abandonné (e), le désarroi face à la maladie et même la solitude sont des exemples classiques de situations où la peur peut prendre le contrôle sur nos vies.

La peur et l'amour semblent indissociables mais paradoxalement, ils sont incompatibles l'un avec l'autre et inaccordables entre eux tant leurs vibrations sont différentes.

L'idée de ce chapitre est d'apprendre à ouvrir mon cœur au véritable amour, communément appelé amour inconditionnel.

On parle souvent du bonheur comme but ultime mais il me semble évident que l'on ne peut pas être heureux sans amour. À l'aube qui précède la mort, on cherchera probablement à savoir si nous avons laissé suffisamment d'amour autour de nous plutôt que des richesses matérielles. Sur le chemin du bonheur, l'amour fleurit dans notre horloge interne et s'incarne dans une empreinte que l'on veut laisser sur nos semblables.

Nous connaissons tous l'histoire de Pinocchio, ce pantin de bois en quête d'humanité. C'est une histoire pleine d'embûches, plutôt triste et quelque peu mouvementée. La plupart du temps, Pinocchio n'écoutera que les mauvais conseils et ignorera les bonnes leçons. C'est en sauvant son créateur Geppetto de la noyade que Pinocchio deviendra un vrai petit garçon. L'amour abouti de Pinocchio aura donné vie à la semence de son humanité.

Le Petit Prince est l'œuvre la plus connue d'Antoine de Saint-Exupéry. Elle ressemble à un conte pour enfants mais il s'agit principalement d'un écrit poétique et philosophique. C'est l'histoire racontée par un aviateur qui en détresse, doit poser son avion dans le désert du Sahara. C'est ainsi qu'il rencontre le Petit Prince qui lui raconte des récits surprenants sur sa vie.

L'enfant rapporte qu'il a rencontré un renard qui se prétend non apprivoisé. Le renard lui apprend qu'apprivoiser signifier «créer des liens» et que nous sommes toujours responsables des liens que nous créons. C'est avec des valeurs chères à Saint-Exupéry telles que la bienveillance, l'altruisme et la tolérance que nous pouvons déployer notre capacité à aimer en vue de construire et d'améliorer nos relations.

Depuis la nuit des temps et en tous lieux, l'amour s'exprime partout tout en le modelant à notre image. On le chante, on l'écrit, on le peint, on le crie, on le murmure et on se l'approprie comme un trésor inestimable. Il a inspiré et inspire encore aujourd'hui tant de créateurs car c'est une façon de faire sa déclaration. Qu'ils soient poètes, écrivains, sculpteurs, peintres ou encore monsieur et madame Tout-le-Monde.

L'amour reste le plus fabuleux des sentiments universels. Il n'a pas besoin d'objets, d'arguments ou de paroles. Sa force consiste à tout déchiffrer, même l'inexplicable. Il donne son sens premier à la vie sans que nous ayons besoin de tout comprendre.

Bien entendu, nous avons tous une idée sur l'amour qui se façonne et évolue en fonction des épreuves que nous traversons. Néanmoins, il ressurgit toujours avec la même force, partout où des liens profonds se créent. Il n'a besoin d'aucune raison, d'aucune explication pour rayonner, se propager et déborder sans restriction.

Je pense que nous nous sentons réellement vivants lorsque nous baignons dans l'amour. Nous sommes à l'image des coraux fragiles qui forment les récifs coralliens qui abritent une diversité extraordinaire et s'assemblent les uns avec les autres. Nous avons besoin d'un décor lumineux pour capter la lumière invisible. Ce décor c'est le lieu où nous évoluons à l'intérieur de nous-mêmes et l'amour c'est cette lumière omniprésente et éternelle. L'amour c'est le langage de la nature et de l'Univers tout entier. Il n'a besoin ni d'objets, ni d'arguments, ni de paroles. Lorsqu'on se baigne tout entier dans le langage universel, on n'a pas besoin de comprendre. On sait.

Pour comprendre la valeur que nous donnons à l'amour, il faut remonter à l'enfance. Nous nous sommes construits en fonction de notre environnement et des personnes qui ont pris soin de nous, à leur manière. Nous dépendions de nos parents, d'autres adultes et d'un système scolaire dysfonctionnel quant à la véritable place de l'amour dans nos vies.

L'enfant en bas âge est naturellement crédule et croire est une étape obligée pour se construire petit à petit. À la naissance, le cerveau est libre de toute croyance et tout ce qu'il emmagasine au fur et à mesure se transforme en nouvelles croyances. Elles vont toutes construire la charpente de sa structure émotionnelle et sa personnalité future. L'enfant se nourrit de croyances mais aussi de son propre imaginaire car il cherche à comprendre le monde à sa façon. Il se crée des mondes fabuleux avec des monstres et des super héros auxquels il s'identifie. Il peut par exemple, transformer la promenade du jour en chevauchée fantastique.

Comme ses croyances se construisent petit à petit, l'enfant croit que l'amour vient de l'extérieur. La raison est relativement simple. Il reçoit bien plus qu'il ne donne vu qu'il n'a pas encore développé toutes ses habiletés sociales ni son empathie. Il attend régulièrement le consentement des adultes car ce sont eux qui savent donner. Lorsque l'enfant ne reçoit pas l'approbation qu'il estime mériter, il croit qu'il n'est plus aimé. Si l'enfant ne se sent pas aimé, il finit par ne pas s'aimer lui-même.

Personnellement, j'ai longtemps cherché à compenser le manque d'amour de mon enfance dans la chaleur d'un autre corps et le secours des mots chargés de tendresse et de douceur sans toutefois m'aimer moi-même.

Si mon idée est de comprendre ce qu'est le véritable amour que l'on nomme inconditionnel, commençons tout d'abord par l'amour conditionnel. Qui dit conditionnel, dit conditions n'est-ce pas? L'amour est ainsi apprivoisé sous certaines conditions et l'on se l'approprie avec une certaine ambigüité.

L'amour conditionnel consiste en une affaire délicate de transactions et de récompenses dont il faut s'approprier les circonstances. On réclame l'amour que nous n'avons pas reçu et on tient l'autre responsable pour l'amour que nous ne nous autorisons pas à nous donner à nous-mêmes. Personnellement, pas un instant, je n'avais mis d'objection à cette croyance. J'avais vécu sous le conditionnement de mes croyances et je cherchais à être aimée sans accorder d'importance à l'amour qui vivait déjà en moi. Je pense que c'est malheureusement une erreur très répandue de continuer à croire que l'amour que nous méritons vient de l'extérieur.

Mais... l'Amour, le Grand, le Vrai, serait-il un concept abstrait que nul ne pourrait décrypter?

Sur sa façade, on lui colle une multitude d'étiquettes qui ressemblent à de l'amour mais quelquefois ce ne sont que des graffiti complexes qui défigurent cet amour.

Tel qu'on le conçoit, il comprend un éventail souvent confus et mal interprété de sentiments qui quelquefois se ressemblent mais d'autres fois s'opposent. Il y a par exemple l'amour dans la relation, entre les membres d'une même famille, l'amitié, le respect et l'amour universel qui ne se réfère à personne en particulier et à tout le monde à la fois.

Tel qu'il est perçu, il peut passer par le coup de foudre, le romantisme, l'attachement platonique, l'affection, l'admiration, la dévotion religieuse ou encore l'éveil spirituel.

Certains associent l'amour à l'image de Cupidon. Mais il ne faut pas s'y tromper car Cupidon représente le désir amoureux. Dans la mythologie romaine, Cupidon serait le fruit d'une aventure entre Vénus, la déesse de l'amour et Mars, le dieu des guerriers. Il demeure la figure de l'amour instantané ou du coup de foutre qui n'est autre qu'une attirance physique immédiate et une passion amoureuse exaltante. Lorsqu'il choisit une cible, Cupidon envoie une flèche dans le cœur des dieux et des hommes et laisse l'alchimie bouleverser leurs sens et leurs désirs. Quelquefois, il tire une flèche les yeux bandés pour symboliser l'aveuglement de l'amour. En tout état de cause, cet état amoureux s'affirme, quelle que soit sa forme, de tout discours logique ou rationnel.

Si Cupidon cible le cœur, c'est parce que c'est lui qui symbolise l'amour d'une manière générale. Le cœur c'est le berceau mystérieux de notre nature véritable qui canalise et achemine cette conscience de l'amour. C'est à travers lui que l'on peut comprendre l'inexplicable et pardonner l'inexcusable.

D'autres confondent l'amour avec l'attraction sexuelle. L'attraction sexuelle correspond à un désir qui se centre sur la séduction, les fantasmes et l'effervescence sexuelle. Il peut déclencher en un clignement des yeux un magnifique bouquet final digne d'un feu d'artifice. Mais construire une relation uniquement basée sur le désir sexuel conduit bien souvent à construire de l'éphémère. Le désir bref, soudain et impulsif s'éteint dès qu'il est assouvi. Je ne prétends pas que l'attraction sexuelle ne peut mener à un amour véritable. Bien entendu, cela arrive bien souvent. Mais l'attraction purement sexuelle est un breuvage de sensations euphoriques, de plaisir des sens et de chimie qui ne durent toujours qu'un moment. À ce stade, ce n'est qu'une ivresse amoureuse passagère qui ne peut survivre par elle-même sur le long terme si elle n'est pas développée dans le temps.

D'autres encore identifient l'amour sans le vouloir à la dépendance affective. Mais la dépendance affective n'est qu'une forme de souffrance destructrice qui incite au chantage et aux contrôles permanents. Si je dépends de celui que je prétends aimer, je suis portée à croire que je ne peux pas vivre sans son amour. Je recherche continuellement la reconnaissance et l'assistance pour me sentir aimée et je ne peux m'aimer que si l'on m'aime.

Quelquefois la jalousie maladive s'invite comme preuve d'amour dans une relation. Mais ce n'est pas plus de l'amour que la dépendance affective. En réalité, ce que je cherche, c'est combler un manque affectif pour satisfaire mes angoisses et ma peur d'être abandonnée au moyen de la suspicion morbide. À l'extrême, la peur intense d'être trompée ou délaissée peut me conduire à une possessivité insupportable, un harcèlement incontrôlable, voire de la violence verbale ou physique. Pour moi, la jalousie maladive s'apparente à de la servitude. Elle plonge sa victime dans un profond désarroi quand l'objet de son désir semble lui glisser entre les doigts. Je parle bien ici d'objet de désir car je «possède» l'objet qui est l'autre. Si je le possède, il m'appartient. S'il m'appartient, je ne supporte pas l'idée qu'il soit désiré par un (e) autre. Je reconnais ainsi sans le vouloir que mon objet de désir n'est pas à moi et je m'embourbe dans mes propres souffrances psychotiques. Je demande à l'autre d'apaiser une souffrance qui ne pourra jamais s'assouvir. C'est une situation qui ne comblera personne.

Sur le filament symbolique qui porte à chaque extrême les mots, «peur» et «amour» que j'ai décrits au début de ce chapitre, la dépendance affective et la jalousie maladive sont beaucoup plus près de la peur que de l'amour.

L'amour sans le moindre adjectif est le plus difficile à déchiffrer. Il porte différents habits et se déguise quelquefois derrière le masque de l'incertitude. Quelquefois il nous tombe dessus sans prévenir. Une rencontre fortuite peut faire exploser en nous ce sentiment et nous savons que nous aimions l'autre avant même de savoir qu'il existait. On croit, on espère que c'est le vrai, que c'est le bon mais si... on se trompait ?

Dans son écrin cousu de fil d'or, l'amour se cache en nous, espérant que quelque chose le délivre de l'obscurité. On cherche à l'atteindre pour se l'approprier tout entier. On le touche du doigt et il finit par resplendir dans une nouvelle lumière qui peut ou non durer dans le temps.

L'amour véritable ou inconditionnel demeure sans objet. C'est celui qui nous porte vers les autres sans toujours les connaître. Il nourrit le lien le plus élevé que nous entretenons avec nos semblables et ce lien se nomme Humanité.

Il se montre à l'image de l'être humain quand il est au meilleur de lui-même. Troublant, complexe et enchevêtré d'une multitude d'émotions élevées qui se nourrissent d'un élixir qui possède pour chacun de nous sa propre magie.

Cet amour nous place dans un état d'ouverture, libre de toute définition et une confiance absolue où le doute est exclu. La méfiance n'existe pas, la suspicion disparaît et le jugement devient inutile. On accepte l'autre tel qu'il est, avec ses qualités et ses défauts. On s'autorise à se changer soi-même pour devenir celui que nous aimerions aimer.

La tolérance et une remise en question sont nécessaires à l'épanouissement d'un amour véritable, quel qu'il soit. L'amour véritable est incompatible avec le désir de possession, l'orgueil, la jalousie ou la luxure. C'est à travers lui que l'on ouvre le champ des possibles en n'attendant rien mais peut-être en espérant tout secrètement. Cela semble paradoxal car attendre c'est finalement espérer et avoir confiance. L'amour fait ainsi surface dans le plus grand des paradoxes.

Nous semblons naturellement portés par les énergies de l'amour. C'est un sentiment qui résiste à tout car son énergie tout entière est portée par la générosité et la bonté. Lorsque nous nous sentons en symbiose avec l'amour véritable, nous nous nourrissons de tout ce qu'il nous inspire.

L'énergie de l'amour nous propulse au-dessus des peurs comme si l'amour libérait de la peur. Alors... que ferais-je si je n'avais pas peur ?

La peur me rend peu confiante en mes capacités. J'ai tendance à me replier sur moi-même ou à rester en retrait par peur de m'affirmer. J'imite les autres pour me rassurer car j'ai peur de me tromper. Sans m'en rendre compte, je suis assujettie au pouvoir de mes semblables. Et comme j'ai peur de l'inconnu, je cherche des excuses à tout ce que je fais et surtout à tout ce que je ne fais pas. Je n'ai pas toujours conscience que les excuses ne servent qu'à me justifier pour ne pas avoir à prendre la responsabilité de ma vie.

Mais comment fonctionnent la peur et le stress ?

Pour bien comprendre la fonction de la peur, il convient de la différencier du stress. La fonction du stress est de nous aider rapidement à faire face à toute modification de notre environnement pour nous y adapter. Son rôle est de rétablir l'équilibre. L'émotion qui nous alerte d'un éventuel danger de cet environnement est la peur.

Face à une situation particulière sous l'emprise de la peur, le stress se manifeste par des symptômes mentaux, émotionnels et physiques. Notre organisme enclenche instantanément son mécanisme de défense en réponse à un éventuel danger. C'est une réaction normale pour assurer nos chances de survie.

Mais comment s'enclenche ce mécanisme ? Le corps se prépare à la riposte par la création d'une dose massive d'énergie. Le cœur bat plus vite, la pression artérielle augmente et la respiration s'accélère. La transpiration causée par le stress provoque une contraction des vaisseaux sanguins de la peau afin de réduire l'afflux et diriger plus de sang vers les zones prioritaires. Cette contraction provoque des frissons et l'ouverture des canaux des glandes sudoripares, responsables de la transpiration. De plus, les fonctions non vitales sont mises au repos automatiquement par l'organisme.

Pour affronter le danger, l'organisme opte pour la fuite, la lutte ou l'impuissance, appelée état d'inhibition. L'hormone «guerrière» ou adrénaline et le cortisol mobilisent toute l'énergie du corps pour la diriger au bon endroit. Les muscles, les poumons et le cœur sont ainsi nourris en priorité. Mais nous n'arrivons plus à réfléchir avec clarté car ce n'est pas un temps à la réflexion mais à celui de la réaction automatique vitale à la survie.

Imaginons par exemple que je suis prise en chasse par un tueur en série dans une rue longue et étroite au milieu d'une obscurité menaçante. Ma réaction sera de faire ce que je sais faire sans réfléchir. Prendre mes jambes à mon cou, me replier sur moi-même ou affronter physiquement mon adversaire.

Le stress est nécessaire à la survie et peut même devenir utile dans certaines situations. Il peut augmenter la productivité, la concentration et les performances globales. À petite dose, le stress produit une énergie positive qui apporte source de motivation, de plaisir et un sentiment d'accomplissement. Il suffit de demander à tous ceux qui pratiquent des sports extrêmes comme la chute libre, le saut à l'élastique, le rafting ou le dragster.

Mais à long terme et de manière répétée, le stress est néfaste pour la santé et notre propre équilibre car on peut très bien expérimenter des situations oppressantes sans qu'il existe un concept de danger. Si le stress finit par nous envahir complètement, cela peut conduire à des dysfonctionnements qui aboutissent à l'apparition de maladies ou aux troubles psychologiques.

C'est ainsi que le stress est utile pour enclencher les mécanismes immédiats à la survie et même pour s'amuser et se dépasser de temps en temps. Mais en dehors de ces exemples, le stress peut devenir notre pire ennemi. Il affecte autant les hommes que les femmes et même les enfants. Il frappe toutes les classes sociales, souvent dans les zones les plus industrialisées et dans tous les continents de la planète. Il fait apparaître de l'irritabilité, de l'inquiétude et de l'anxiété, souvent inutiles. Quelquefois, sans que nous en ayons conscience, il s'installe insidieusement et durablement dans nos vies. On passe son temps à imaginer des situations bien plus pénibles que celles que nous vivons et c'est ainsi que nous nous empoisonnons la vie progressivement.

Quoi qu'il en soit, si nous vivons dans un état de stress permanent, notre imagination donnera naissance à des menaces fictives qui nous maintiendront dans un état d'esprit inconfortable et négatif.

La biologie humaine est certes complexe mais il s'avère évident que nous ne venons pas au monde avec un cerveau stressé. L'étonnante évolution d'un bébé dans le ventre de sa mère nous montre que tout est fait, naturellement, pour assurer une naissance dans les meilleures conditions. Pour protéger le fœtus, l'utérus produit une enzyme qui sert de bouclier et qui a pour fonction de neutraliser le cortisol, l'hormone du stress. La femme enceinte produit également de l'ocytocine, l'hormone de l'attachement et du sentiment de sécurité, également connue sous le nom de « l'hormone de l'amour ». Par sa biologie et son comportement, la mère conditionne la sensibilité future du bébé face au stress. À la naissance, l'enfant est insouciant. Il a juste envie de découvrir, avec beaucoup de curiosité, le monde dans lequel il vit.

Si nous sommes venus au monde avec un cerveau calme, cela signifie que nous n'avons pas été créés pour nous maintenir dans ce mode d'émergence causé par le stress au quotidien. Bien sûr, l'évolution de notre espèce a joué un grand rôle dans la dynamique évolutive du stress car nos ancêtres ont dû affronter un nombre d'obstacles considérables pour survivre. Mais aujourd'hui, même en ayant plus de sécurité et de confort, l'espèce humaine semble se cadenasser sous une cloche façonnée par toutes sortes de peurs irréelles et un stress persistant. Ce n'est là sans doute qu'un décalage dû à notre propre évolution. Peut–être qu'avec du temps et un meilleur apprentissage de nous-mêmes, nous aurons la capacité de maîtriser les inquiétudes inutiles.

Aujourd'hui encore, la peur irréelle suscite encore beaucoup d'anxiété même si elle est irrationnelle. Elle transporte une souffrance psychologique stérile qui nous emprisonne, stoppe tous nos élans, déforme la vision de la réalité et altère la qualité de la vie.

De plus, le stress au quotidien génère beaucoup de confusion mentale. Nos pensées négatives ne sont plus contrôlées et tout se disperse créant ainsi un véritable raz-de-marée. Nos actions à l'image de nos pensées ne sont plus cohérentes car nous sommes plus agités et plus inquiets. Nous n'agissons plus comme nous le voudrions, ce qui nous pousse à vivre dans la réaction. Une action et une réaction sont bien différentes. Une action est une activité coordonnée réalisée dans le but de réaliser une intention. Une réaction est un acte que nous ne contrôlons pas. C'est un comportement non prémédité qui répond à des stimuli extérieurs et à un besoin de stabilité.

Lorsque nous prenons une décision basée sur la peur, c'est un acte qui va à l'opposé de ce que nous ressentons vrai au fond de nous-mêmes. Lorsque la peur s'évapore, lorsque la souffrance s'éloigne, elles cèdent leurs places à l'amour. Seul l'amour est capable de nous motiver, nous libérer et nous apporter le bien-être que nous désirons voir dans notre vie. Le bien-être constitue notre état naturel et il n'y a que ce qui fait du bien qui nourrit ce bien-être. L'amour et toutes les émotions associées sont des guides précieux car ils sont toujours en accord avec ce que nous ressentons vrai à l'intérieur de nous-mêmes.

Il arrive quelquefois que de lourdes épreuves nous fassent douter de nous, des autres et de la vie. Nous perdons l'espoir et la confiance mais nous continuons à nous accrocher aux peurs que ces souffrances nourrissent car nous pensons avoir besoin de vivre à travers elles. Par exemple, lorsque nous perdons une personne que nous aimons, nous nous cramponnons à la douleur puisque c'est la seule chose qui nous reste. La détresse et la souffrance nous rappellent tout simplement son absence. Sans la douleur, l'être aimé semble disparaître dans le néant et nous avons le sentiment d'effacer ce qui a existé. C'est profondément humain. Nous sommes tous confrontés à des épreuves difficiles dont la mort ou la rupture sentimentale sont des exemples. Il en existe d'autres comme les échecs personnels, professionnels ou la maladie. Nous nous mettons en colère, nous nions même l'évidence et nous mettons en doute le chemin parcouru. La dépression s'installe et avec le temps, quelquefois un long moment, on finit par accepter, une nouvelle réalité qui devient plus familière.

Personnellement, lorsque j'ai perdu ma mère, j'ai continué d'appeler sur son téléphone portable pour entendre sa voix. Malgré le fait que nous étions restées quelques années sans nous parler, je savais qu'elle était en vie. C'est lorsqu'elle est partie pour ce voyage sans retour que j'ai voulu entendre le son de sa voix. Je n'acceptais tout simplement pas l'idée de sa disparition définitive. Le matin lorsque je me réveillais en sursaut et en sueur, je pensais avoir fait un cauchemar. Ce n'en était pas un mais je prenais mon téléphone et je l'appelais. Entendre sa voix me maintenait dans le déni tout en sachant que je ne pourrais jamais plus parler avec elle. Ce « jamais plus » écrasant déclenchait une douleur insupportable. Mais j'ai continué d'appeler jusqu'à ce que son abonnement téléphonique soit résilié. C'est là que j'ai compris que je devais apprendre à faire mon deuil.

Toutes ces épreuves sont difficiles à vivre. Mais en observant d'une manière différente, elles peuvent révéler les fondations d'un nouveau départ. On peut y retrouver des ressources insoupçonnées qui deviendront nos nouvelles énergies de demain. Cela ressemble à un lot de consolation mais nous n'avons pas d'autres choix que d'accepter ces épreuves comme faisant partie du cercle de la vie.

Avec du temps, j'ose faire de nouvelles choses car je transforme petit à petit, l'énergie de la souffrance en énergie d'amour. L'amour et la souffrance ne disparaissent jamais complètement. Ils changent juste de forme pour évoluer là où mes émotions sont en mouvement sur les échelons du filament symbolique. Mais lorsque je reste sur des émotions centrées sur l'amour, la douleur et les autres peurs liées à la souffrance diminuent et la paix s'installe à l'intérieur de moi.

Alors… si je n'avais pas peur, que ferais-je ?

La question n'est pas de remporter la bataille contre la peur. La peur est une émotion naturelle qu'il faut apprendre à écouter et à comprendre mais sans nous laisser submerger par sa présence. A priori, elle libère une grande quantité d'énergie à l'image de toutes les émotions. Le problème réside dans le fait que si cette énergie n'est pas utilisée car la réponse n'est ni le combat, ni la fuite, ni la paralysie, nous l'emmagasinons en nous et elle ressurgit comme une balle gonflable qu'on essaie d'immerger sous l'eau. En d'autres mots, si on laisse la peur nous envahir, cette énergie finit par déborder dans tous les sens. La douleur, la pression dans les poumons ou un mal-être imprécis doivent obligatoirement sortir pour évacuer ce trop-plein d'énergie.

Bien que la peur soit une émotion naturelle, elle ne doit pas écraser tout ce qui vit en nous ni décider pour nous de nos vies. Quelquefois, il suffit de l'aider un peu pour que la métamorphose s'opère et transforme l'énergie de la peur en énergie d'amour. Je finis par accepter qui je suis et tout ce qui est tel qu'il est tout en osant aller plus loin. Je me pose la question à chaque nouvelle étape, à chaque nouvelle décision, à chaque rencontre, à chaque nouveau défi et à chaque nouvelle aventure de la vie. Que ferais-je maintenant si je n'avais pas peur ?

Je peux m'asseoir, respirer en toute conscience pour démêler les nœuds au fond de la poitrine. Le langage du cœur s'exprime par l'amour et l'amour représente le langage universel de la vie. Ce sentiment sublime ne peut que me rendre conquérante quoi qu'il arrive. Il me donne envie d'atteindre le meilleur de moi-même. Alors, je m'encourage à prendre des risques et je m'engage avec enthousiasme dans tout ce que je fais, même si au début je le fais sur la pointe des pieds.

Certains affirment que le plus beau voyage que nous puissions réaliser est celui qui va de la tête au cœur. Bien sûr, ce n'est pas si facile à mettre en place car notre santé mentale n'est pas toujours au beau fixe. Nous vivons dans une société où nous avons été conditionnés par certaines formes de pensées. Dans le chapitre *L'Imagination*, j'ai expliqué que le subconscient accepte toujours pour vrai ce que je crois être vrai. La suggestion est une méthode efficace pour notre développement personnel mais elle est aussi utilisée en connaissance de cause dans de nombreux domaines pour nous faire accepter « certaines vérités ». Différentes techniques sont utilisées par les médias et la publicité pour vendre une idée, un service ou un produit, au moyen de la suggestion. Le plus souvent, ce n'est pas notre raison qui est visée. Tout va se jouer sur l'émotion et les sens pour susciter l'adhésion. On finit par accepter l'idée comme une vérité, souscrire au service ou acheter le produit parce qu'ils ont réussi à nous toucher au plus profond de nous-mêmes. Le spot publicitaire qui passe plusieurs fois à la télévision lors d'une page publicitaire a beaucoup plus d'impact sur le téléspectateur car il y a répétition. La répétition permet d'imprimer plus facilement l'idée dans le subconscient sans passer par le compartiment « conscient » de notre cerveau.

C'est ainsi que la plupart du temps, on nous dit ce qu'il faut penser et comment le penser. On nous dit ce qu'il faut croire et comment il faut le croire. On nous conseille ainsi sur les meilleurs concepts, produits, services ou comportements à adopter. Tout cela dans l'idée de nous faire adhérer à des croyances et des solutions qui ne nous appartiennent pas. Le triangle pensées-croyances-émotions se développe toujours par le conditionnement, qu'on le veuille ou non. Pourtant et heureusement, nous avons reçu de mère Nature un outil qui s'appelle le libre arbitre ou la liberté de faire nos propres choix.

Aujourd'hui, nous vivons dans un monde où nous sommes tous connectés grâce aux moyens technologiques mais nous ignorons bien souvent que toutes ces informations perturbent notre capacité de penser par nous-mêmes. Si je suis incapable de penser par moi-même, il devient impossible à mon plein potentiel de pouvoir s'exprimer. Le XXIe siècle est le siècle des connexions en tous genres. On écrit sur tout et sur n'importe quoi et tout est expédié à la vitesse de la lumière dans le World Wide Net, la Toile d'Araignée Mondiale où les liens hypertextes se construisent. Tout le monde est en ligne, crée des liens et échange avec tout le monde régulièrement mais... nous sommes rarement connectés avec nous-mêmes.

Pourtant, me connecter à moi-même et relier ma tête au cœur, ce n'est pas quelque chose d'impossible à réaliser. Je peux commencer par être à l'écoute pour savoir comment je me sens réellement. Mon état d'esprit correspond à l'état du moment présent et il est toujours décodé par les émotions. Les émotions peuvent être un obstacle ou une impulsion dynamique car tout dépend de l'interprétation que je leur donne.

Glisser à l'intérieur de moi-même constitue un excellent moyen de conceptualiser les différentes représentations que je me fais de moi-même et du monde. Je peux les modifier par le pouvoir de mon imagination. Je fais de l'amour le sentiment le plus habité pour le rendre complètement naturel et accepté par mon subconscient. À l'intérieur de moi, il réside une multitude de belles énergies qui m'apportent une chaleur réconfortante et une plénitude bien concrète. Ce sont ces énergies qui rendent les couleurs plus vives à l'extérieur et nos relations plus harmonieuses.

C'est par l'apaisement, la joie, la sérénité et la paix que je nourris l'énergie qui me mène vers l'amour à l'intérieur de moi-même. J'y trouve mes propres ressources pour affirmer cet amour qui prend de plus en plus d'espace si je l'autorise à s'exprimer. Je retrouve la confiance qui fait fleurir mes aptitudes personnelles et qui étaient cachées jusque là. Elles ont besoin de germer, de se développer et de mûrir. Elles resteront dormantes si elles ne sont pas encouragées et cultivées. Ainsi, si je crois un peu plus en moi en cédant plus de place à l'amour, je peux métamorphoser le lourd en plus léger, l'amertume en douceur et rendre ma souffrance plus supportable en choisissant dans mes pensées et émotions, celles qui me font réellement du bien.

Par le pouvoir de mon imagination, je peux aussi transformer ce que je ne veux plus et devenir ce que je désire être. C'est peut-être paradoxal, mais s'accepter tel que l'on est, c'est s'aimer pour ce que l'on est et s'autoriser à devenir meilleurs.

Ainsi, l'idée même de s'aimer soi-même consiste à se traiter comme si on était important. Ce n'est pas facile car on peut confondre l'amour de soi avec le narcissisme, ce qui n'est pas le cas. Ils sont à l'opposé l'un de l'autre tant leurs expressions et leurs motivations sont différentes.

Alors, amour de soi ou narcissisme ?

L'histoire la plus connue de Narcisse, ce chasseur de la mythologie grecque reflète celle d'un jeune homme gratifié d'une beauté exceptionnelle. Il a tellement de succès auprès de ses prétendantes qu'il en dégage une fierté démesurée. Tout le monde l'adore et le méprise tout à la fois. Parmi ses courtisanes se trouve la nymphe Écho, fille de l'Air et de la Terre.

Elle aime la nature et se promener de rivières en torrents. Les arbres lui servent de toit et la mousse et les jeunes pousses lui conviennent parfaitement pour dormir.

Écho tombe éperdument amoureuse de Narcisse mais celui-ci repousse ses avances si brutalement que la passionnée déçue demande aux dieux de le punir par un amour impossible. Némésis, la déesse de la vengeance fait en sorte que Narcisse tombe amoureux de son reflet dans l'eau. Narcisse passe de longs jours à se contempler et à se désoler de ne jamais pouvoir attraper cette image. La douleur éclate au point qu'il appelle la mort, espérant ainsi se libérer d'un amour impossible. « Hélas, gémit-il, je comprends bien maintenant toute la peine que j'ai causée à ces jeunes filles ! ». On dit que Narcisse se serait progressivement transformé. D'abord par les pieds qui deviennent des racines et puis son corps qui se transforme en tige. Sans s'en apercevoir, il se métamorphose en une jolie fleur qui porte encore aujourd'hui son nom, le narcisse. Les narcisses, ces fleurs de couleur blanche ou jaune selon les espèces sont des plantes très appréciées dans les jardins compte tenu de leur beauté. Ils ont tendance à s'incliner en direction des points d'eau mais ils sont également reconnus pour leur toxicité.

Qu'arriva-t-il à Écho ? Et bien, désespérée par l'indifférence de Narcisse qui la méprisait particulièrement, Écho ne parvint jamais à apaiser sa peine car elle aimait Narcisse profondément. Elle resta un long moment dans la désolation la plus totale et perdit beaucoup de poids. Certains affirment même aujourd'hui qu'il ne reste plus que sa voix pour prendre soin des narcisses.

La version d'Oscar Wilde qui s'appelle La Légende de Narcisse se montre plus pittoresque. Il raconte que le lac d'eau douce où Narcisse disparaît devient une urne de larmes amères. Les Oréades, divinités des bois, viennent alors au bord du lac et lui demandent: «Pourquoi pleures-tu?» Le lac répond qu'il pleure Narcisse. Les Oréades répondent qu'elles ne sont pas étonnées puisque le lac était le seul à pouvoir contempler la beauté de Narcisse. «Narcisse était donc beau?» demande le lac. Surprises, les Oréades répliquent: «Qui mieux que toi pouvait le savoir?». Le lac resta un moment sans rien dire. Puis il ajoute: «Je pleure pour Narcisse, mais je ne m'étais jamais aperçu que Narcisse était beau. Je pleure pour Narcisse parce que, chaque fois qu'il se penchait sur mes rives, je pouvais voir, au fond de ses yeux, le reflet de ma propre beauté.».

De là, il ne fallut qu'un pas pour que naquît le narcissisme. C'est Freud qui le premier appela narcissisme l'amour du sujet pour sa propre personne. Cet amour c'est de l'admiration pour soi-même. Être aimé ou admiré est plus important qu'aimer ou admirer. Ce qui conduit toujours à dépendre de l'autre même si souvent on le dévalorise et on lui fait croire qu'on n'a pas besoin de lui.

Or, dans le mythe, Narcisse a toujours ignoré qu'il s'agissait de son propre reflet, quelle que soit la version explorée.

Quoi qu'il en soit, l'amour de soi et le narcissisme tel qu'il est conçu aujourd'hui recherchent tous deux la légitimation du soi. Le narcissique manifeste un amour pour soi superficiel qui a besoin de l'attention et de l'approbation des autres pour le maintenir dans une situation illusoirement avantageuse. Il cherche à donner une bonne image de lui-même d'où son attention excessive envers sa propre personne et son image. Il est le meilleur dans tout ce qu'il fait car il a une perception démesurée et déformée de ses propres valeurs. En vérité, il cache un réel vide intérieur et une confiance en lui fortement étriquée. Arrogant par nature, il accepte difficilement la critique et n'apprend donc jamais de ses erreurs.

L'amour de soi s'anoblit de l'estime de soi qui représente la quatrième étape sur la pyramide de Maslow avant le besoin d'accomplissement personnel. La personne qui éprouve de l'amour pour elle-même s'attache davantage à l'être qu'à l'apparaître. S'aimer soi-même c'est rechercher au fond de soi ce qui satisfait nos besoins et nos désirs et abandonner ce qui assombrit notre propre croissance. C'est une aspiration au bonheur car prendre soin de soi, c'est avant tout ressentir de l'intérêt, de la sympathie et de la compassion pour tout ce qui relève de notre être. L'amour de soi s'incarne comme une affirmation de soi naturelle et donc universelle. La nature a voulu que chacun de nous prenne soin de lui-même afin de trouver le chemin de son propre bonheur.

Dans l'amour de soi, la satisfaction éprouvée est plus profonde. L'autre est notre égal. Il sait écouter sans le désir impérieux de plaire à tout prix. Il sait aussi s'occuper des autres et dispose de la patience nécessaire avant de prendre la parole ou d'agir pour une cause. Il bénéficie d'une intelligence émotionnelle qui crée une réelle empathie car il est capable de se mettre à la place de l'autre sans la moindre ambigüité. Il accepte la critique constructive et apprend à progresser. Bienveillant par nature, il assume la totale responsabilité de son bien-être physique et émotionnel.

Celles et ceux qui pratiquent l'amour de soi ont en général une bonne estime de soi. Ils reconnaissent leurs faiblesses ou leurs axes d'amélioration tout en mettant à l'honneur leurs propres accomplissements. L'amour de soi est un prérequis nécessaire pour créer des liens profonds avec soi-même pour une vie plus saine et plus heureuse.

Dans l'amour de soi, il existe un autre concept intéressant qui est celui de se respecter. Nous ne comprenons pas toujours ce que cela signifie. Pour éviter les idées toutes faites, l'idéal serait dans un premier temps, de prendre conscience du pourquoi nous nous traitons souvent nous-mêmes d'une mauvaise manière et avec dureté. Il nous arrive d'éprouver de la compassion et de la tolérance pour nos semblables mais peu pour nous-mêmes. Il nous arrive d'accorder plus de crédit aux idées des autres qu'à nos propres idées. Cela démontre bien à quel point nous avons peu de respect pour ce que nous sommes.

Lorsque j'étais une petite fille, on était dur envers moi et l'on m'avait aussi appris à être dure avec moi-même. On me demandait souvent d'arrêter mes enfantillages et de me comporter de manière plus responsable. Je ne comprenais pas réellement la valeur du mot « responsable » et j'ai continué à être dure pensant qu'assurément c'était pour mon bien. Bien sûr à l'âge adulte, lorsque je ne réussissais pas à faire ce que j'avais décidé de faire, je me sentais mal car je doutais de moi. Je renforçais la dureté et donc l'inconfort et je me jugeais sévèrement. Toute cette énergie gaspillée où je perdais le respect pour moi-même et où je me critiquais sans considération passait toujours par la peur.

Je n'ai aucune objection quant à l'idée que la peur peut stimuler pour avancer car une montée d'adrénaline est quelquefois nécessaire et efficace pour nous faire avancer dans le sens désiré. Le problème c'est lorsque cet état de tension se révèle chronique et met l'organisme en mode « branle-bas de combat » permanent. Dans notre manière de nous juger, les toxines de la peur se développent dans la culpabilité, la critique, la rancœur, le doute et la douleur que nous portons au quotidien. Ne pas trouver de remède conscient, c'est revenir régulièrement dans cet état de tension permanent car le subconscient, qui accepte pour vrai ce que nous croyons être vrai, crée toujours de l'addiction inconsciente et donc des habitudes qui ne sont pas toujours bénéfiques. Toutes ces toxines prennent naissance dans la peur et non dans l'amour.

Une façon de faire est de laisser derrière soi la personne que l'on croit être pour se transformer petit à petit jusqu'à se renouveler complètement. Avoir conscience que c'est possible c'est déjà une belle avancée dans notre propre évolution.

La relaxation représente un mode de croissance qui active en nous des émotions de bien-être telles que la présence à soi, la confiance, l'ouverture, la clarté mentale, la plénitude, la curiosité, l'acceptation, la joie, la paix intérieure et l'amour.

Quand nous sommes relaxés, nous cessons de nous sentir menacés et nous nous détachons progressivement de la peur. Dans le corps, la pression artérielle diminue, les muscles se détendent, les rythmes cardiaque et respiratoire ralentissent, le système immunitaire se dynamise et permet aux organes de fonctionner de manière plus naturelle. Même dans le monde de l'infiniment petit comme les cellules qui sont un monde en soi, une meilleure cohésion se crée pour l'échange des informations nécessaires au bon fonctionnement de notre organisme. Cela se traduit par une meilleure récupération physique et une régénération cellulaire plus efficace. Le cerveau, plus calme, récupère sa part d'énergie perdue. Dans la relaxation, nous sommes aussi plus ouverts aux pensées plus profondes, à la résolution de problèmes et à l'accueil de nouvelles ressources cognitives. Les hormones du bien-être augmentent assurant ainsi une cohésion croisée entre le cœur et le cerveau. Nous nous sentons détendus physiquement et mentalement calmes et conscients.

Les vibrations hautes nourries par l'amour nous mènent vers le bien-être qui constitue, je le redis, notre état naturel. Se traiter comme si on était important c'est nourrir ce bien-être.

En biologie, l'homéostasie est un mode de fonctionnement naturel qui permet la régulation de notre organisme afin de maintenir son équilibre face aux changements du monde extérieur. Elle est réglée de manière très élaborée par le système nerveux autonome, les hormones et d'autres paramètres sensibles aux facteurs psychiques. Il s'agit par exemple de la température de notre corps, la respiration, le rythme cardiaque, le taux de sucre sanguin, la digestion, la sudation et la miction.

L'équilibre de notre corps est ainsi réglé à notre insu pour permettre de nous maintenir en bonne santé. Lorsque l'équilibre est rompu, la maladie peut faire son apparition.

C'est ainsi que lorsque les besoins et les satisfactions ne sont plus assouvis, le déséquilibre surgit. Les émotions jouent un rôle primordial. Mais la combinaison de deux énergies opposées ne fonctionne pas simultanément. L'équilibre ne permet pas que des émotions de peur et des émotions d'amour s'expriment au même moment. L'équilibre recherche toujours son idéal qui est d'éliminer certaines contraintes qu'elles soient extérieures ou intérieures, pour embrasser la liberté qui nous fait avancer et prospérer.

Si nous sommes sous l'emprise de la peur, elle devient notre seconde nature. Même irrationnelle ou imaginaire, elle consomme une grande quantité d'énergie et nous éloigne de cet équilibre naturel que nous recherchons tous, même sans le savoir. Lorsque la peur agit, nous disons oui aux évènements qui nous font du mal. Une respiration et un rythme cardiaque accélérés sont interprétés par le corps comme un danger. L'organisme actionne le mode « survie » afin de rétablir cet équilibre perdu. Mais ce n'est pas la réponse qui nous convient car elle se traduit par le stress. Nous avons besoin de la participation de notre conscient pour maintenir l'équilibre et relayer au second plan ce qui nous empêche de vivre sereinement.

Hors de la biologie et de la psychologie, les experts s'accordent à dire que cette notion d'homéostasie s'étend aussi à la sociologie, la philosophie et la spiritualité en tant que quête personnelle chez l'être humain.

Aujourd'hui, nous savons que nous pouvons modifier consciemment notre système nerveux et de nombreux experts confirment qu'il est d'ailleurs impossible de le changer sans la participation consciente de notre cerveau.

Notre rôle est alors de devenir ce médiateur conscient pour rétablir l'équilibre naturel.

Peut-être que le plus difficile consiste à se faire confiance et à faire confiance à la vie. Je pense que nous aimons que tout soit sans cesse sous contrôle alors que la vie est en mouvement permanent. Tout ce qui bouge, vit et apporte de l'imprévu, c'est l'essence même de la vie. La confiance est une émotion que nous devons apprendre à développer et cultiver pour vivre plus équilibrés, plus heureux. Et, plus immergés dans l'amour.

Si habituellement, nous vivons dans une atmosphère de bien-être qui est une des joies de l'amour inconditionnel, nous économisons de l'énergie et nous éprouvons un sentiment de plénitude. Nous apprenons à dire non à tout ce qui nous fait du mal pour nous tourner vers ce qui fait du bien. Notre santé, équilibre et épanouissement personnel passent par la relaxation du corps et de l'esprit.

Une respiration paisible et contrôlée est une respiration consciente, interprétée par le corps comme le signal que tout va bien. Si tout va bien, notre corps ne lutte plus, ne s'immobilise pas dans la crainte, ne fuit plus. Il se relaxe. En réalité, notre corps comprend qu'il n'y a pas de danger immédiat et nous sortons par la même occasion du pouvoir de la peur, du stress et des mauvais traitements que quelquefois nous nous infligeons.

C'est dans la relaxation que nous apprenons à accepter et à accueillir nos peurs sans chercher à les éviter. C'est dans l'acceptation que la peur se fluidifie et finit par changer de forme. Mes incertitudes, mes jugements et mes craintes finissent, pas à pas, par se transformer en certitudes, sérénité et assurance. La relaxation apporte la plénitude qui est également une des expressions de l'amour inconditionnel.

Si l'amour est une des clés du bonheur, j'ai expliqué dans le chapitre précédent que le bonheur résidait en grande partie dans la gratitude. Je suis convaincue que la gratitude sincère est une forme d'amour car elle remplit tout l'espace à l'intérieur de notre être et nous unit consciemment à tout ce qui existe. L'essentiel de la gratitude réside dans le ressenti et repose souvent sur de petites choses que le plus souvent nous ne voyons même plus. La gratitude reflète l'expansion de notre propre vision du monde qui nous apprend à apprécier tout ce que l'on a et à évoluer dans un monde plus optimiste. Le cœur se déploie et donne un sens plus profond à la vie car on accepte ce qui est présent. C'est une occasion d'émettre de hautes vibrations et de placer l'amour au centre de son existence. Si je dis tout simplement merci en toute conscience pour tout ce que j'ai, je m'aperçois qu'il y a un tas de petites choses qui me font du bien. Par exemple, je dis merci pour ce moment. Je dis merci pour la présence des êtres qui comptent pour moi, la beauté de la nature, du ciel, de la pluie et des saisons. Je dis merci pour un sourire, une rencontre, un message, la lecture d'un bon livre ou la découverte d'un film fabuleux.

Nous nous posons tous, à un moment ou un autre, des questions sur le sens de la vie et la place de l'amour dans notre façon de voir le monde. Cependant, nous continuons, pour la plupart, notre routine selon la vision sociétale afin de nous prémunir mais aussi nous garantir une vie conforme aux besoins de la société. Mais pas des nôtres. Nous portons des étiquettes à longueur de journée, devenues au fil du temps des outils d'évaluation qui ne dit pas qui nous sommes réellement. On traque les différences et ce qui ne rentre pas dans le moule des idées préconçues, est souvent rejeté. Certains égos démesurés aux idées bien étriquées mènent le monde par le bout du nez condamnant ainsi la liberté de pensée et la créativité personnelle.

Peut-être aussi que lorsque nous étions enfants, des adultes « bien intentionnés » nous ont traités de bons à rien, de fainéants ou d'inutiles. À cause de cela, nous avons travaillé dur pour nous défaire de ces étiquettes qui nous définissaient afin de prouver que nous étions utiles, travailleurs et nécessaires.

Bien entendu, nous avons pensé comme tout citoyen qui se respecte qu'il faut s'intégrer et se fondre dans la masse pour ne pas porter une étiquette additionnelle, celle de « marginal ».

En quête d'une vie meilleure, de confort, de vacances et d'argent, nous finissons par oublier qui nous sommes, si nous sommes là pour une raison et si la vie en vaut la peine. L'amour disparaît en grande partie de notre champ de vision car il n'y a pas beaucoup de place pour lui dans un monde assujetti à l'objectivité, aux performances économiques et à la recherche du profit. On considère l'amour comme un concept purement subjectif qui n'a pas de place dans une société où seul le rendement compte.

Dans cette optique, nous souhaitons cependant prospérer et nous garantir un avenir plus prometteur et plus heureux. Et finalement ce que nous cherchons même sans le vouloir, c'est la garantie qui porte l'étiquette : « reconnu et accepté ».

Pourtant souvent, nous ne vivons pas car nous ne jouissons pas de la vie au sens où nous l'entendons. Conditionnés par le rôle que nous devons jouer, nous ne cherchons pas à éveiller tout ce qui vit à l'intérieur de nous-mêmes. Nous nous contentons souvent de survivre, ce qui signifie entretenir son existence au sens biologique du terme. Alors oui, survivre est devenu un terme courant, un mot banalisé dans notre langage quotidien. Chaque jour est un combat dans ce système sociétal inquiétant et démoralisant. Nous avons nos guerres à travers le monde, des attentats terroristes, le dérèglement climatique, les maladies, les addictions diverses, le chômage de masse, les injustices sociales. Et au moment où j'écris ces lignes, nous avons la pandémie du COVID-19, une urgence de santé publique de portée internationale qui fait peser des incertitudes et des craintes sur l'économie mondiale...

Pourtant, même en situation de crise, certains réussissent à sortir du moule dans lequel ils ont été forgés. Ils ont en eux un désir enflammé et sont empreints d'une grande passion. Ils parviennent à quitter leur zone de confort pour voyager en terrain inconnu. Ils ont beaucoup d'amour et du courage pour trouver la voie qui correspond à tout ce qui vit à l'intérieur d'eux-mêmes. Ils avancent à petits pas et n'oublient jamais la vision globale de leur désir. Pour croire en leurs rêves, ils croient en eux-mêmes et à leur propre potentiel.

Bien sûr, ce n'est pas facile de se construire une vie à l'image de notre idéal le plus élevé. L'école ne nous apprend ni à rêver, ni à aimer sans condition, ni à construire sa vie sur base de ce que nous désirons réellement. Pourtant les projets personnels qui ont du sens pour nous et nous font rêver, nous hissent vers le haut comme une montgolfière gonflée à bloc. Nous avons peut-être juste besoin de nous alléger des contraintes et des doutes que nous

nous imposons pour nous propulser nous-mêmes par une poussée d'Archimède symbolique.

« Ne te fie pas aveuglément aux paroles d'autrui. Observe ce qui t'apporte personnellement le contentement, la lucidité et la paix : là est ton chemin ».

Le Bouddha.

En général, le meilleur de la nature humaine consiste à chercher une voie plus noble qui nous guide vers ce que nous croyons justes.

Mais... qu'est-ce qui est juste pour moi ?

Les religions, philosophies et croyances diverses aident l'être humain à juger ce qui est bien ou mal. Malheureusement, la plupart des religions en général incitent à ne pas se rapprocher des adeptes d'autres confessions. L'intolérance religieuse tout au long de l'Histoire de l'Humanité est devenue une des causes majeures de persécutions à travers les siècles.

Jonathan Swift, écrivain anglo-irlandais du début du XVIIIe siècle, est célèbre pour avoir rédigé Les Voyages de Gulliver. Mais il a aussi écrit : « Nous avons tout juste assez de religion pour nous haïr, mais pas assez pour nous aimer les uns les autres ».

Quelquefois pour nous aider à établir ce qui est juste pour nous-mêmes c'est notre philosophie personnelle qui reste le meilleur moyen, selon moi, d'exprimer nos pensées les plus profondes dans un sentiment de totale liberté. Nous disposons tous du libre arbitre. Chaque chapitre de notre histoire est un carrefour qui doit nous inciter à choisir ce qui nous semble juste dans le respect de nos semblables et de la nature.

Quoi qu'il en soit, la plupart des êtres humains cherchent la même chose. Aimer, être aimé, trouver sa réelle utilité et s'accomplir.

L'évolution nous a équipés d'un outillage sur mesure où nous pouvons sortir des cases où s'étiquettent nos croyances pour aller à la rencontre de notre pouvoir mystérieux. Le seul obstacle à notre propre croissance réside dans les croyances et dans l'amour que nous nous portons. Il ne peut en être autrement.

L'éveil spirituel et l'amour. Ma vision

Le voyage initiatique m'a menée au-delà des frontières connues. Il a été pour moi un moyen d'aller chercher l'authenticité. Fallait-il oser tout laisser derrière soi lorsqu'on rêve d'un équilibre plus harmonieux, d'une vie plus engageante et d'un monde plus beau ? Ou était-ce une fuite inhibée par le stress d'une vie qui me semblait sans valeur ? Peut-être les deux.

L'éveil spirituel prend bien souvent naissance dans la souffrance, il faut bien le reconnaître.

Personnellement, j'ai réalisé petit à petit que le poids de l'éducation familiale, l'indifférence du système éducatif face aux véritables valeurs et la fausseté déguisée de nos organisations mondiales m'anesthésiaient même sans chloroforme. Je vivais dans un monde dans lequel je ne me reconnaissais pas ou du moins, je ne me reconnaissais plus avec le temps. La souffrance de toute une éternité s'était accumulée en moi mais je la passais sous silence. J'avais refoulé toute la colère possible pensant que je n'étais pas faite pour vivre dans ce monde.

J'ai tout d'abord senti la révolte se dresser à l'intérieur comme un animal sauvage dans une cage. Toute cette souffrance inutile finissait par remonter jusqu'à exploser au sein de mon être.

Il m'a fallu du temps pour renoncer à tout ce que je croyais vrai à propos de moi-même et de toute l'humanité. Soudain, tout m'est apparu comme une illusion dans laquelle je ne voulais plus retomber. J'ai eu besoin de baisser la garde pour m'abandonner à cet amour naissant. La chute produisait un vertige qui ne me laissait ni indifférente ni indemne. Tout en faisant la paix avec moi-même, extraordinairement, je la faisais aussi avec mes semblables.

Comme je ne voulais pas mourir dans l'ignorance et que je voulais exister pour ce que j'étais, j'ai fini par comprendre qu'il fallait commencer par se connaître, comme on nous l'enjoint depuis au moins trois millénaires. Mais pourquoi si peu de personnes prêtent l'oreille à la voix de la sagesse ?

Me connaître c'était prendre conscience de la valeur qui rend ma vie si unique. Paradoxalement, me connaître c'était aussi acquérir plus expérience pour la compréhension de mes semblables et donc de l'Humanité. Il va de soi que mon vécu d'expériences est défini par des conditions et des circonstances qui composent en partie, l'essentiel de l'existence humaine. C'est à travers mes expériences que je peux comprendre l'autre, quel qu'il soit, que ce soit par analogie ou par divergence.

Lorsque l'on tente l'expérience de se connaître, on finit par découvrir une part invisible qui souhaite grandir et évoluer à l'intérieur de nous-mêmes. La recherche de cette harmonie entre cette partie de moi physique et ma nature profonde a éveillé en moi le désir d'oser être moi-même.

Je suis persuadée que la justification la plus révélatrice de notre envie de vivre et de coexister en parfait accord avec tout ce que nous sommes et chaque atome de l'Univers réside dans l'amour. C'est du moins ma conviction.

La spiritualité embrasse tout ce qui est, l'ombre comme la lumière. Nous sommes incarnés dans un monde où tout et son opposé existent car ils permettent de nous définir à chaque instant. La dualité est ainsi nécessaire à notre propre évolution. Elle s'accorde en toutes circonstances et la diversité de ces paradoxes révèle l'unité mystérieuse du grand Tout. Comment connaître la paix intérieure sans avoir vécu la souffrance ? Comment se sentir heureux si nous n'avons jamais connu le malheur ? Comment vivre dans la joie si nous n'avons jamais expérimenté la tristesse ? Tout est infiniment lié.

De la même manière, l'égo et notre nature profonde font partie de nous de manière indissociable. L'égo demeure notre part d'ombre et notre nature profonde, n'est autre que notre propre lumière. C'est l'amour de soi qui s'avère le seul capable d'accueillir dans son unité toutes les facettes de notre propre identité.

Conclusion

J'ai finalement réalisé que la majeure partie des problèmes et blocages que nous alimentons semble avoir leur source dans la relation que nous entretenons avec nous-mêmes.

Comme le soulignerait Neville Goddard, c'est un jeu psychologique en chacun de nous. Nous pouvons lever ces obstacles qui ne sont que des croyances implantées dans le subconscient et que nous soutenons sans même nous en rendre compte. Être avenant et patient avec soi-même c'est quelque chose que nous pratiquons peu et pourtant c'est la pierre angulaire de notre croissance personnelle et donc de notre bonheur.

Ce que cette quête personnelle m'a appris c'est que nous avons tous en chacun de nous les outils nécessaires pour transformer notre vie. Pensées, croyances, émotions, une conscience, l'imagination, le libre arbitre et l'amour. Notre nature profonde se montre une collaboratrice idéale car elle a tout à l'intérieur d'elle-même. À bien y réfléchir, tout réside déjà en nous pour enclencher les changements que nous souhaitons voir réaliser. Les croyances erronées, le manque de confiance et l'absence de foi à l'égard des mystères de la vie sont les seules barrières pour notre propre croissance.

Nous pouvons y croire ou refuser d'y croire. Nous pouvons y croire partiellement ou totalement. Chacun est libre de choisir.

Mais nous cherchons tous le bonheur, la liberté et l'amour, synonymes de bien-être. Le bien-être que nous poursuivons se révèle l'état originel de notre nature profonde. Pourquoi poursuivre d'ailleurs si tout est déjà en nous? La nature humaine est par essence vibrante, aimante et extraordinaire. Nous avons juste laissé la déesse de la Raison, l'argent et le pouvoir nous abîmer par un idéal que nous ne contrôlons plus.

Mère Teresa a dit un jour que « Le manque d'amour est la plus grande pauvreté ». Notre monde manque cruellement d'amour et fait grandir son absence. Nous nous sommes égarés quant à nos réels besoins et nos aspirations les plus profondes. La survie, la compétitivité et le rendement ont été nos principales priorités.

Mais...

> C'est le manque d'amour qui génère les guerres entre les peuples.
>
> C'est le manque d'amour qui divise et qui nous rend individualistes.
>
> C'est le manque d'amour qui nous rend indifférents à la souffrance des autres.
>
> C'est le manque d'amour qui sème la violence et la haine.
>
> C'est le manque d'amour qui crée la souffrance.
>
> C'est le manque d'amour qui nourrit le pouvoir de domination.
>
> C'est le manque d'amour qui témoigne de notre égoïsme et de notre égocentrisme.
>
> C'est le manque d'amour qui alimente la séparation.
>
> C'est le manque d'amour pour les animaux qui fait qu'ils disparaissent définitivement.
>
> C'est le manque d'amour qui demeure responsable de la déforestation.
>
> C'est le manque d'amour qui se révèle l'artisan du changement climatique.

C'est le manque d'amour qui détruit notre planète.

Aujourd'hui, on comprend un peu mieux les mécanismes émotionnels qui régissent les êtres humains. Et ce que je comprends, c'est que l'amour inconditionnel représente la toile de fond qui peut éveiller l'Humanité tout entière. Cet éveil spirituel dont nous avons besoin réside dans une prise de conscience planétaire que nous devons cultiver pour transformer nos erreurs du passé en nouvelles certitudes. L'amour est la plus grande puissance capable d'apporter la stabilité intérieure et l'harmonie entre tout ce qui est, ici, sur cette petite planète bleue. La seule que nous connaissions qui offre son hospitalité à la vie.

Nous nous sommes trompés et perdus en chemin en bâtissant une société qui a évolué vers toujours plus de matérialisme et d'impostures pour les pauvres de toutes les nations, les animaux et le monde végétal. On a formé le monde dans une éclatante illusion. Les instabilités politiques et la gouvernance de certains États entraînent la biodiversité et la protection des espèces dans le précipice. Partout sur la planète, des procès intentés contre les États pour « inaction climatique » foisonnent. Mais l'avenir de notre planète demeure toujours en péril sur le plan écologique. Nous avons tourné le dos à l'amour en nous détournant de notre nature profonde et de la nature extérieure où réside la plus belle force de l'amour inconditionnel.

À notre époque, l'éveil spirituel fait résonner le cœur de celles et ceux qui comme moi rêvent d'un monde sur Terre plus beau et désirable pour tous ses habitants.

La fin de cet ouvrage est un cri d'amour. Nous pouvons encore affronter les défis qui se présentent devant nous en développant une conscience plus aimante et plus responsable. Le pouvoir de s'aimer soi-même est le même que d'aimer l'autre et la nature. Ce pouvoir est capable de nous inspirer du meilleur de nous-mêmes.

C'est un enjeu important qui se joue aujourd'hui au niveau mondial. Au-delà de la nécessité d'actions politiques, nous pouvons déjà chacun, à titre individuel, agir de manière plus responsable et plus respectueuse envers les ressources de la Terre. Dans tous les cas, une nouvelle alliance avec la nature, une humanité plus accomplie et le désir de prospérer tous ensemble me paraissent absolument nécessaires. Si nous voulons survivre et évoluer vers un meilleur devenir, le changement ne peut passer que par une prise de conscience issue de tout cet amour qui vit en chacun de nous.

C'est une chance pour l'humanité de franchir une nouvelle étape évolutive, peut-être plus spirituelle. C'est aussi une occasion pour libérer nos énergies créatives pour nous transformer et donner au monde au lieu de prendre. Un acte créatif met en valeur la beauté de la vie sous toutes ses formes. L'amour demeure la quintessence de la créativité.

Nous portons tous en nous, les joyaux que nous cherchons toujours à l'extérieur. Ce sont des trésors que nous pouvons exploiter pour trouver notre véritable place dans ce monde. On redoute juste ce que l'on ne connaît pas. Je nous invite à nous connaître et à oser être nous-mêmes.

Mes derniers mots dans cet ouvrage seront à la mémoire de la petite sardine symbolique qui m'a bien aidée à y voir plus clair.

En résumé, une petite sardine tournait en rond dans son bocal immergé au milieu de l'océan sans avoir conscience de s'y trouver. Elle baignait ainsi pendant des années sans discerner le bocal ni même appréhender l'immensité mystérieuse des abîmes de l'océan. Un jour, elle prit conscience de l'eau, du bocal et de la magie au-delà de tout ce qu'elle pouvait percevoir. Lorsque le bocal s'effondra, elle se retrouva dans la plus grande des confusions. Elle comprit que la confusion était une dimension de la véritable compréhension. Petit à petit, elle réalisa qu'elle était plongée dans la Conscience universelle qui lui donnait tout, y compris la vie. Elle s'autorisa à prendre appui sur ses pensées, croyances, émotions, sa conscience, son imagination et le libre arbitre pour faire la paix avec elle-même, découvrir une petite partie du mystère de la vie et dévoiler certaines ressources qui vivaient en elle. Seul l'amour caché dans les profondeurs de son être pouvait révéler sa véritable nature. Son rôle est aujourd'hui d'expérimenter la vie dans sa source en exprimant le meilleur d'elle-même, en libérant son idéal le plus profond et en préservant ce lien qui crée une harmonie divine avec tout ce qui existe.

> *« Chaque chose dans la nature donne à l'homme le fruit qu'elle porte, le bienfait qu'elle produit. Tous les objets servent l'homme, selon les lois qui leur sont propres; le soleil donne sa lumière, le feu sa chaleur, l'animal son instinct, la fleur son parfum. C'est leur façon d'aimer l'homme. Ils suivent leur loi, et ne s'y refusent pas et ne s'y dérobent jamais; l'homme doit obéir à la sienne. Il faut qu'il donne à l'humanité et qu'il rende à la nature ce qui est sa lumière à lui, sa chaleur, son instinct et son parfum, l'amour ».*
>
> Victor Hugo

À propos de l'auteure

Auteure indépendante pour les passionné(e)s de développement personnel et de spiritualité, Une Sardine dans l'Océan est son premier livre en autoédition.

Dans ce récit, l'auteure partage une prise de recul unique sur ses trente ans de travail en entreprise qui l'ont poussée au burnout et à des troubles de l'addiction. Elle revient sur son parcours et nous explique comment, peu à peu, elle se construisit une vie vide de sens jusqu'à ce que retranchée dans les recoins les plus sombres de son âme, elle arrêta tout pour prendre le temps de comprendre.

Cette profonde remise en question s'est réalisée sur cinq longues années. Elle constitue le cheminement d'une néophyte spirituelle qui a fini par découvrir qu'il est possible de redessiner soi-même son propre chemin de vie avec pour guide les dons offerts à tous les êtres humains.

Elle écrit parce qu'elle croit au pouvoir des mots. Ils peuvent offrir un espoir d'avenir meilleur et dans le domaine spirituel, ils acheminent des solutions enracinées dans une réalité plus profonde. À travers ses expériences, l'auteure nous montre que nous avons tous en nous-mêmes, les trésors pour garantir notre propre bien-être.

Son désir repose sur le partage de cette nouvelle prise de conscience. Elle souhaite aider ses lectrices et ses lecteurs à transformer positivement leur quotidien malgré les obstacles qui se mettent en travers de leur route.

Beaucoup d'individus ont à cœur de changer le monde mais peu ont conscience qu'il faut d'abord commencer par se changer soi-même. Pour l'auteure, le fondement même de la vie c'est « se connaître et oser être soi-même ». Cette idée paraît facile mais c'est peut-être l'un des aspects les plus difficiles à mettre en œuvre.

Se connecter à sa nature profonde c'est une manière de ne faire qu'un avec la part la plus élevée de soi pour qu'elle finisse par transparaître de plus en plus pour devenir ce que nous avons toujours aspiré à être.

L'auteure nous invite à l'expérience.

Découvrez son univers en visitant son site :

https://carmenarcon.squarespace.com

Table des matières